现代经济与管理类规划教材

现代社会保险学教程

刘金章　王　岩　编著

清华大学出版社
北京交通大学出版社
·北京·

内容简介

本书以新中国成立60余年在社会保险领域所发生的重大变革为背景，以改革开放以来党和国家对我国社会保险已出台的法律、法规为准绳，以科学发展观为指导，以国际化的视野将社会保险教育和社会保险理论及实践研究结合起来，多视角、全方位地反映社会保险领域中的最新理论研究成果和最新业务发展水平。

本书共分10章，第1～4章为理论篇，第5～8章为实务篇，第9～10章为管理篇。本书极具理论性、实用性、时代性和前瞻性。可作为劳动与社会保障专业及经济类、经管类等本科专业或成人教育及社会保险相关从业人员学习社会保险专业知识的教材。

图书在版编目（CIP）数据

现代社会保险学教程 / 刘金章，王岩编著 . —北京：北京交通大学出版社：清华大学出版社，2019.1

现代经济与管理类规划教材

ISBN 978-7-5121-3778-3

Ⅰ . ① 现… Ⅱ . ① 刘… ② 王… Ⅲ . ① 社会保险-保险学-高等学校-教材 Ⅳ . ① F840.61

中国版本图书馆CIP数据核字（2018）第257640号

现代社会保险学教程

XIANDAI SHEHUI BAOXIANXUE JIAOCHENG

策划编辑：吴嫦娥　　责任编辑：崔　明
出版发行：清 华 大 学 出 版 社　　邮编：100084　　电话：010-62776969　http://www.tup.com.cn
　　　　　北京交通大学出版社　　邮编：100044　　电话：010-51686414　http://www.bjtup.com.cn
印 刷 者：三河市华骏印务包装有限公司
经　　销：全国新华书店
开　　本：185 mm×260 mm　　印张：12.75　　字数：318千字
版　　次：2019年1月第1版　　2019年1月第1次印刷
书　　号：ISBN 978-7-5121-3778-3/F·1850
印　　数：1～3 000册　　定价：39.00元

前　言

　　社会保险是社会保障体系中的核心内容，当然也是社会科学研究中的重要领域之一。它作为发展中的一门新兴学科更是学习其他相关专业知识的理论基础。

　　社会保险制度自19世纪80年代产生以来，至今已经经历了一百多年的发展历程。目前在世界范围内，据统计已经有170多个国家和地区先后建立了社会保险制度。其地域范围之广，参与人口之多，社会影响之大，皆令世人所瞩目。当今社会保险已成为世界上大多数国家和地区的一项基本经济制度。同时，伴随着社会保险制度的普遍发展，又使各个国家和地区之间的社会保险制度相互影响，彼此借鉴，逐渐形成了社会保险制度的一些基本类别和共同特点。如今的社会保险通过半个多世纪的探索与实践、变革与凝练，已经升华为一门相对独立，同时又具边缘交叉色彩的应用型的新学科——现代社会保险学。

　　"社会保险学"发展至今，从社会保障体系中脱颖而出，单独成为一门学科会有利于对其从理论上深入地研究与探讨，会有利于对其实务上进行精细化的管理与规划。社会保险学的读者群也会因此而扩大。这不仅是由于社会保险学所涉及的理论领域相对宽泛，更在于社会保险牵涉千百万人的切身利益，广大读者无论是出于对理论的兴趣、知识的追求，还是对福利的关注，都有可能使之成为该学科的爱好者或热心者。

　　本教材的编写，笔者是根据社会保险学自身形成的演进过程及特点，采用描述性与历史性相结合的方法进行阐述的。具体地说，首先运用历史性的资料阐明不同的思想是怎样产生不同的制度的，然后再解读当今社会保险制度和项目又是如何发展变化的。尽量使读者能动态地理解社会保险基本原理的形成过程，借以启发、引导读者对现代社会保险有关内容的深层次思考。同时，本书还运用有关经济学和管理学的理论，论述分析了社会保险实务流程的管理、财务基金管理以及统计管理的有关重要内容。

　　教材是课程的载体，是课堂教学的依托，也是最为重要的课堂教学资源。因此，在本教材的撰写过程中，我们既注意了它的理论性，也突出了它的实用性特征。特别是在我国自党的十八届三中全会做出的《中共中央关于全面深化改革若干重大问题的决定》以来，我国社会保障领域里的改革，也在风起云涌地推进，并取得了一些重大突破，广大人民群众的社会保障水平都有了明显的提高及改善。本教材编写中注意选录了这方面的相关内容及案例。

　　本教材由刘金章教授和王岩副教授共同编著，刘金章教授（天津财经大学、天津天狮学院）负责总纂、定稿，并负责撰写第1、2、3章（合计8.11万字）；王岩副教授（天津天狮学院）负责审改部分章节，并撰写第4、9、10章（合计11.54万字）；徐娟娟撰写第6、8章（合计6.86万字）；栾跃撰写第5、7章（合计5.93万字）。

在本教材撰写过程中，编者参阅了大量的文献资料、同行专家的一些著述，甚至有的直接引用了他们的一些研究成果（在参考书目中均有列示），在此谨向这些作者表示衷心的谢意。

笔者深知社会在发展，时代在进步，知识是永无穷尽的，要对"社会保险学"的过去形成、现在的发展，以及未来模式的构建，进行全方位、立体化探析是笔者学识和能力尚难胜任的。不过，笔者虽早已进入耄耋之年，但仍愿将多年来所从事的社会保障教学与研究的一些粗浅体会与认识提出来，以就教于广大读者，并望有不当之处能给予指正。

刘金章

2018年12月于天津

作者简介

刘金章，男，1937年出生，河北人，中共党员。原天津财经大学副院长，天津天狮学院经济管理学院院长，金融保险学教授，硕士研究生导师，风险管理与保险研究所所长，兼任厦门大学金融研究所特邀研究员。出版专著及主编教材30余部，发表学术论文百余篇，其论著获国家级及省部级奖励10项。主要代表作有：《保险学原理综论》《现代涉外保险综论》《保险学教程》《金融风险管理综论》《现代保险知识实用大全》《现代社会保障通论》等。

王岩，女，1982年出生，黑龙江人，中共党员，天津天狮学院经济管理学院劳动与社会保障教研室主任，副教授，主编及参编教材2部，主持及参与各级课题多项，发表学术论文十余篇，"社会保障学"精品课负责人，多次获得"课堂教学优秀奖"。

目　录

第1章 社会保险原理概述

【学习目标】

通过本章的学习，了解社会保险的含义与特征；了解社会保险的体系构成及其在社会保险体系中的地位与作用。

1.1 社会保险的含义与特征

1.1.1 社会保险的含义

1953年维也纳国际社会会议文献中，曾对社会保险的概念有过如下的论述："社会保险是以法律保证一种基本社会权利，其职能主要是以劳动为生的人，在暂时（生育、疾病、伤害、失业）或永久（残疾、老年、死亡）丧失劳动能力时，能够利用这种权利来维持劳动者及其家属的生活。"从上述国际文献对社会保险概念所做的论述中，我们对社会保险的含义可作如下的表述：社会保险（social insurance）是国家通过立法的形式，采取强制手段，由社会集中建立基金，以使法定受保人在年老、患病、工伤、失业、生育等丧失或减少收入来源时，其本人和家属能够获得国家和社会一定的物质补偿和帮助的各种制度的总称。

对社会保险含义的理解应注意把握以下几点。

第一，社会保险是社会经济发展到一定时期的产物，是社会保障的一种重要形式，也是社会保障体系的重要组成部分，社会保险的行为主体是国家，它是国家采取法律手段强制实施的一项社会政策。其基本途径是通过强制个人、企业缴纳保险费和国家给予一定补贴，形成专门的社会保险基金，在需要时以再分配的形式为那些因年老、疾病、工伤、失业、残疾等因素丧失或减少收入来源的社会成员提供一定的物质帮助，以维持其基本生存需要，维护社会稳定。

第二，社会保险作为一种社会安全网络，其覆盖对象在不同时期、不同国家、根据不同的保险项目而有所不同。最大范围的社会保险，其对象可以覆盖全体社会成员，即全体社会成员都有按规定缴纳社会保险费的义务和依法享受社会保险的权利。

第三，社会保险的基本目的是预防未来风险及其可能引起的社会成员收入来源的丧失和减少，它是对未来风险进行的预先保障。

第四，社会保险是国家推行的一项社会事业。它是国家社会经济政策的组成部分，是政府维护社会稳定，调解经济运行的重要手段。

1.1.2　社会保险的特征

社会保险就其自身发展来看，它具有以下明显特征。

1. 普遍性

社会保险的各个险种，如生育、死亡、工伤、残疾、失业、年老、疾病等风险，对一个人口群体来说也好，对一个劳动群体来说也好，都带有必然性和可能性，可以说，都是不可避免要发生的。拿生育行为来说，男性公民或男性劳动者不会发生，但女性公民或女性劳动者是一定要发生的，因此，生育行为属于人口群体或劳动群体普遍存在的必然事件。有鉴于此，生育社会保险带有普遍性，便是可以理解的。其他风险也莫不如此。此外，社会保险的普遍性还可理解为，生育、死亡、年老等这些风险的发生不是主观制造的，不是人为的，而是一种客观存在。既然社会保险所承保的风险具有客观性，说社会保险带有普遍性色彩也就不难理解了。工伤、失业也无一不是一种客观存在。当然，就个别人，个别劳动者来讲，工伤、失业不一定是一种普遍性的客观存在，但不管怎么说，在他或她身上总会存在某种偶然性，比如偶然因工致伤或偶然失业。最后，社会保险所承保的各种风险，人们是有能力认识到它们发生的客观规律性的，或者说，这些风险的发生都是有某种规律可循，而不是毫无规律的。这也是社会保险具有普遍性特色的一个明证。因社会保险带有普遍性色彩，所以，只要国家的商品经济发展到一定的程度，更具体地说，只要工业化一旦发展开来，由于劳动群体中间必将发生这种或那种风险，社会保险事业就应当开展起来，并尽可能地普及到各种劳动群体中使劳动者再也不过分担心种种风险的到来。所以，社会保险普及到劳动群众中，可视为它带有普遍性色彩的一个例证，也可视为社会保险的主要功能——使劳动者享有生活安定感。

2. 强制性

随着工业化事业发展，物质资料生产走向社会化，被卷进工厂、矿场、农场的劳动力，再也不是家庭劳动力，而是地地道道的社会劳动力了。社会劳动力，比起家庭劳动力，受到的约束大大增多，再也不能随心所欲地生活和工作了，必然受到一定的强制。生产纪律是一种强制，机器的运转迫使劳动者遵照工艺流程行事，不能随心所欲。同理，参加社会保险也是一种强制，不能逃脱，因为物质资料的再生产强制劳动力再生产必须紧紧跟上，并合拍合节地共同运行，否则物质资料再生产就会脱轨。没有一个走上生产社会化的国家不关心生产要素之一——劳动力的状况，因而，为保障物质资料生产正常运转，必然强制劳动力参加社会保险，以应付必然要发生的这种或那种风险。不强制是不行的，那还会使国家每年都得拿出大笔资金，用于对付劳动者群体中间发生的种种风险。所以，从资金合理利用、节约资金出发，国家也要走上强制劳动者参加社会保险的道路，因为采取强制手段，应付风险的支出可以不再全由国家包下，而是分摊到企业、劳动者个人和政府三方，甚至，国家还有可能省下这笔开支，悉数由企业和劳动者个人两方分摊。社会保险的强制性，一般通过国家立法和国家征税两种方式体现出来。立法，即社会保险法，反映国家在社会保险领域的意志，是必须贯彻执行，强制劳动者遵从的，来不得半点违背，否则便是违法。所以，社会保险作为法律的一种表现，强制性色彩显而易见。社会保险费是劳动者和基层单位必须按章定期交纳的，强制遵行，也来不得半点违背，否则也属违法行为。所以，社会保险费的强制色彩也显而易见。其实，"强制"一词虽有强迫的含意，但另一方面，也有另外一种含义——"义务"含义。好比义务教育，一方面，按照义务教育法，强制适龄儿童和适龄人必须接受初级和中级义务教育，这是强制的一面；另一方面，人们受教育，提高自己的科学文化素质，也是向现代化社会应尽的义务。社会保险亦是如此。一方面，举凡进入工厂、矿场的工资劳动者，强制参加社会保险，这是强制的一面；另一方面，劳动者参加社会保险，按期交纳社会保险费，也是劳动者对全社会、对其他劳动者应尽的义务。国家通过立法强制雇主交纳社会保险费，这笔费用悉数用在劳动者身上，雇主享受不到，因而，社会保险制度的实施无异于对国民收入来了一次再分配，有利于劳动者收入增加、劳资双方生活水平差距缩小的再分配。就这点而言，可以说，社会保险制度起到一种重新分配国民收入的作用，也就是常说的促进"公平化"的作用。

3. 预防性

社会保险的预防性特色，最明显反映在社会保险基金的建立上，因为通过各方筹措而建立起来的保险基金，可由国家用在每个投保者身上，防范他们一旦怀孕生育、失业、患病、负伤致残、死亡或者进入老年阶段。这种通过投保而实行的保险制度，如果同事前难以掌握、因而侧重善后的社会救助相比，其预防性特色就更浓烈了。未雨绸缪，增强预见性，这是风险不时发生的大工业所要求的。因此，社会保险最符合大工业发展的要求。

4. 互济性

社会保险还带有互济性特色，可从两个方面表现出来。一方面，大家投保，个人得惠。生育保险事业从全体工资劳动者身上征集保险资金，但只用在女工作者身上，而且还不是用在所有女工作者身上，就是一例。这个例子充分表现了社会保险的互济性特色。当然，不能把这点理解为个人投保而并非悉数用在自己身上。事实是，个人投保的金额必将全部用在自己身上，并且，还要从企业、国家两方获得多于个人投入的金额。另一方面，社会保险机构对种种社会保险津贴实行统一给付，使任何风险都可从统一基金中得到照顾。甚至，可把一时用不完的专项保险资金，先移用到风险一时加多的险种上。所以，通过互济性这个特色，社会保险起到一种团结劳动者，使劳动者与社会的凝聚力增强的功能。

5. 补偿性

社会保险具有补偿性特点，主要表现在以下几个方面。

1）劳动力再生产方面

为了保障物质资料的再生产，必须也确保劳动力的再生产，这是不必赘述的。而为了保障劳动力的再生产正常运行，就得保障劳动者及其供养人口的基本生活需要，即保障劳动者本人的工资收入不能中断。但劳动者的工资收入带有中断的可能，生育要歇工，工资就有可能中断；失业，当然有拿不到任何工资的可能；退休而失去任何收入，就更加可能。为保障劳动者的工资收入不致中断，实行强制性的社会保险，使劳动者工资中断之时能立即获得一定比例的补偿，便是必需的了。这样，劳动者便不会在遇到任何风险时担心收入无来路，从而，劳动力的再生产便得以继续进行下去。所以，在实行社会保险的条件下，各种风险得到补偿，也就使社会保险具有了色彩鲜明的补偿性。这是由保障劳动力再生产正常进行所决定的。

2）收入方面

社会保险只适当补偿劳动者因受风险而招致的直接损失——劳动者从事第一职业而获得的工资性收入。至于劳动者因风险发生而酿成的直接损失以外的其他经济损失，则不在保险范围之内。这体现了社会保险的补偿性特色，即仅仅适当补偿最基本的收入损失，劳动者得自其他方面的收入，即便也是劳动收入，也不在保险之列。

3）生活需要方面

劳动者丧失的最低收入，由社会救助承担，很难说能完全保障劳动力简单再生产的进行。社会福利保障劳动力的扩大再生产，因为劳动者一方面获得自己的工资收入，另一方面，国家、企业还提供了各种各样的生活福利。社会保险则负责保障劳动者的最基本的生活需要，即连本人和其供养的直系亲属在内的全部基本生活需要，以达到维护劳动力再生产顺利进行的目标。唯其只保障劳动者的基本生活需要，社会保险的补偿性质和它具有的功能也便显而易见。

正是因为社会保险具有补偿性质，所以，把社会保险待遇规定得过低或过高都是不合理、不正确的。规定得过低，无异于社会救助，保证不了劳动力再生产正常运行所需的资金。规定得过高，无异于社会福利，只会养成和发展懒惰思想，躺在社会保险上而不再愿从事任何经济活动。规定得和原工资标准一样也不合理，等于工作或不工作都是一回事，体现不了在业和暂时不在业的区别，也于生产发展不利。正确的应当是，约略低于在业时的工资收入，并应有一定的期限，因为补偿期过长也无异于社会福利了。

6. 储蓄性

按照社会保险的本质特征，人们从参加社会生产开始，便交纳社会保险费，为自己储蓄一旦发生风险所需的费用。社会保险的这种储蓄性特色表现为：为各种风险开支提供了货币来源，以备发生风险时支取。比如老年社会保险，人们从参加社会生产便开始交纳税款，一旦年老退休，便开始陆续支用。退休资金这样积累储存——细水长流地储蓄，显然与退休金的使用在时间上分开了。但这样做很好，一是使国家得以建立起独立的老年社会保险基金；二是避免了由于种种意外引发的退休基金严重匮乏。社会保险的这种储蓄性特色，其实非常容易理解，它就像人们为了某种目的向银行存款一样，细水长流地不断存入，一旦有了需用便可支取。

7. 自我保障性

从一定意义上讲，这是社会保险最重要的特色，尤其是考察了当代"福利国家"的弊端之后。当代"福利国家"最大弊端之一，是社会保障资金入不敷出。社会保险系社会保障中的最重要组成部分，因而，社会保障资金入不敷出，关键在于社会保险资金收支违反了其原本的自我保障含义，而出现了逆差。按照社会保险的本性，保险津贴给付应当完全取决于保险供款，只是资金实在不敷给付之际，政府才最后出台补助，但以自我保障为基本原则。这种自我保障的特色广为传播，深入人心，还可起到解疑释惑的作用，因为总有少数在业者以为老年社会保险津贴来自在业人员的贡献，以为是失业者、老年、病人、生育者占了在业人员的便宜。

最后，应当指出一点：社会保险既是生产社会化的产物，也是劳动者争得的生存和发展权利。劳动者有从事社会劳动的权利，当然也就应当有享受劳动保护的权利，而社会保险便属于劳动保护权利中最重要的。唯其如此，把社会保险待遇看作国家或企业（雇主）给予的福利，显然是不正确的。但劳动者为了享受社会保险权利，按照权利与义务一致的原则，则必须尽到自己的义务，这也就是投保制社会保险盛行的原因所在。它既可使劳动者享有社会保险权利，又促使劳动者关心生产增长，并且还节约了国家资财。

1.2　社会保险产生、发展的背景

中外学术界公认社会保险制度起源于德国1883—1889年先后颁布的有关工人的疾病医疗保险、工人伤害补偿保险、老年残障保险等法律，这三部法律不仅为德国此后建立完善的社会保险制度奠定了基础，也为世界上其他国家建立社会保险制度提供了示范。德国早期确立的社会保险制度，具有法律强制规范、责任分担等特征，凡法律规范范围内应当参保的人必须一律参加，保险费由雇主、劳动者与政府三方面负担，它强调权利、义务相结合。随后，欧洲各国纷纷仿效德国，相继建立起自己的社会保险制度。

社会保险制度之所以产生于德国而不是更发达的英国等欧洲国家，有其深刻的社会、经济和政治背景。

1.2.1　社会背景——工业社会

在18世纪以前的传统农业社会里，人的生活风险都是依靠家庭来解决的，包括赡养老人，东、西方国家皆是如此。而经过18世纪的产业革命后，工厂机器大生产逐渐代替了家庭、作坊手工业，生产方式走向社会化、工业化带来了城市化进程的加剧，人口相对向城市聚集，生产的社会化又在加深劳动者之间社会联系的同时，造成劳动者对家庭的依赖程度逐渐减弱，进而对社会的依赖程度逐渐增强。在这样的时代背景下，家庭的生产功能和分配功能必然发生重大变化，家庭规模的缩小和联系的分散也使家庭保障功能持续弱化，这种变化使家庭成员之间的相互保障及代际反哺式的养老保障面临着日益严重的挑战。[①] 因此，工业社会是催生社会保险制度的社会背景。在19世纪70—80年代的德国，社会问题异常突出，大量工人失业，包括疾病医疗、职业伤害、养老等均成为当时的社会难题，而风起云涌的工人运动更是对国家提供相应的社会保障提出迫切的要求。因此，德国在颁布有关疾病医疗保险、职业伤害保险方面的立法后，又制定了社会养老保险法。可见，工业社会生产与生活方式的改变，家庭保障功能的弱化和生活风险结构的改变，构成了社会保险产生的基本原因和强大推动力。

1.2.2　经济背景——社会化大生产与社会财富的增长

社会保险的产生需要一定的经济条件。因为这一制度解决的是劳动者在遭遇特定事件

---

① 张彦，陈红霞. 社会保障概论. 南京：南京大学出版社，1999：148.

并导致收入丧失时的经济来源问题，采取的也是发放现金或提供服务的方式，如果没有相应的经济基础，这一制度便不可能生存下去。只有进入工业社会后，社会化大生产才真正大幅度地提高了社会生产力，社会财富亦大量增加，从而使得当时的社会有可能考虑用社会保险的方式来解决劳动者普遍存在的一些生活风险问题。因此，社会财富的增加是推动社会保险制度发展的物质基础。

1.2.3 政治背景——社会矛盾激化与工人阶级的斗争

19世纪后半期，资本主义的自由竞争开始向垄断阶段发展。德国在19世纪70—80年代，社会问题异常突出，其原因就是垄断竞争中普遍存在的排挤和吞并现象造成大量中小企业倒闭，这使得工人阶级对疾病医疗、养老、失业等保障的需求日益迫切，养老、医疗、工伤、失业等问题也日益尖锐。工人阶级为了维护自身利益和基本生存权利，为争取社会保障而进行了不懈的斗争，社会民主运动此起彼伏，工人运动空前高涨。在这种政治背景下，为了维护自身的统治地位，资产阶级曾采取过多种镇压手段，但在"铁血宰相"俾斯麦镇压工人运动失败后，为了缓和阶级矛盾，巩固自己的统治地位，不得不做出一些让步，提出用"胡萝卜加大棒"的办法来对付工人运动，采取软化政策以缓解社会矛盾，一个重要的措施就是将社会保险作为"消除革命的投资"，依此来维护社会稳定，这就是社会保险在德国产生的政治根源。

可见社会保险作为一项极其重要、影响深远的社会保障制度，其产生的过程就是适应工业社会带来的变化和适应生产力发展的过程，是在特定的社会背景、经济背景和政治背景下产生的，它的产生标志着人类文明和社会的进步。

1.3 社会保险的体系、地位及作用

1.3.1 社会保险的体系

社会保险体系，是指社会保险由哪些具体险种综合构成。社会保险制度体系的建立主要取决于一个国家的经济、政治、文化等因素。国情不同，社会保险的制度体系也各不相同。但一般来说，社会保险主要包括以下几个项目。

1. 养老保险

养老保险也称为年金制度，是国家依法强制实施、专门面向劳动者并通过向企业、个人征收养老保险费形成养老基金，用以解决劳动者退休后的社会保障问题的一项社会保险制度。在各个国家的社会保障体系中，由于养老保险受保人享受保险待遇的时期最久，给付待遇标准相对较高，因此养老保险一般都是最重要的项目。在制度实践过程中，养老保险必须贯彻切实保障老年人基本生活的原则，其养老金必须随着经济社会物价水平的改变作适当调整，确保老年人可以分享社会经济发展的成果，安度晚年。

2. 医疗保险

医疗保险是由立法规范并运用强制手段，向法定范围的劳动者及其社会成员提供必要的疾病医疗服务和经济补偿的一种社会化保险机制。它既包括各种医疗费用的给付，也包括各种医疗服务。

3. 工伤保险

工伤保险，又称职业伤害保险，是指劳动者在工作中或在规定的某些特殊情况下，因遭受意外伤害和患职业病，暂时或永久丧失劳动能力以及死亡时，劳动者或其遗属从国家和社会获得物质帮助的一种社会保险制度。与其他社会保险制度相比，工伤保险的缴费由雇主承担，政府在特殊情况下予以资助。

4. 失业保险

失业保险是劳动者由于非本人原因失去工作、中断收入时，由国家和社会依法保证其基本生活需要的一种社会保障制度。在市场经济条件下，自由竞争的用人机制导致失业在所难免，为满足劳动者及其赡养的家庭在失业后的物质和精神生活，保证劳动力的再生产，建立失业保险就显得尤为重要。失业者获得失业保险必须满足一定的条件，如失业前一定的工作期限、参与失业保险并缴纳一定的失业保险费等。

5. 生育保险

生育保险是对法定范围内的女性劳动者因生育而导致收入暂时丧失而提供生活保障的社会保险项目，是一项维护女性劳动者权益的社会保险。一般而言，妇女的生育活动有一定的周期，包括怀孕、临产、分娩、婴儿哺育等，所以生育保险要贯彻产前产后、一律给予保险待遇的原则，应包括妇女产前产后一定时间内的带薪假期，有时还包括生育补助费。产假工资的多少、产假长短、补助费的数量，各国不尽相同。在我国，按1951年制定的《中华人民共和国劳动保险条例》的规定，产假是56天，1988年又延长为90天。

6. 残障保险

残障保险是指因病或因工伤（包括职业病）致残的劳动者享受残障社会保险待遇。它包括经常性补偿和一次性赔偿，还包括医疗服务、休养、康复疗养等内容。除了满足致残者的基本生活需要之外，还要尽可能使他们恢复部分劳动能力，重新走上工作岗位，从事力所能及的工作。

7. 死亡抚恤

死亡抚恤待遇包括两个部分：一部分是死者的丧事治理和安葬费用，另一部分是死者遗属享有的抚恤金。丧葬费包括死者穿戴的服装衣帽、整容、遗体存放、运送、火化、骨灰盒及其存放费用支出。至于遗属领取的抚恤金，一般均按死者生前一定时限的工资收入发给，未成年子女和无收入的配偶还可以按期领到补助。

8. 护理保险

在德国、日本等发达国家，由于进入了少子高龄化时期，国家还建立了专门的护理保险制度，即劳动者在劳动期间可以参加护理保险，待年老需要生活照料时，可以通过护理保险获得补助。

在现行的社会保障制度中，各个国家往往根据自己的情况对上述这些项目进行合并和拆分，从而使各国的社会保险项目不尽一致。

1.3.2　社会保险的地位

如前所述，社会保险是社会保障的核心内容，是社会保障的最重要的组成部分。主要表现在5个方面。

1. 社会保险的支出数额庞大

当代推行社会保障制度的发达国家，经常用于社会保险的支出数额庞大，占到社会保障支出的最大份额，为其他组成部分所不可比拟。

2. 社会保险与劳动力扩大再生产有直接联系

社会保险与劳动力扩大再生产有直接联系，是保障现代经济中劳动力再生产需要的重要支柱。现代经济的发展，一方面要求物质资料生产在扩大的规模上进行，另一方面，要求劳动力也保持扩大规模的再生产。没有劳动力的扩大再生产，即劳动力数量的增加，尤其是劳动力素质的提高，现代经济的运行发展是不可设想的。而工资收入、福利收入，再加上社会保险津贴对劳动者各种风险的保障，便是保证劳动力扩大再生产的基础。社会保障的其他组成部分，就保证劳动者可能遇到的种种失去收入来源的风险来讲，都不具备社会保险独有的作用。比如社会救助，甚至连劳动力的简单再生产都难以保障。

3. 社会保险几乎关系到每个公民、每个劳动者的全部生命周期

从出生到成长、就业、老年退休、死亡，这整个期间所发生的重大人口事件都要涉及社会保险支出。对婴儿出世及妇女劳动者怀孕、分娩，有生育社会保险的保障。对工人失业，有失业社会保险的保障。对劳动过程中出现工伤以至残疾，有工伤社会保险给予生活保障。对不再从事经济活动的退休职工养老，有老年社会保险保障。对患病、负伤，有医疗社会保险的保障。对死亡，有死亡和遗属社会保险的保障。显然，这是社会保障体系中其他组成部分均做不到的最为周全的保障。

4. 社会保险要求进行现代化的精确管理

社会保险要求进行现代化的精确管理，而社会保障体系中的其他部分对管理的要求则相对弱些。比如，社会保险的推行要求实施投保制，因此需要精确设计：社会保险税（费）占工资的多大比例才合适？究竟需要劳动者个人和企业（雇主）各分担多少？国家以何种角色出现？是否也分担责任和义务？在什么情况下，国家可扮演不承担义务的角色？又在什么情况之下，需要国家分担义务？国家、劳动者个人、企业（雇主）在社会保障体系中各起何作用？此外，在不同的险种中，如工伤社会保险或老年社会保险，三者应当分别起到何等有区别的作用？凡此种种，显然都需要经过周密的调查研究，总结以往的经验教训，从当前以及近期可能达到的经济实力出发，加以慎重科学地制定。这还只是问题的一部分，比如，制定之后还有个实施管理问题，这也是个十分复杂的问题。相比之下，无论社会救助、社会优抚或社会福利，在管理上都要简单一些。比如说，以资金筹集为例，上述三个组成部分的资金几乎都主要来自中央政府财政，以及地方财政，只有一小部分来自其他方面，显然，在管理上就不如社会保险基金那样复杂了。

5. 社会保险可以保障劳动者收入丧失的风险

社会保险的重要性，还在于保障劳动者最担心的最大风险——收入丧失的风险。

1.3.3　社会保险的作用

社会保险作为一项社会保障事业，在国家的社会经济生活中起着重要的作用。

1. 社会保险是国家的一项社会福利政策

它保障劳动者的经济利益，努力实现人与人之间收入的再分配。世界各国的社会保险费大都由国家财政、企事业单位和个人三方面筹集，只是筹集的份额不同而已，并不仅是劳动者个人负担。劳动者享受待遇是根据国家的有关规定给付的。其标准以补偿并保障劳动者的基本收入，满足他们基本生活的需求为基础。

2. 社会保险是保障人民基本生活的重要措施

社会保险几乎关系到每个公民，关系到每个劳动者的全部生命周期。如生育保险是对婴儿出世以及妇女劳动者怀孕、分娩的保障；失业保险是对暂时失业人员的生活保障；对退休养老者，有养老保险给予保障等。社会保险各项险种的建立，使被保险人人生历程中的各个阶段或遭遇各种不幸事故时，都可获得经济上的保障或补偿。公民的安全感得到满足，就会全身心投入到工作中去。

3. 社会保险是实现劳动力再生产的必要条件

现代经济的发展，一方面要求物质资料生产经常在扩大的规模上实现再生产，另一方面要求劳动力也保持扩大规模的再生产。工资收入、福利收入，再加上社会保险对劳动者各种风险的保障，便是劳动力扩大再生产的基础。如疾病保险，保证劳动者减少疾病的侵害或患病也能及时治疗，恢复健康，保持旺盛精力投入生产。

4. 社会保险有利于多种经济的发展

社会保险制度逐步在集体企业、个体劳动者、乡镇企业、广大农村实施，一定程度上减轻了部门与部门、企业与企业之间的差别，使劳动者不论在何种类型部门工作，都能发挥积极作用。

总之，社会保险从其产生以来，就关系到千家万户，这与国泰民安息息相关，作为管理国家的一项社会政策，是社会整体发展战略的有机组成部分。它通过为没有劳动能力或丧失劳动能力及暂时失业者提供经济帮助，以保障其基本生活，缓解社会矛盾，来预防社会问题发生，促进社会稳定和经济发展。

1.4　社会保险的类型与原则

1.4.1　社会保险的主要类型划分

世界各国的社会保险制度类型各异，我们可以从不同的角度对它们进行分类。

1. 按权利与义务的对等关系分类

按照一个国家实行社会保险的指导思想，可以将社会保险制度分为两类。

1）普遍保障型社会保险制度

在实行这种社会保险制度的国家，对各类劳动者实行普遍保障，实施范围广泛，并以相对于平均收入的实际需要为依据给予保险待遇。瑞典、丹麦等国实行这种社会保险制度。其理论依据主要是：得到社会保障是全体公民的权利，国家设立社会保险是为了发展公民所需要的福利措施，也可以成为对国民收入再分配的一种主要手段。

2）自助型社会保险制度

这种制度强调个人对社会保险的责任，强调保险权利与义务的对等性。其理论依据主要是：社会保险应该是被保险人之间的自助行为，因此，主要应依靠投保人的工资收入和缴纳保险费的状况给予保险待遇。美国和日本等国在一些项目上实行这种社会保险制度。

2. 按保险基金的主要来源分类

1）工资强征型社会保险

在这种制度下，劳动者在有收入的工作期间，必须按规定将工资收入的一部分投保社会保险，保险待遇在很大程度上取决于个人投保时间的长短和缴纳费用的多少。企业和雇主也分担部分费用，而国家财政基本上不负担或只在必要时少量负担。

2）最低缴费型社会保险

在这种制度下，只规定一个最低缴费标准，在此基础上，不论劳动者过去工资收入多少和缴费多少，同等资格条件（主要是年龄及丧失劳动力程度）者均按统一标准（称为"基本保险金"）给付保险待遇。此类形式多与上述第一种形式并存，其主要区别是，在这种形式下，国家会给予大量资助。

3）劳动者—雇主（企业）缴费型社会保险

这一制度强制实行社会保险准备金储蓄，即由法律明确规定，在劳动者就业期间，由本人和所在企业或雇主各缴纳一定数额的保险费，按期存入指定银行的个人储蓄账户，专款专用。全部储蓄连同利息作为社会保险金一次性或分次给付被保险人，国家财政不负担费用。

4）企业缴费型社会保险

强调企业的责任，保险费的大部分由企业开支负担，个人不付费或付少量费用，国家财政对社会保险发生的亏损负有弥补责任，劳动者保险待遇主要取决于连续工龄和本人工资收入。

5）雇主缴费型社会保险

由雇主缴纳全部社会保险费，称为"雇主责任保险"或"劳工赔偿保险"。在国家立法强制下，由雇主出资投保，当雇员遭受人身意外伤害或患职业病时，可根据法律规定获得经济赔偿。此类社会保险可由政府直接承办或指定商业保险公司承保。承保此项保险的商业保险公司主要提供社会服务，极少有盈利，保险费基本上用于支付赔偿和管理费开支，此时被保险人是雇主，受益人是雇员或其亲属。若由政府直接承办，则被保险人是雇员或其亲属，雇主是投保人，只负责按期上缴保险费。此类形式多见于工业伤害社会保险。在少数国家，疾病保险亦采用这种形式。

3. 按管理体制分类

1）国家社会保险

中央政府直接承办社会保险项目，资金来自政府税收，实施范围包括全国所有符合资格条件规定的劳动者，实行统一的保险金标准和给付方式。在这种社会保险制度下，保障水平稳定可靠。日本的国家公务员社会保险和美国的养老社会保险都属于这一类型。

　　2）地方社会保险

　　在国家政策法令指导下，由地方政府承办社会保险项目，资金来自地方政府税收（或强制筹集费用），实施范围包括地方管辖领域内所有符合资格条件规定的劳动者，保险金标准和给付方式均由地方政府自行制定。国家财政在必要时可对地方保险基金实行一定的提取和适当的补贴。例如，目前我国的退休养老社会保险就属于这一类型（在市、县范围内实行强制性的基金筹集和调剂运用）。

　　3）联合社会保险

　　由部门、行业内部或部门之间的若干经济单位，在自愿结合的基础上，按事先议定的条件组成社会保险联合体，参加单位在规模、经济力量、职工构成、生产特点和风险频率等方面大体相同，资金在联合体各经济单位间共同筹集，保险金给付标准和方式自定。这是一种集体互助性的、补充性的社会保险方式。

　　4）委托社会保险

　　政府将某些社会保险项目委托给指定的机构承办。它又包括三种情况。

　　（1）由政府委托商业保险公司承办。商业保险公司在此种项目上一般不盈利或很少盈利，国家则在税收上给予优惠，劳动者遭遇劳动风险损失后，由保险公司按国家规定标准给付保险金。新加坡的工伤保险就属于这种类型。

　　（2）由政府委托企业承办。须由企业提出申请，经政府主管部门审查批准后实施。政府对承办的企业在税收上给予优惠。企业员工投保后如有工作调动，新到企业有此类项目者可予转移，如无此项目，保费可退还本人，亦可在原企业保留权利，待保险事故发生后领取保险金。这种方式一般只用于退休养老保险。

　　（3）由企业委托保险公司承办某些社会保险项目。企业在获政府委托后，将职工缴纳的保险费再向保险公司投保，由保险公司支付保险金。例如，英国的附加养老保险就采用这种方式。

1.4.2　社会保险的原则

　　社会保险作为社会经济活动中的一个特殊领域，社会保险原则是社会保险制度建立与运行的基础。纵观世界各国社会保险制度，其原则有以下几个方面。

　　1. 权利与义务相统一的原则

　　正确理解社会保险中国家、企业（包括雇主，下同）和劳动者个人的权利与义务关系，是建立健全社会保险制度的基础。社会保险必须建立在权利与义务相统一的基础之上。对国家而言，保障每个劳动者的基本生存条件，是国家的基本职责。履行这种职责主要通过两个途径：一是制定政策包括立法，使社会保险得以在全社会推行；二是提供财政资助，补偿社会保险支出。对企业而言，劳动者作为生产要素，是劳动力再生产的基本要求，没有劳动力的再生产，企业的生产和经营活动就无法进行。所以，企业承担社会保险费用是企业自身经营和发展的需要，是企业应尽的义务。对于劳动者来说，社会保险也是权利和义务的统一。劳动者既承担缴纳社会保险费的义务，又有享受社会保险待遇的权利。

权利与义务相统一体现了社会保险的危险分担的特性，其中也包含了被保险人之间收入的横向转移和国家资助。它与按普遍原则实施的社会救助、社会福利项目不一样的是：被保险人及其所依附的企业必须先尽缴纳费用的义务，然后被保险人才能享受保险给付的权利。而社会救助则是对受助者单方面的无偿援助，其资金一般来源于国家拨款或社会捐助，凡符合规定条件的困难家庭，都可以得到政府或社会福利机构的补助和救济，受救济者不需要承担义务。

2. 强制性原则

社会保险制度建立与运行必须有法律的强制力作保证。社会保险是国家的社会政策和劳动政策，是国家法令规定的一种保护劳动者利益的社会保障制度，强制执行是其发挥保障作用的重要前提。为了发挥保障功能并体现公平合理，社会保障的立法应集中统一，待遇应基本一致。

社会保险关系到所有劳动者及其家庭的基本生活，关系到国家经济发展和社会安定。因此，在建立社会保险制度、确定社会保险政策时，应全面考虑诸多因素，如国家的财政经济状况、经济计划目标、劳动者的生活需求、各项劳动工资制度乃至物价等因素。只有一定的集中统一，才能协调好各方面的关系。事实上，世界各国的社会保险政策都是由政府统一制定的。

3. 需要与可能相结合的原则

社会保险制度建立与运行、社会保险的项目和水平必须与生产力发展水平相适应。如果社会保险超越了生产力的发展水平，就会对社会生产产生不利影响；反之，若社会保险项目太少、保障水平低、保障范围窄，则不能充分发挥社会保险的特殊功能和作用，社会劳动者会因缺少可靠的物质保障而陷入困境，社会生产受到影响。因此，社会保险要按照"保障基本生活需要"的原则确定保险待遇水平。而这种"基本生活需要"又是相对于一定社会生产力水平所产生的物质资料分配的可能而言的。

社会保险合理的需要主要包括三个方面的内容。

（1）主要的社会保险待遇要规定最低保障水平。这是世界各国社会保险制度具有的共同性问题。国际劳工组织早在20世纪50年代初就制定了"最低保障公约"，对一些主要社会保险待遇项目都规定了最低保障标准，参加国际劳工组织的国家都要遵守公约的规定。

（2）社会保险待遇要随着国民经济的发展及物价上涨等情况作相应的调整，以保障享受保险待遇的人实际生活水平不致下降，并适当分享社会发展的成果。

（3）计算社会保险待遇的基数要在一定程度上反映劳动者长期劳动所得的实际水平。但是，社会保险属于国民收入的再分配，社会保险分配与劳动者的劳动贡献只是有一定的联系，而不是完全的对等。

4. 按"大数法则"筹集基金的原则

社会保险制度建立与运行于保险中，保险人对于风险所造成的损失，是用科学的方法计算出来的，不是主观任意估计的。这种科学的方法就是大数法则和概率理论的运用。大数法则和概率理论作为统计抽样调查的数理依据，其作用是通过个别来概括总体，通过偶然性来发现必然性。保险人运用大数法则和概率理论，可以比较精确地预测风险及其损失程度，从而制定出合适的保险费率。保险费率的高低与风险发生频率、损失程度相适应，缴付的保险费能够抵补风险事故发生后保险金的支出及保险业务经营管理费用的开支。

社会保险也是一种保险，也需要遵循大数法则。社会保险是通过集合社会力量来保障社会安全的，只有集合众多的人或单位，形成强大的社会保险基金，才能根据风险分散的法则，将发生于少数人和少数单位的风险损失转由多数人和多数单位分担。

5. 系统性原则

各种社会保险的内容和形式是独立的，是针对劳动者遇到的某一类风险提供基本的生活保障。但它们不是孤立存在的，而是相互联系、共同作用，构成完整的社会保险体系。因此，在设计一种社会保险时，必须考虑同其他社会保险的衔接和相互补充，以形成一个有机的社会保险体系，全面满足社会劳动者的基本生活保障需要。

从养老保险与失业保险来分析。养老保险与失业保险的联系表现在两个方面。①退休与失业一样，都是失去工作，只不过其原因不同。退休是根据国家法令，到达规定的年龄而"失去"工作，而失业则是由于非自愿的原因失去工作。②一部分专业技术能力很强的劳动者虽然已经到达退休年龄，但它们仍然可以继续就业，这必然对失业劳动者的就业产生影响。因此，养老保险制度的设计必须考虑如何促进就业。例如当一名劳动者提前退休时，养老保险应支付其到达法定退休年龄之前的失业保险待遇，一般应高于其他失业保险待遇标准，以鼓励体弱多病的劳动者提前退休，促进失业劳动者再就业。另外，对于接近退休年龄的失业劳动者，若再就业有困难，养老保险可承认其退休，并按低于正常退休职工的水平支付其法定退休前的养老金，这样有利于缓解失业的压力。

从养老保险与医疗保险看，退休者同样存在着看病就医问题，因此，养老保险与医疗保险也有交叉。在医疗保险制度的设计中应该将退休职工纳入保险范围，退休职工的医疗保险金可以从退休养老基金中统一支付，而且支付的标准应适当高于其他职工，因为退休职工一般年高多病，医疗费开支比较大。

从失业保险与医疗保险的关系实质上看，就是失业劳动者的医疗保险问题。一般地，一旦劳动者失业，就会脱离同企业的一切关系，企业不再为其缴纳医疗保险费，失业劳动者的医疗保险就会受到影响。若失业职工患病，其医疗费用来源可以从两个方面解决：一是失业劳动者的原所在企业继续缴纳一定时期的医疗保险金；二是失业保险替失业劳动者支付一定的医疗保险金。这样既保证了失业劳动者的根本利益，也有利于医疗保险的完善。

分析各种社会保险之间的联系，应注意另一个问题：劳动者因同一劳动事故，不能同时享受两种社会保险的补偿待遇。如同一劳动者患病、暂时失去了工作，不能在享受医疗保险待遇的同时也享受失业保险待遇。又如劳动者在享受生育保险待遇时，不能同时又享受失业保险待遇。

为使各种形式的社会保险相互衔接和补充，发挥整体保障作用，各种社会保险制度应统一制定、统一管理。

1.5　社会保险与商业保险

目前，无论是社会百姓，还是政府相关部门，甚至包括学术界在具体实践上，对于社会保险和商业保险的关系都存在着一些认识误区。具体表现为将商业保险和社会保险的互补关系模糊为替代关系；将商业保险与社会保险的衔接关系误以为混合关系；将商业保险和社会保险在专业和效率上的目标混为一谈。

1.5.1　社会保险与商业保险的关系

1. 将互补关系模糊为替代关系

商业保险和社会保险本来是一种互补关系，但今天我们把这种互补关系变成了替代关系。二者混淆的结果将使得两种制度的发展都受到约束。从国际经验来看，上百年的保险发展经验均将两种制度视为两个层面，将两种制度混为一体是不可持续的。因此，如何纠正两者互补而非替代的认识误区是完善保险制度的当务之急。

商业保险和社会保险是两种目标定位不一样的保险制度。社会保险是用来保障人民基本保险需求的主体制度，而商业保险主要用来解决人民生活水平提高之后对于生活质量更高层次需求的非基本保险。因此，两者存在着互补关系。由于理论和实践中都重视社会保险而忽视商业保险，甚至出现了过度要求提高社会保险功能而不信任商业保险的趋势，认为社会保险可以替代商业保险的观点，造成了我国社会保险一家独大，而商业保险发展十分缓慢，其市场份额薄弱的现状。以医疗保险为例，"商业健康保险在我国人身健康保险业务总量中占比仅7%左右，占整个保险市场总保费收入约5%，2011年GDP中占比（保险深度）仅为0.15%，商业医疗保险在我国医疗保障体系中发挥的作用甚微"。

2. 将衔接关系误解为混合关系

从保险学理论中制度设计的梯次来看，商业保险和社会保险的制度对象和制度目标具有阶梯式的衔接关系。社会保险侧重将保障水平和保障范围限定在基本需求之内，其普惠制的特征决定了其不可能将所有的保险需求涵盖在内。而商业保险侧重于不同人群、不同水平的保险需求。通过合理补充机制的设计，来满足基本保险范围之外的特殊保险需求。因此，两者存在针对不同保险需求的衔接关系。目前社会对于提高社会保险水平的呼声很高，希望通过提高社会保险的水平来满足人们对于保险的所有需求，这种认识误区值得警惕。

商业保险对于高端和特殊保险需求的作用是毋庸置疑的，如果将两个制度的关系简单地理解为混合关系，必将带来社会保险负担过重难以承受，而商业保险被认为弱化限制其发展的严重后果。保险制度体系的不均衡发展最后损害的都将是参保人的权益。

3. 将专业和效率目标混为一谈

目前有观点认为，大力发展商业保险是因为商业保险比社会保险更专业，更有效率。其中最为常见的理由是社会保险经办能力不足，而商业保险经办能力更强，因此，商业保险比社会保险效率高。这个观点很奇怪，正如商业保险公司好的业务员不一定能成为一名优秀的业务员一样，一个好的商业保险公司经理也不一定能成为一名好的医疗保险局长。因此，今天我们将两者的专业和效率追求混为一谈是非常糊涂的。事实上，商业医疗保险追求的专业和社会保险追求的专业有着本质上的区别。为了实现盈利的目标，商业保险最为强调的专业性是市场营销、推广能力以及风险管理能力。其追求的效率是经济效益最大化。而为了实现社会福利最大化的目标，社会保险强调的专业是把握和执行政策的能力，其追求的效率是社会整体收益和福利的最大化。简单来说，对于商业保险而言，在可报可不报的情况下，商业保险的选择都是不报，以控制风险和追求收益。而在此情况下，社会保险一定会选择报销，以增进社会福利。由此可见，两者的根本价值取向不同，其所强调的专业性完全不同。

还有一个错误的认识是商业保险比社会保险效率高，因为商业保险能够盈利。笔者认为社会保险效率追求的目标本来就与商业保险不一样，社会保险追求的是保险基金的最有效地使用和保障，增加社会的和谐和福利。两者的目标有着本质的区别，因此不能据此判断一个好另一个不好。当前我们在理论探讨和制度实践中出现了将两者等同于一个目标去考虑的观点。期望商业保险也变得"公益性"或者过度强调盘活社会保险基金的"使用效率"无疑都不妥当。目前之所以会出现这样的问题，主要在于如何认识商业保险和社会保险的本体地位和边界问题，即回答好"我是谁"的问题。需要在明确其制度的本体概念、制度边界和制度目标的基础上才能够清晰地界定和处理好商业医疗保险和社会保险的相互关系。

1.5.2　商业保险与社会保险的制度比较分析

商业保险和社会保险是我国现行的社会保险制度体系中两种最为重要的制度。一方面，应依法强制实施基本社会保险，目的在于解决人们的基本社会保障问题；另一方面是在国家优惠政策扶持下，运用商业保险精算的办法，举办商业保险，目的在于扩大社会保障内容，提高社会保障水平，进一步满足人民群众的保障需求。两者相互衔接，共同作用，但也存在着一定的区别。笔者从十二个方面来比较和区分商业保险和社会保险。

1. 从制度层面来看，商业保险和社会保险的不同

一是商业保险和社会保险的制度形式不一样。商业保险是市场制度属性，所以更强调市场机制的运作；而社会保险是社会制度属性，更为强调社会运作，在社会医疗保险中，市场只是一种手段，不是本质的技术追求。社会保险的本质追求是社会属性，所以社会保险强调安全、稳定和谐而不强调"盈利"。二是资金来源不一样。商业保险的资金来源是个人缴费，而社会保险的资金主要来源于雇主和雇员共同缴费。三是两者的积累动机不一样。之所以要发展商业保险，主要是基于市场需求，市场有需求所以要提供，这样可以使发展商业保险获得更大的利益。而之所以要建立社会保险，主要来源于社会有需求。随着社会经济的发展，收入差距的扩大和贫富分化造成了社会的不平等，危害着社会的稳定和安全，因此需要建立社会保险制度这一安全网和减震器，来维护社会的稳定与和谐。四是两者满足的需求不一样。商业医疗保险满足高需求以及个人的特殊需求，而社会保险强调的是基本需求。两者制度层面的比较见表1–1。

表1-1   商业保险和社会保险的制度层面比较

制度类型	商业保险	社会保险
制度形式	市场制度性	社会制度性
资金来源	个人缴费	雇主和雇员
建立动力	市场需求	社会需求
满足需求	高端需求	基本需求

2. 从价值层面来看，商业保险和社会保险的不同

一是两种制度的公平属性不一样。商业保险强调经济对等性，缴纳保费的多少和享受保险水平成正比。而社会保险强调权利和义务对等，只要缴费就享受基本社会保险且享受的标准是一样的。二是两者的价值取向不一样。商业保险强调的价值取向是经济效益，而社会保险强调的是经济效率。三是两者的制度功效不一样。商业保险满足的是多层次、多元化的个性需求和高端需求，而社会保险制度功效主要是强化社会稳定和社会公正。四是从两者在制度体系中的相互关系来看，社会保险是社会保障的主体制度，是社会保障制度的主体架构，而商业保险是重要的补充制度，在社会保障体系中扮演着结构性补充的角色。因此，"商业保险虽然可以纳入广义的社会保障体系，但不宜改变其补充地位，即社会保障必须承担起维护社会公平并解除国民后顾之忧的职责，而商业保险则应当适应市场规则，并在寻求自身发展的同时，发挥弥补社会保障不足的作用，二者应当在尊重各自规律的基础上分工协作、有机结合、相得益彰地共同发展。"两者价值层面的比较见表1-2。

表1-2   商业保险和社会保险的价值层面比较

制度类型	商业保险	社会保险
公平属性	经济对等性	权利与义务对等性
价值取向	经济效益	经济效率
制度功效	多层次、多元化	社会稳定、社会公正
相互关系	结构性补充	主体架构

3. 从制度的组织层面来看，商业保险和社会保险的不同

一是两者依托的服务体系要求不一样。商业保险要求的是市场服务体系，而社会保险要求的是公益性的服务体系。例如，当前我们讨论医疗体制的改革，不是因为我们的服务体系没有建好，而是公益性服务体系没有建好。二是二者对于资金平衡的要求不一样。商业保险强调长期平衡，短期的亏损关系不大，只要从长期来看能够有盈余就可以；而社会保险强调即期均衡，以收定支。三是两者的组织形式不一样。商业保险强调经济对等性，因此其组织形式是自愿参保，参保人自我判断和感知风险并根据自我的收益预期来决定是否购买和购买多少商业保险；而社会保险是强制参保，从公平的目标出发，要求参保人均需参加并缴纳保险费用，将富人的钱转移给穷人，将健康者的钱转移给生病的患者使用，通过社会收益的转移从而缩小社会贫富差距。如果社会保险像商业保险一样采取自愿参保，

则选择性参保的问题难以避免。如果社会保险不能有效地实现全民参保，社会安全网和减震器的政策目标就难以实现。因此，社会保险要求全民保障不仅是一个社会福利的概念，更是一个社会安全的概念。越是在社会发展出现两极分化的时候，越是需要社会保险来提供基础性的安全保险。四是两者的承担主体不一样。商业保险大多为市场行为，其承担和组织主体是商业保险企业，而社会保险主要由政府部门或第三方的社会组织来承担。两者组织层面的比较见表1-3。

表1-3　商业保险和社会保险的组织层面比较

制度类型	商业保险	社会保险
依托体系	市场服务	公益性服务
资金平衡	长期均衡	即期均衡
组织形式	自愿参保	强制保险
承担主体	市场企业	政府或第三方组织

通过三个层面的比较分析，我们不难发现：商业保险和社会保险两者互为补充，各有侧重，且不能互相代替。协调好二者的关系，有利于保证广大群众的基本生活要求，保持社会稳定；有利于满足不同经济收入的群体对不同层次保险、保障的要求；有利于稳定和减轻国家财政负担；也有利于共同推进我国社会保障制度的建设和完善。若处理不好两者的关系，商业保险和社会保险的发展都会受到很大的约束。

1.5.3　商业保险发展的困境与出路

社会保险基本制度的完善也依赖于商业保险制度的发展和完善。否则社会保险一直背负着福利无限扩展的压力，因此必须依靠商业保险的发展来解决高端保险服务的需求，将其与基本保险区别开来。但是，目前商业保险面临三个主要的发展困境。

1. 社会保险的基础薄弱

商业保险满足的是高端和特殊的需求，因此必须要在强大的社会保障需求的基础上，人们的高端医疗需求才有可能得到释放。社会保险需求是从基础向高端发展的，如果社会基本保险缺失，商业保险发展也无从谈起。以医疗保险为例，商业医疗保险要发展，一定要求基本医疗保险达到80%的水平，否则高端医疗市场的需求很难释放出来。目前城镇职工的社会保险水平相对完善，而城镇居民和农村居民的社会保险还有待进一步提高，只有进一步夯实社会保险的基础，商业医疗保险的发展才有可能取得灿烂的前景。

2. 商业保险发展的高端需求尚未形成

商业保险制度的目标人群是高端需求人群，由于缺乏高端的保险服务体系，商业保险没东西可卖。以医疗保险为例，由于高端医疗服务的提供集中在大规模高等级的公立医院，参保人员只要选择社会医疗保险就可以享受这些服务而无须参加商业医疗保险。

3. 商业保险的信息不对称

商业保险依靠高精度的精算来预测风险并赢取利润。由于信息不对称，许多因素和行为有可能影响保险的风险。因此，要消除信息不对称，商业医疗保险和社会保险是两个不同的主体，只有厘清两个不同主体的关系才能共同发展。"未来的医保工作中应该坚持清晰定位，界定社保的主体作用和商保的补充作用，不可出现混淆、错位；也不可出现缺位与越位。"另外还要抓好不同医保制度之间的衔接，对于商业保险和社会保险而言，要做好两者在基本保险和高端保险之间的衔接，否则两个制度的发展都将受到限制。

复习思考题

1. 社会保险具有哪些特征？
2. 社会保险是如何产生的？其产生的背景有哪些？
3. 社会保险体系是如何构成的？
4. 试述社会保险的功能与作用。
5. 试述社会保险的类型与原则。

第2章
社会保险制度的产生与发展

【学习目标】

通过本章学习，要了解社会保险制度形成的原因及历史背景；熟悉社会保险制度中各项险种的具体内容，掌握社会保险在各国发展的规律性及其萌生的理论基础。

2.1 社会保险在欧洲的建立

2.1.1 社会保险在欧洲产生的总背景

早在18、19世纪，欧洲爆发了一场产业革命，其变革的中心是以机器大生产代替手工作坊，使原来以人力为主体的劳动变为以机器为主体的劳动。从世界经济和社会发展的角度说，这场产业革命是一次历史性的变革。它使劳动生产率得到了快速提高，也使欧洲的经济得到了迅猛的发展。但是，随着机器劳动不断地代替手工劳动，工业化大企业不断地涌现，原来依靠手工作坊为生的劳动者，尤其是一些老人、妇女，面临着被机器劳动淘汰的危险；而进入工业企业劳动的工人，也要随时面临着生、老、病、死、伤、残、失业等问题，一旦这些问题出现，他们就会因丧失劳动能力或丧失工作而中断收入来源，这对他们的生存造成了很大的威胁。为此，劳动群众强烈要求企业或政府对这些问题给予解决，不断深化的工人运动加深了劳资矛盾，使各国政府十分苦恼。

2.1.2 英国政府颁布《济贫法》

19世纪初，英国工人为了解决一旦遇到的生、老、病、死、伤、残、失业等问题对其生活的威胁，成立了一些自发的、民间的、小规模的类似互助基金会的组织，工人在有收入来源时每人出一点钱组成一个基金，一旦谁出现上述问题或生活困难时，谁就可以使用这笔钱。虽然这笔钱数目很小，但是对中断收入来源的工人来说，却有一种"雪中送炭"的感觉。因此，它在很大程度上缓冲了劳资之间的矛盾和工人的不满情绪，也使工人运动大大减少。英国政府注意到了这一现象，感到这种办法可以维护社会的安定，对政府来说也有很大的好处，于是在19世纪30年代，英国政府颁布了《济贫法》。尽管该法中规定的待遇非常低，而且享受待遇的条件也非常苛刻，但它毕竟是以国家身份对此进行规范的第一部法规，而且它还告诉人们一点，那就是要求社会保护是公民的合法权利，社会负有保障公民生存的义务。从这点说，《济贫法》的颁布具有很重要的意义。虽然《济贫法》不是专门的社会保险法规，只能说它是世界上最早的涉及社会保险内容的法规，但是它为社会保险的产生奠定了基础。

2.1.3 德国先后出台了疾病、伤害等保险法规

19世纪80年代，统一后的德国成为欧洲的经济强国，为了继续加快国内经济的发展，谋取欧洲霸主的地位，同时扩大殖民势力，德国政府感到必须解决日益尖锐的劳资矛盾。19世纪下半叶，马克思主义开始在德国工人中传播，社会主义政党开始登上政治舞台，工人对自己权利的认识越来越深刻，他们开始通过工人运动要求政府实施劳动保护措施。另外，德国工人也自发组织了一些互助互济基金会。为了缓和工人运动，瓦解工人群众的各种自发组织，德国政府决定由国家立法强制实施社会保险。除了上述原因外，还有一个原因促使德国进行社会保险立法，那就是社会保险理论思想的盛行。从19世纪70年代至第一次世界大战前夕，德国境内盛行鼓吹劳资合作和实行社会政策的学派，这些人主张国家直接插手经济生活管理，负起"文明和福利"的职责，经济问题的解决必须同伦理道德联系起来。他们认为，德国当时面临的最危险的社会问题是劳工问题。因此，国家必须通过立法，实行包括保险、孤寡救济、劳资合作以及工厂监督在内的一系列社会政策措施，自上而下地实行经济政策改革。在这种背景下，1883年，德国制定了世界上第一部《疾病保险法》，对工人患病时所享受的权利从法律上进行了规定；1884年颁布了《劳工伤害保险法》；1889年又颁布了《残疾与老年保险法》，这三部法规的颁布、实施，奠定了社会保险的法律基础。20世纪初，各国工人运动不断高涨，强烈要求政府对因失业而丧失收入来源的工人给予生活保障，于是法国、丹麦、英国率先颁布了失业保险法规。至此作为社会保险法律体系的几个主要方面——养老、疾病、工伤、失业保险等，在欧洲范围内基本形成。

2.1.4 欧洲诸国普遍建立不同的社会保险制度

第一次世界大战后，欧洲各国纷纷效仿德国的做法，建立了适应本国的社会保险制度。奥地利，1887年建立工伤社会保险，1888年建立疾病社会保险，1906年建立老年社会保险，1920年建立失业社会保险。丹麦，1891年建立老年社会保险，1916年、1933年先后建立工伤社会保险和疾病社会保险。挪威，1894年建立工伤社会保险，1909年、1936年、1938年先后建立了疾病、老年、失业社会保险。荷兰，1895年建立工伤社会保险，此后，1937年和1963年先后建立了老年、疾病社会保险。意大利，1898年建立工伤社会保险，1919年同时建立老年社会保险和失业社会保险。英国，1908年建立老年社会保险，1911年、1946年分别建立疾病、失业和工伤社会保险。法国，1898年实行工伤保险，1905年实行失业保险，1910年建立老年社会保险，1930年和1946年先后建立疾病社会保险、生育社会保险。芬兰，1910年建立工伤社会保险，1913年同时建立老年社会保险和疾病社会保险，1949年建立失业社会保险。瑞士，1911年建立工伤社会保险，1946年建立老年社会保险。瑞典，1913年建立老年社会保险，1916年建立工伤社会保险。比利时，1924年建立老年社会保险，1944年同时建立疾病社会保险与失业社会保险。

由于产业革命爆发于欧洲，它对欧洲的经济产生了巨大的影响，而对欧洲以外的其他国家的影响相对晚些，因此也决定了这些国家的经济发展与欧洲相比较有很大的差距，而

且这些国家对于国家采取强制干预措施来解决公民生、老、病、死、伤、残、失业等社会问题的作用一时也很难接受。上述原因都决定了这些国家建立社会保险制度的时间晚于欧洲的大多数国家。

2.2　社会保障（保险）制度在美国的建立

　　1929年，美国也受到了世界性经济危机的冲击，造成严重的社会经济后果。而当时的美国总统、共和党人胡佛根本不考虑社会保险对稳定经济、稳定社会的作用，认为社会救济不是联邦政府的事，要靠私人捐助和慈善组织解决，因此激起民众的强烈不满，示威、游行频频出现。1933年，民主党人富兰克林·罗斯福当选美国总统。他上任后，深刻认识到对于这种社会经济的动荡，必须采取措施，摆脱危机，振兴经济，缓和国内劳资矛盾，于是他推出了新的改革措施，史称"罗斯福新政"。新政强调国家干预社会经济生活，包括由国家出面实施社会救济、社会保险和社会福利。新政影响最深远的是社会保险方面，而对社会保险的立法也经过了一个激烈的斗争过程。1935年1月，总统向国会提出年度咨文，要求进行社会保险立法，立刻遭到了以共和党人为代表的反对党的激烈反对。他们提出，如果这个法案得到通过，子女将不再赡养父母，工人也将因征收工资税而辞工不干。一时间谣言四起，骂罗斯福是疯子，说新政派要赤化美国。然而罗斯福坚定自己的决心，克服重重阻力，成功地使社会保障法案在1935年8月获得通过。这项法规充分体现了罗斯福新政的思想。

2.2.1　美国的社会保障（保险）思想

　　罗斯福新政在社会保障方面的思想是：

　　（1）社会保险是机器大生产的客观要求，是取代已不适应形势的"家庭保障"的新的社会政策。

　　（2）把以"普遍福利"为核心的社会保障制度作为建国之策，以消除人们对生活中旦夕祸福和兴衰变迁的恐惧。

　　（3）实行强制性、多层次的老年社会保险，"由联邦政府承担养老金开支的一半最终则由自给的保险本金计划所取代"。

　　（4）失业保险实行以地方管理为主。

　　（5）社会保险必须促进劳动者自我保障意识的建立，即保险资金取之于民，用之于民。

　　（6）社会保障项目必须逐步展开，防止一哄而上。

　　在养老保险方面，罗斯福认为养老金就是为了促使已届退休年龄的人放弃自己的工作，从而给年轻的一代人更多的工作机会，同时也使大家在展望老年前景时都能有一种安全的感觉。

　　在失业保险方面，罗斯福认为建立失业保险不仅有助于个人避免被解雇时只能依赖救济，而且通过维持购买力还将缓解经济困难的冲击。失业保险的另一个好处是，它促使雇主们更仔细地进行计划安排，从而通过稳定就业本身来达到防止失业的目的。

2.2.2　美国的社会保险原则

罗斯福还认为，社会保险立法应遵循三项原则：①除了开办费外，这项制度应该是自给的；②除老年保障外，应由各州具体经营，但必须符合联邦政府所制定的标准；③为了妥善运营费用和储备金额，保护国家的信贷结构，联邦政府应通过合众国国库的受托管理人保留对于一切款项的支配权。

2.2.3　美国的社会保险内容

法律中规定的社会保障（保险）内容包括：①老年救济；②老年退休年金；③失业保险；④对盲人、需要抚养的儿童和其他不幸者的救济。

联邦政府根据罗斯福的建议设立了社会保险署。罗斯福的这种立法思想和原则以及其他一些具体做法，至今还为世界各国所推崇。因此可以说，美国的社会保险法案是世界社会保险发展史上一个重要的标志。

2.3　社会保障（保险）在世界范围内普遍建立

2.3.1　初建时期

美国社会保障法的产生对世界各国社会保障事业促进很大，加之世界性经济危机造成了各国经济的衰退，社会动荡不安，人们的生、老、病、死、伤、残、失业等社会问题，以及工人不断要求政府来解决这些问题而爆发的工人运动，更加严重地困扰着各国政府。这些国家开始认识到社会保障所具有的其他政策无法比拟的作用，于是开始着手建立适合本国国情的社会保障制度。据1933年出版的美国社会保障总署研究报告——《全球社会保障制度》的统计，到1940年，实行任何一种社会保险的国家有57个；实行老年、伤残和遗属保险的国家有33个；实行疾病和生育保险的国家有24个；实行工伤保险的国家有57个；实行失业保险的国家有21个。到第二次世界大战以后，北美洲国家、大洋洲发达国家、亚洲发达国家和地区纷纷建立起社会保障制度。

2.3.2　鼎盛时期

20世纪50年代后期至70年代可以说是社会保险发展的鼎盛时期。仅对1958—1967年的统计，实行社会保险的国家就由80个猛增到120个。分析其原因主要是：首先，第二次世界大战结束后，各国开始把主要精力由应付战争转移到了发展经济上来，这就要制定一些有利于经济发展的配套措施，以扫清阻碍经济发展的问题。社会保险政策是各国首选的措施，因为它的建立能很好地安抚民众，缓和劳资矛盾，促进经济发展。其次，战后各国开始注重经济发展，尤其是工业发展最为迅速，随着工业企业的增多，工伤事故也随之增多，建立工伤保险制度已成为当务之急。所以这个时期建立工伤保险的国家（地区）最多，由1958年的77个，增加到1977年的117个，增长速度之快是其他保险项目所无法比拟的。

2.3.3　平稳发展时期

进入20世纪80年代以来，社会保险呈现了平稳上升的趋势。如，1981年实行社会保险的国家（地区）为139个，1985年是142个，1990年是146个。进入20世纪90年代，建立社会保险的国家出现了比较大的增长趋势，1992年实行社会保险的国家（地区）就已达到了163个。分析起来，其原因大体有三方面：第一，新兴国家的产生，如20世纪90年代初，前苏联的解体，形成了15个共和国，这些新产生的国家是使实行社会保险国家的数量猛增的一个主要原因；第二，原有的实行其他模式保险制度的国家改为实行社会保险制度；第三，随着经济的不断发展，社会保险制度越来越健全和完善，许多国家在建立社会保险之初，一般都是单项立法，对一些认为比较急迫、比较重要的项目先行立法。随着经济水平的提高，以及人们对社会保险其他项目立法的呼声不断高涨，许多国家开始着手健全本国的社会保险制度，完善社会保险各项目的立法。

社会保障在这个阶段的特点是：第一，社会保障制度从欧洲推向美洲；第二，欧美各国政府对社会保障制度的干预增加；第三，各种社会福利和社会保障理论对社会保障事业的发展起了极大的推动作用。

2.4　社会保险起源、发展及其相关"学说"的影响

任何一种社会制度的诞生都有其思想渊源，任何一项社会政策的出台都有其理论基础，社会保险制度也是建立在一定的理论基础之上的。社会保障的思想源远流长。两千多年前中国先圣孔夫子在《礼记·礼运》中提炼出系统而深刻的社会保障思想："大道之行也，天下为公，选贤与能，讲信修睦。故人不独亲其亲，不独子其子，使老有所终，壮有所用，幼有所长，鳏寡、孤、独、废疾者皆有所养。"西方智者柏拉图在《理想国》中，主张确立公正原则，消除暴力与贫困对立，倡导平等与社会秩序和谐，对西方社会保障理论尤其是空想社会主义产生了重要影响。莫尔、康帕内拉及圣西门、傅立叶、欧文等空想社会主义思想家则提出较为完备的社会保障思想，成为近代社会保障制度的重要思想来源之一。

2.4.1　新历史学派社会保障思想的影响

19世纪末20世纪初，以施穆勒和桑巴特为代表的新历史学派开始出现，并对19世纪后期德国社会保障政策的建立和发展产生了直接影响。新历史学派的主要社会保障思想主张包括以下几个方面。

首先，强调国家在经济发展和社会进步中的重要作用，主张实行强有力的国家干预政策。施穆勒特别强调国家在经济发展中的影响，他甚至提倡实行"国家经济"。桑巴特指出，资本主义精神是资本主义经济发展的动力，但是，这种精神在国家内部并通过国家才能发挥作用。国家对资本主义经济发展具有重要影响。它帮助资本主义开拓市场，获得劳动力，推行新技术，国家通过社会政策进行有意识的干涉，可以保护并推进资本主义的利益。瓦格纳非常强调国家在促进经济发展中的作用，他指出，国家是最重要的"强制共同

经济"，是自由经济的修正者和补充者，它不仅应该通过政府与法律维护国内秩序，而且应该通过社会政策增进民众的社会福利。

其次，卡特尔经济组织形式的出现，有利于德国资本主义经济计划性的实现，这也是实现德国经济走向一定的计划经济的有效途径。瓦格纳指出，俾斯麦开始了一个在企业转化为国家财产的基础上逐步向社会主义过渡的新时代。布伦坦诺提出了"有组织资本主义"的观点，他认为，卡特尔不仅可以消除经济危机，实现经济计划性，而且可以促进工人阶级的社会福利。桑巴特提出了"混合经济"的概念，他认为，资本主义经济将通过内部自我调节走向更加稳定和计划性，从而为过渡到社会主义做好准备。

最后，提倡社会改良，促进社会福利事业的发展。施穆勒指出，应该促进德国经济的社会化，改变分配制度和所有制形式，以满足所有社会成员的权利和要求。社会中存在过度的阶级分化和阶级对立会给社会稳定带来极大危害，只有进行大规模社会改良，才会促进社会稳定发展。新历史学派主张通过立法，推行社会保险制度，建立工厂监督员制度和劳资纠纷仲裁制度，加强劳动保护，对贫穷者提供社会救济，推进一些经济领域的国家化，并改革财政制度。[①]

2.4.2 福利国家理论与庇古《福利经济学》的影响

1. 福利国家理论

社会保险制度最早产生于19世纪的德国，具有特定的社会、政治、经济背景。19世纪70年代以后，德国经济社会矛盾日益凸显，劳资问题非常严重，大批工人失业，贫困现象也非常突出。德国新历史学派领导人物施穆勒、瓦格纳等于1873年组建了著名的"社会政策协会"，提出了一系列国家干预社会生活的理论政策思想，对社会保险的产生奠定了重要的理论基础。施穆勒主张在对各种制度和有关法律进行改革的同时，还需推行广泛的社会政策。他认为"经济进步基本上是同社会制度的改革联系在一起的"，推行社会政策的目的，在于促使财富的生产和收入分配趋于合理化，以满足公正及道德完善的需要。[②]瓦格纳不仅非常强调国家对社会政策的干预，而且主张对交通、银行和保险业实行国有化管理以促进国民经济发展，强调建立国家强制保险制度并推行社会化计划。瓦格纳在1871年10月所作的著名的"社会问题"讲演中，认为国家救济是社会改良的主要支柱，国家社会政策的目的是为了消除分配中的弊端，通过国家的社会保险措施使国家的统治介入个人消费领域，为俾斯麦建立德国社会保险制度提供了非常重要的理论依据。概而言之，德国新历史学派提出了福利国家理论，他们强调国家的经济作用，认为国家除了维护社会秩序和国家安全外，还具有文化和福利的目的，应该由国家兴办一部分公共事业来改善国民的生活，如建立社会保险，发展义务公共教育等。强调国家对社会生活的直接干预。[③]强调国家应通过立法，实行包括社会保险、孤寡救济、劳资合作及工厂监督在内的一系列社会措施，自上而下地实行经济和社会改革。新历史学派的以国家干预为主线的社会政策主张，为德国最早实施社会保险制度奠立了重要的思想基础、理论基础和政策基础。

① 丁建定，魏科科. 社会福利思想. 武汉：华中科技大学出版社，2005.
② 谭崇台. 西方经济发展思想史. 武汉：武汉大学出版社，1995.
③ 顾俊礼. 福利国家论析：以欧洲为背景的比较研究. 北京：经济管理出版社，2002.

2. 福利经济学

福利经济学产生于20世纪20年代，以庇古的《福利经济学》一书为重要标志。庇古的福利经济学主要是建立在实际效用价值学说基础上，他从资源配置最优的角度提出了最优福利分配的学说，主张应通过国民收入的增加和国民收入再分配两种方式来增加社会的福利，国家可以通过向高收入阶层征收累进所得税和遗产税，对低收入阶层进行补助和救济，实现国民收入的再分配，这样一方面可以实现全社会的收入均等化，另一方面有助于提高整个社会的福利。[①] 因此，福利经济学的产生和发展，为福利国家及社会保障的发展提供了重要的理论依据。

2.4.3　《贝弗里奇报告》及其影响

1942年11月伦敦经济学院院长贝弗里奇勋爵受英国政府的委托，研究第二次世界大战后重建社会保障制度的重大理论与政策问题，正式提交了《社会保险及有关服务》的研究报告，史称《贝弗里奇报告》。报告主张通过建立三种社会保障制度框架，对全体公民实行失业、残疾、养老、寡居、生育、死亡等项目的社会保险计划，满足其基本生活需要，对于最需要帮助的社会群体建立社会救助制度，对于较高收入者的其他各种保障需要，则通过自愿保险的制度形式予以满足。该报告还提出了社会保险制度的几个基本原则：①基本生活资料补贴一致的原则；②保险标准一致的原则；③保障金额充分的原则；④全面性和普遍性的原则；⑤管理责任统一的原则；⑥区别对待的原则。报告还强调，社会保险计划是以劳动和缴纳保险费为条件，保证维持社会成员的必需的收入，以保证其具有劳动和持续保持劳动能力的计划。《贝弗里奇报告》对第二次世界大战以后各国社会保险制度的发展，产生了极为深远的影响，是社会保险发展进程中里程碑式的文献，亦是世界许多国家社会保险制度框架的重要理论基础。

2.4.4　社会民主主义社会保障理论的影响

20世纪前期，英国社会民主主义社会保障思想获得全面发展，对英国社会保障政策的完善和发展的影响也越来越深刻，著名社会民主主义思想家柯尔对20世纪初英国社会保障制度存在的缺点提出批评。他说，国家在社会保障方面已经做出了许多努力，但仍存在很大差距，保证民众合理的基本收入是社会保障制度的重要目标，实现这一目标的办法之一是把合法工资章程的适用范围扩大到所有行业，办法之二是为那些可以从国家得到一些补助但是这些补助显然过少的人提供有效的收入；此外，还要建立普遍性家庭补贴制度；国家的目标首先应当是防止失业，但仅仅对失业者进行救济是不够的，应该使失业者能够尽快重新就业；必须制定最低基本生活标准，以保障广大民众的正常生活；必须实行普遍社会保险制度，任何需要社会保险的人都应有资格得到它。柯尔反对在提供救济时实施极度严格的家庭财产状况调查，但也认为不能毫无限度地提供救济。[②]

蒂特马斯认为，现代工业社会需要建立一种有效的国家福利制度。因为，现代工业

---

① 任正臣. 社会保险学. 北京：社会科学文献出版社，2001：19.
② 柯尔. 费边社会主义. 北京：商务印书馆，1984：72—77.

社会中市场削弱了人的社会责任感与义务感。国家福利制度具有五大职能与目标：①社会福利服务可以通过许多途径并在许多方向上对社会收入实施分配与再分配；②国家福利能够促进社会的紧密结合与协调；③社会福利服务在解决社会问题时具有重要的作用；④国家福利可以促进个人与社会福利的发展；⑤社会福利服务同时还是一种投资方式。蒂特马斯主张实施普遍的社会保障制度。他指出，既然市场制度不利于人的社会责任与义务意识的发展，既然社会政策与经济政策的主要区别是社会政策具有社会凝聚力功能，那就不仅应该建立国家福利制度，而且这种制度应该实行普遍性原则。他认为，私人福利不利于促进社会平等，反而可能造成社会不平等范围的扩大与程度的加深，英国现行私人福利制度削弱和危害了公共福利，并对人们的社会责任与义务意识危害很大。第二次世界大战后，联邦德国社会民主主义社会保障思想有了明显发展，并对这一时期联邦德国社会保障政策产生了影响。1959年，联邦德国社会民主党发表著名的《哥德斯堡纲领》，纲领写道：联邦德国社会民主党要使通过工业革命和生活各领域技术化释放出来的力量为所有人都能享有的自由和正义服务。纲领同时提出了社会福利方面的目标，即国家必须为公民提供社会保障，以使每一个人都尽可能实现自立，并促进一个自由社会的发展。1975年，联邦德国社会民主党提出《八五大纲》，指出，社会民主党为争取一个民主和公正的社会制度而采取的政策，需要得到多数人民的信任，这一政策必须确保充分就业和经济稳定发展，同时还必须顺利推行社会改革。大纲指出，人们因已经许诺的改革未能兑现和经济进步受到威胁而产生的失望情绪，同样能动摇他们对社会政策的信任基础，这种信任基础应该包括维持福利国家对人民提供的保障，特别是对经济上和社会上处于弱者地位的人们的保障。

第二次世界大战以后，法国社会民主主义政党更加关注社会保障政策的制定和实施。法国社会党著名领袖罗卡尔将三个方面确认为社会民主主义为欧洲文明提供的样板，这就是：①建立在人权基础上的公共组织；②文化与经济的高水平发展；③高水平的社会保险。1972年，法国社会党与共产党签署的《共同施政纲领》明确提出，增加工资和制定最低工资水平，在不减少工资的情况下恢复每周40小时工作制，延长休假时间，退休金应占工资的75%，降低退休年龄，改善教育制度等。

复习思考题

1. 社会保险为何起源于德国？
2. 试述罗斯福在社会保障（保险）方面有哪些新思考、新认识？
3. 德意志帝国推出的社会保险法案，提出了哪些构成社会保险核心的基本原则？
4. 社会保险的起源与发展的理论基础是什么？

第3章 中国的社会保险制度

【学习目标】

通过本章学习，了解中国社会保险制度的建立和发展，掌握我国现行社会保险制度存在的问题及进一步改革完善的对策。

我国的社会保险制度是在新中国成立以后逐步形成和不断发展的。由于我国过去实行计划经济的管理体制，因而建立了与当时苏联相似的国家统筹型的社会保险制度。改革开放以来，对原有弊病较多的社会保险制度进行了一系列的改革。从此，一个新型的符合社会主义市场经济要求的，具有中国特色的社会保险制度逐步得到完善。

3.1 中国社会保险制度的形成和发展

3.1.1 中国社会保险制度的建立

中国社会保险制度的形成经历了漫长的历史时期。国民党统治的旧中国，是一个经济十分落后的半殖民地、半封建社会。国民党政府代表帝国主义、封建主义和官僚资本主义的利益，不可能为劳动者建立社会保障制度。在旧中国，劳动者在丧失劳动能力、遭遇风险时，几乎得不到任何保障。自从中国共产党成立后，在历次召开的全国劳动大会上都提出了对职工实行社会保险的基本主张和具体要求，并领导工人阶级为争取社会保险权利进行了长期不懈的斗争。

中华人民共和国成立后，于1951年2月26日颁布实施了《中华人民共和国劳动保险条例》。该条例对生、老、病、死、伤残、医疗和集体保险等保险项目作了具体规定。初期，条例实施的范围比较小，1953年和1956年先后对劳动保险条例进行了修订，扩大了实施范围，调整和提高了部分劳动保险待遇标准。并于2011年实施了《中华人民共和国社会保险法》从法律上明确国家建立基本养老、基本医疗和工伤、失业、生育等社会保险制度，并对确立基本养老保险关系转移接续制度，提高基本养老保险基金统筹层次，建立新型农村社会养老保险制度、城镇居民养老保险制度和新型农村合作医疗制度等作出原则规定。

3.1.2 中国社会保险制度的发展完善

自1958—1983年的20多年中，政府对社会保险陆续颁发了大量法律、规定，使我国社会保险制度在实施方法、保障程度、享受范围等方面都做了许多改进，但因"文化大革命"一度受到干扰和停滞，如劳保基金和统筹制度被废除，职工退休费用由社会统筹改为企业自负，使社会保险蜕变为"企业保险"。

进入20世纪80年代以后，社会保险的地位与作用日益受到党和国家的重视，我国社会保险开始从运行机制、模式类型、项目构成等方面进行较深层次的改革与创新。1986年7月，国务院颁布了《国营企业职工待业保险暂行规定》，标志着我国失业保险制度正式建立。医疗保险制度在各地改革探索的基础上，1994年4月，国家体改委、财政部、劳动部、卫生部共同印发了《关于职工医疗制度改革的试点意见》，并在镇江、九江两市进行试点。试点的主要内容为"职工医疗保险费用由用人单位和职工个人缴纳（先从本人工资的1%缴纳）；建立社会统筹医疗基金和职工个人医疗账户相结合的制度；医疗费用首先从个人医疗账户中支付，超过一定限额后由社会统筹医疗基金中支付大部分，个人仍要承担一部分"。养老保险制度的改革也逐渐展开。1982年进行职工退休费社会统筹的试点工作，1984年后，逐步在全国范围内普遍开展。1991年6月，国务院发布《国务院关于企业职工养老保险制度改革的决定》，提出建立多层次养老保险制度，职工个人缴纳基本养老保险费。1993年2月，上海市颁发了《上海市城镇职工养老保险制度改革实施方案》，按照个人储存与统筹互济相结合的原则建立个人养老保险账户。1997年7月，国务院颁布了《关于建立统一的企业职工基本养老保险制度的决定》。从此，新型的适应社会主义市场经济，具有中国特色的基本养老保险制度基本形成。在生育保险方面，1988年，国务院颁布了《女职工劳动保护条例》，各地进行了改革的试点。在各地试点的基础上，劳动部于1994年12月颁发了《企业职工生育保险试行办法》。在医疗保险方面，城镇职工医疗保险制度改革从1994年开始试点到1998年全面启动。

党的十六大提出要加快建立覆盖城乡居民的社会保障体系，社会保障开始进入统筹城乡发展和制度创新的新阶段。

2003年，国家实施新型农村合作医疗制度（以下简称新农合），着力解决农村居民的看病问题，政府公共财政在新制度中出资比例约占80%；2007年，建立农村最低生活保障制度；同年开展城镇居民基本医疗保险试点，并用3年时间在全国推开，覆盖城镇全体居民；2008年，决定在部分省市进行事业单位养老保险制度改革试点；2009年，中央出台了深化医药卫生体制改革的意见，国务院制定了医药卫生体制改革近期重点实施方案，把加快推进医疗保障制度建设作为第一项任务。

新中国成立以来，特别是近些年来随着全面建设小康社会的加快推进，我国社会保障的覆盖范围不断扩大，到2013年，中国社会保障事业快速发展，保障内容持续增加，保障范围不断扩大，在经济发展水平还不是很高的情况下，初步建立了世界上规模最大的符合现阶段中国社会实际的社会保障体系。

2012年，实现全国新型农村社会养老保险和城镇居民社会养老保险制度全覆盖。截至2017年12月，全国城乡居民参保人数达到51 255万人，比2016年末的50 847万人增加了408万人；截至2017年年末全国城镇职工基本养老保险参保人数首次突破4亿人，比2016年底的37 930万人，同比增长了6.2%。2017年，企业退休人员月人均基本养老金水平继续调整，调整水平按2016年企业退休人员月人均基本养老金的10%左右确定，达到近2 362元，并对具有高级职称的企业退休科技人员、基本养老金相对偏低的人员等进行适当倾斜。

建立和完善医疗保险制度，保障城乡居民医疗权利。目前，中国已基本建立全民医疗保险体系，且保障水平在不断提升，参加城镇职工医疗保险、城镇居民医疗保险和新型农村合作医疗的人数超过13亿，参保率达到90%以上。截至2017年，参加城镇居民医疗保险人数过亿人。政府对城镇居民医疗保险的补助标准逐年提高，从2007年的人均40元提高到2017年的人均420元，政策范围内住院费用报销比例提高到70%左右，基层最高支付限额达到当地居民年人均可支配收入的6倍左右。新型农村合作医疗制度自建立以来，迅速覆盖了全体农民。2007年参加新农合人数为7.3亿，参合率为85.7%；截至2017年，人数达到9.02亿，参保率上升至99%。政府对新农合的财政补助逐年增加，人均筹资水平不断提高。2017年，新农合的人均筹资水平提高到340元左右，其中各级财政补助标准提高到280元，政策范围内住院费用报销比例保持在75%左右，最高支付限额和门诊医药费用报销比例进一步提高。2017年，参合农民共计收益13.2亿人次，同比增长14.9%；新农合大病保障收益人次达137万，实际报销比例达到70%左右。

城乡居民大病保险试点进展顺利，重特大疾病保障机制开始建立，减轻了城乡居民大病医疗费用负担。2017年8月底六部门发布《关于开展城乡居民大病保险工作的指导意见》，据报道，该意见将对医保报销后个人负担的部分进行二次报销，报销比例将不低于50%，并且按医疗费用高低分段制定支付比例，原则上医疗费用越高，支付比例越高。2017年9月初，国家卫计委表示2017年要全面推出尿毒症等8类大病保障，在三分之一左右的统筹地区将肺癌等12类大病纳入保障和救助试点。此项工作现已落实。

失业保险、工伤保险和生育保险稳步发展，对于参保人维持稳定的生活水准、获得医疗救治和生育保障等发挥了越来越大的作用。2017年年末，全国参加失业保险人数为16 417万人，比上年年末增加1 192万人；全国工伤保险参保人数达到19 917万人，比上年增加907万人，其中参加工伤保险的农民工7 263万人，增加84万人。全国生育保险参保人数16 392万人，比上年年底增加963万人。2017年有417万人享受了不同期限的失业保险待遇，年末有197万人领取失业保险金，月人均领取失业保险金水平为759元，比上年增加60.3元，增长8.5%。

最低生活保障制度进一步完善。截至2017年，全国城市低保对象2 061.3万人，平均保障标准为373元/（人·月），月人均获得补助252元。截至2017年，全国农村低保对象5 382.1万人，占农村人口的6.1%；平均保障标准为2 434元/（人·年），月人均获得补助111元。截至2017年，全国农村五保供养对象538.2万人，平均供养标准为集中供养4 685元/（人·年）、分散供养3 499元/（人·年），2017年累计支出五保供养资金161.6亿元，分别比2016年增长15.4%、16.3%和11.5%。

对因遭受自然灾害、失去劳动能力或因其他原因陷入生活困境的社会成员实施社会救助，维持其最低生活水准，是社会保障权利的最后一道防线和安全网。截至2017年，全国26个省（自治区、直辖市）制定完善了临时救助政策。2017年，全国共实施临时救助3 937万户次。医疗救助惠及群体进一步扩大，救助对象从城乡低保对象、五保对象逐步向低收入重病患者、重度残疾人和低收入家庭老年人等特殊困难群体拓展。2017年累计支出医疗救助资金257.6亿元，救助2 639万人次。[①]

新中国成立69年来，从国有企业向多种所有制组织，从正式职工向灵活就业人员，从城镇居民向农村居民，越来越多的人民群众享受到社会保障的政策阳光。但在一个世界上人口最多的国家，要实现人人都享有社会保障的美好愿望，是一件很不容易的事情。九层之台起于累土，千里之行始于足下，完善社会保险制度、健全社会保障体系，要走的路还很漫长。

3.2 中国原有社会保险制度的特点、弊病及原因

3.2.1 社会保险制度的特点和弊病

中国的社会保险体制是在新中国成立初期建立的，是为适应产品经济和高度集中统一的计划经济管理体制的发展而逐步形成的。这种社会保险体制，是一种计划经济型的、窄覆盖、企业化、包下来的体制。其中主要特点和弊病有以下几个方面。

1. 保险与单位就业融为一体阻碍了劳动制度改革的深化

劳动者通过政府劳动人事部门统一分配到单位，即国有或大集体单位就业，也就同时有了社会保险。在市场经济条件下，劳动者就业的形式可以多样，就业的单位也可以有多种。可以到国有单位就业，也可以到集体所有制单位，乃至私营单位就业，还可以从事个体经营，劳动者不管到哪一种所有制单位就业，只要单位和个人履行缴纳社会保险费义务，即应获得享受社会保险的权利。可是，我国原有的社会保险制度规定，只有在国有单位和大集体单位就业，而且必须是正式的固定工，才能享受社会保险。劳动者一旦辞职流动或被辞退、开除，离开国有单位或大集体单位，到其他单位就业，或者自谋职业，从事个体经营，社会保险也就随之丧失。正因为我国原来是将社会保险与单位就业重合在一起，一旦职工因各种原因失业后，既没有失业保险（失业保险在我国长时间是个空白），与就业相联系的其他项目的社会保险（如养老保险、医疗保险）也没有了。保险与国有单位就业融为一体，使国有企业对职工履行着终身保险的责任，使职工对企业有着割不断的依赖和依附关系，从而使国有企业难以辞退多余的和不合格的劳动力。因为，职工被辞退后失了业，同时也就失去了一切保险，使其生存发生困难，也会造成一系列的社会问题。正因为如此，在国有企业有20%～30%富余人员的情况下，政府不得不作出了"企业消化为主，社会安置为辅"的决策。这就使劳动制度改革和现代企业制度的建立处于进退两难的境地。进，则要落实企业用人自主权，就应允许企业将多余人员推向社会，进入劳动力市场，但遇到了社会保险制度不普及、不完善、社会难以承受的问题；退，即企业不得辞退多余人员，多余人员得由企业自行消化安置，这又限制了企业的用人自主权，使劳动制度的改革难以深入，现代企业制度难以建立。

[①] 中华人民共和国国务院新闻办公室2018年5月发布的《2017年中国人权事业的进展》（节选）。

2．社会保险实施的范围极其狭小

不利于多渠道就业制度和多种经济成分的发展及规范。社会保险对于所有的劳动者应该是平等的，其实施的范围应是广泛而普遍的。我国《宪法》就明确规定：中华人民共和国公民在年老、疾病或丧失劳动力的情况下，有从国家和社会获得物质帮助的权利。国家发展为公民享受这些权利所需要的社会保险、社会救济和医疗卫生事业。社会保险实施范围的普遍性是社会保障的一个重要特征。

我国原有的社会保险制度，其实施的范围极其狭小。1951年2月颁布的《中华人民共和国劳动保险条例》开始规定在国营、公私合营、私营、合作社等单位实施，其实施范围还是比较广泛的。以后，在实现了生产资料的社会主义改造以后，基本上只在国营企业实施，大集体单位是参照执行。而在这些单位工作的临时工（包括农民工）也仍然没有社会保险。改革开放以后，实行了多种经济成分共同发展的方针，新的集体经济（被称作小集体）、私营经济、个体经济有了迅速的发展，在这些经济单位中从业的劳动者人数不断增加。新办的一些集体经济和私营经济、个体经济成为吸纳劳动力，特别是下岗待业人员的重要渠道。可是不少地区新办的集体经济、私营经济和个体经济从业人员在相当长时间内尚未建立社会保险制度，被排除在社会保险的安全网之外。同时，大多数农村劳动者还没有建立社会保险制度，仍然处于"积谷防饥、养儿防老"，再辅之以政府救济的家庭保障阶段。

原有社会保险只在全民所有制单位内实施，大集体单位参照执行，一批小集体和新办集体企业，以及私营企业、"三资企业"和个体经济、广大的乡镇企业职工基本上没有建立社会保险制度。就是在1993年5月颁布的《国有企业职工待业保险规定》，其实施范围也仅限于国有企业实行劳动合同制的职工和被企业辞退、除名或开除的职工。这种覆盖面较小的社会保险体制，使相当多的从业人员眼光只盯住国有企业，不愿意到非国有或非公有的企业和单位从事劳动。这不利于多渠道就业制度和多种所有制的发展和巩固，也阻碍了劳动力在不同所有制企业之间的自由流动，影响劳动力市场的形成和发展。这种保险制度还影响了产业结构的调整，职工因产业结构调整，从国有和大集体单位流向小集体、私营经济，以及农村的产业和行业，就要面临社会保险既得利益的丧失。由于失业保险不普及、不完善，一些长期亏损、负债已超过全部资产的企业，往往从"企业不能破产，工人不能失业"的观点出发，而由政府给予扶持，使其免遭破产。

3．社会保险的社会化程度极低

影响企业间的公平竞争。我国原有的劳动保险制度，实质上是企业保险制度，社会保险资金由企业筹集、管理、支付，受保对象由企业管理、关心和照顾。养老保险虽然已经实现了社会统筹，但多数地区仍然停留在地市一级的较小范围内实行统筹，而退休人员退休金的发放，退休人员的管理、服务仍由原单位负责，仍未完全摆脱企业保险的状态。至于其他的一些社会保险项目，如工伤保险、生育保险、医疗保险，多数地区的多数单位仍然由企业筹资、给付和管理。

职工社会保险的实施与管理由企业承担，没有在企业之间进行社会统筹和调剂，因而影响了企业之间的平等竞争，压抑了企业的活力。由于社会保险是企业保险，职工的社会保险费由企业筹集给付，这就使企业之间社会保险费的负担畸轻畸重。例如生育保险，女职工多的企业，生育保险费的负担就重；反之，则少。这也是影响一些单位不愿意多接受妇女就业的一个原因。医疗保险也是如此，一些年老职工多、生病职工多的企业，由于医疗费负担重，导致企业由盈利变为亏损。企业办保险存在以下的限制，一方面，企业的范围小，保障能力有限，特别是在市场经济条件下因竞争激烈，会有破产的风险，因而不可能对职工提供有效的保险；另一方面，市场经济要求企业之间开展平等的竞争，即企业在税收和社会保险费的负担比例上应是统一的和一致的。而企业保险却使社会保险费用负担在各个企业之间是不一致的，甚至相差很大，这就使企业不能在同一起跑线上进行平等竞争。

4. 社会保险资金筹集采取由国家和企业包下来"现收现付"的形式

我国原有的社会保险制度，遵循列宁的教导，"最好的工人保险形式是国家保险"，并根据苏联的做法，也采取了资金由国家和企业包下来，职工不缴纳社会保险费。当然，职工个人不缴纳社会保险费，采取由国家或企业包下来的形式筹集社会保险费，不等于职工个人没有承担缴纳保险费的义务。过去不采取个人缴费的形式，其实质是将应纳入工资含量中的社会保险费部分不发给个人，事先扣除下来，作为税利上缴国家，然后由国家从企业少上缴税利、列支营业外支出的形式发放（实际是返还）给退休人员发退休金。显然，采取个人不缴费、社会扣除的形式筹集社会保险费是有很大缺点的。采取这种办法只能实行"现收现支"的筹资方式，即根据当年所需支付的社会保险金数额，筹集社会保险费。当年筹集、当年支付，没有积累的保险方式无法适应和满足人口老龄化带来的退休金大幅增长的需求。

5. 制度多样，层次单一，加重了企业和国家的负担

我国原有的社会保险制度，因所有制不同和经办主体不同，而实行不同的制度。例如，有些地区的中外合资企业的中方职工、集体企业的职工或个体劳动者的养老保险和医疗保险，采取向商业保险公司投保的办法，就形成了与国有企业、大集体企业不同的社会保险制度。就是同一个企业，因用工形式的不同，也产生了不同的社会保险制度，如工伤保险，国有企业的原固定工或正式的劳动合同制职工，执行国家规定的工伤保险制度；而临时工和农民工则实行向商业保险公司投保建立的工伤保险制度。当前，有的地区建立的农民养老保险制度和医疗保险制度与城镇企业职工的养老保险制度和医疗保险制度也是不同的。

过去，社会保险的层次是单一的，即只有法定的基本保险一个层次，如养老保险、医疗保险。只有法定基本保险，而没有建立企业补充保险、社会互助保险和个人储蓄保险。企业职工在年老退休后，只能领到一笔法定的基本养老保险金，没有其他任何养老金可领，没有任何补充养老收入。这势必加重法定基本养老保险担负的养老责任，从而使法定基本养老保险金的水平要保持较高的替代率和物价上涨的保值率。否则，就会影响一批退休人员的基本生活水平，使其成为社会较贫穷的一个群体，从而影响社会安定。

原有的社会保险制度，在保障层次上，只有法定基本保险一个层次，而基本保险的资金筹集又只有一个渠道，即由企业或国家负担，个人不承担任何社会保险费用。个人不缴纳社会保险费，使社会保险的权利与义务脱节，使职工误认为社会保险费是企业和国家在工资之上给予的福利，这不利于培育职工自我保障的意识，滋长了对国家和企业的依赖思想，造成了某些保险项目（如医疗保险）费用的严重浪费，加重了企业和国家的社会保险费负担，使国有企业难以轻装上阵进入市场，与非公有制企业展开平等的竞争。

6. 管理体制过于分散，影响了社会保险的发展

社会保险的管理体制与工资管理体制不同。工资管理体制改革是由集中统一决策、管理，改为分散自主决策管理。而社会保险管理体制改革，要由分散管理转向集中统一管理。我国原有的社会保险管理体制具有严重的分散倾向，有些社会保险项目，如生育保险、医疗保险、工伤保险仍有企业管理。即使是已经实行社会统筹的保险项目，也是多头分散领导和管理。例如失业保险，企业职工的失业保险由劳动部门负责管理，机关事业单位职工的失业保险由人事部门负责管理。而养老保险则是分别由劳动部门、人事部门、民政部门、商业保险公司、老龄工作委员会和退休管理委员会分别管理，人们称为"五龙治水"。还有铁路、邮电、电力、水利、建筑、交通、煤炭、银行、民航、石油、有色金属等11个行业实行系统统筹和管理。社会保障管理体制如此分散，这在世界各国也实属少见。

社会保障管理体制分散，没有建立统一的决策和管理机构，没有统一的立法和管理办法，而是分部门管理，多头领导，分头决策，给劳动制度改革和社会保险工作带来不良影响。由于各部门、各地区所处的角度不同，以及利益关系的驱动，在实际工作中经常发生各部门、地区在决策和管理上的摩擦与矛盾。由有关部门、各地区分别制定条例和管理办法，势必政出多门，容易产生相互攀比、互相推诿和扯皮，各订各的章程、各守各的壁垒。制度不规范、不统一，办法五花八门，社会保险的强制性和权威性就难以发挥，已形成的利益结构就难以调整。这种局面使社会保险体制成为劳动力流动的障碍，制约了劳动力市场的发展。继续发展下去，将对社会主义市场经济和社会保险事业的发展不利。由于多头领导，社会保险资金分散管理，资金不能融通调剂，也难以有效地运营增值，极大地影响了社会保险事业的发展。

3.2.2　造成原有社会保险制度弊病的原因分析

传统的社会保险制度表现出的一些弊病和问题，同样是受传统理论依据影响造成的。

1. 劳动共有论

长期以来，我国存在着一种传统的观点，即认为劳动力是社会公有的。其依据为：①社会主义社会是以生产资料公有制为基础的社会，与这种生产资料所有关系相适应，劳动力也必须是共有关系；②劳动力是最基本的生产力，它与生产资料一起构成社会生产力的因素，两者只有在共同的公有制基础上，才能有机地结合起来进行社会主义生产；③从劳动力所有制适合社会化生产的要求看，只有在生产资料和劳动力都是公有的基础上，才能结合起来进行生产，这是保证最合理、最有效地利用生产资料和劳动力、不断提高劳动生产率的重要条件。

在劳动力公有理论的指导下，建立了劳动力的统包制度，劳动者的公有劳动力自己不能使用，不能自谋职业，必须由国家统包统配，劳动者的就业由国家包下来。国有企业的职工成为国家职工，可以在全国范围内调配，企业则不能辞退，这导致了劳动力只进不出，成为终身的"铁饭碗"。劳动力既然是公有的，国有企业的职工又是终身的"国家职工"，则一切保险和福利都由国家和企业包下来，个人用不着缴纳社会保险费。如果公有的劳动力不是由国家统包统分，交由国有或大集体单位使用，而交由小集体单位使用或由个人从事个体经济自己使用，就不能纳入社会保险的范围，也就不足为奇了。

2. 社会保险是剩余劳动的理论

过去，不少人经常引用马克思的一段论述，说明社会保险属于剩余劳动，应由国家事先作为剩余产品扣除下来。的确，马克思说过，要从社会总产品中作6项扣除：①用来补偿消费掉的生产资料的部分；②用来扩大生产的追加部分；③用来应付不幸事故、自然灾害等的后备基金或保险基金。剩下的总产品中的其他部分是用来作为消费资料的。把这部分进行个人分配之前，还得从中扣除：①和生产没有直接关系的一般管理费用；②用来满足共同需要的部分，如学校、保健设施等；③为丧失劳动能力的人设立的基金等。总之，就是现在属于所谓官办济贫事业的部分①。以前，把劳动者的社会保险当作是马克思所说的最后一项扣除，即为丧失劳动能力的人设立的基金等，因而当作剩余产品的一部分，由国家事先扣除了。这种理解和做法是错误的。殊不知，马克思在写作《哥达纲领批判》时，社会保险还未出现，仅仅建立了官办的济贫事业。马克思所说的第六项扣除，即现在的对非劳动者的社会救济和社会福利（残疾人福利），那当然是属于社会扣除的剩余劳动。至于劳动者的社会保险不在马克思所说的济贫事业之列。

把劳动者的社会保险基金当作是剩余劳动进行扣除，从而就建立了低工资、多扣除、个人不缴费、政府包保障的社会保障制度。在"十年动乱"中，国有企业的社会保险资金（如养老保险费）取消了社会统筹，由企业在营业外支出中列表，即以企业减少向国家缴税利的办法，充作企业职工的社会保险费，这样，社会保险就演变成为企业保险。当企业通过改革，由统收统支的核算体制改为独立核算、自负盈亏时，有些没有盈利而发生亏损的企业，无营业外支出可列时，职工的社会保险费也就没有着落了，企业也就无法对职工提供保障了。

3. 列宁的国家保险理论

列宁在1912年1月俄国社会民主工党第六次全国代表会议上提出："最好的工人保险形式是国家保险"，"工人在下列一切场合（伤残、疾病、年老、残疾；女工还有怀孕和生育；养育者死后所遗寡妇和孤儿的抚恤）丧失劳动能力，或者因失业失掉工资时，国家保险都给工人以保障"，"一切保险费都由企业主和国家负担"②。根据列宁的教导，苏联在十月革命胜利后，建立了由国家包下来的劳动者的养老、医疗保险制度。我国也参照苏联的做法，建立了个人不缴费，由国家在职工的工资收入中事先作扣除，保险完全由国家包下来的社会保险制度。

原有的社会保险制度在体制上的依据是我国实行的产品经济和逐步形成的高度集中统一的计划经济体制。在产品经济和计划经济体制下，国民经济由国家统一经营，生产计划由国家制定，物资由国家调拨，劳动力由国家统配，产品由国家统销，盈亏由国家统算。企业是政府的附属物，无独立自主的经营权和核算权。劳动者无自主择业权，就业由国家统包，工资由国家按统一的制度和标准确定及分配，而且实行"低工资、多扣除、泛福利"的分配制度，劳动者的社会保险也就顺理成章地由国家统一包下来了。

---

① 马克思. 哥达纲领批判. 北京：人民出版社，1997.

② 列宁全集：第17卷. 北京：人民出版社，1959.

3.3　中国社会保险制度的改革

3.3.1　改革的依据

1. 劳动力个人所有的理论

在社会主义初级阶段，劳动力属于个人所有。劳动力个人所有的理论是建立在个人缴费，确立自我保障意识的理论依据。在现阶段，劳动力属于个人所有，是由于以下原因。

（1）马克思曾经说过：在社会主义社会，劳动者"除了自己的劳动，谁都不能提供其他任何东西"。社会"默认不同等的工作能力是'劳动者'的天然特权"。[①]在这里，马克思明确地指出，劳动者的劳动力是属于他自己的，是其天然特权。如果劳动力不是个人的，那也就不能成为个人特权了。

（2）在社会主义初级阶段，劳动力生产和再生产费用主要是由个人及家庭承担的。劳动力生产费用，从婴儿呱呱坠地至其成为劳动力，一直要支付费用，其费用主要是由家庭支付的。劳动力再生产，除了花费一定的费用外，熟练及复杂劳动力的形成还要本人付出艰苦的脑力劳动。由个人及家庭负担劳动力再生产费用，并付出了个人辛劳再生产出来的劳动力，理所应当地属于劳动者个人所有。

（3）在现阶段，劳动仍是个人谋生的手段。因为，社会主义社会实行的是"不劳动者不得食"的原则，劳动者能否获得个人消费品，要与本人的劳动挂钩。个人要生存，就得劳动。如果说，劳动力是公有的，就用不着个人谋生，劳动也不能成为个人谋生的手段。

（4）按劳分配原则是建立在劳动力个人所有制的基础上的。按劳分配的实质是劳动者将其个人所有的劳动力向社会和单位提供，经使用后按照等价交换的原则获得劳动报酬。如果劳动力是公有的，那么，公有的劳动力由公家使用，就不存在劳动力提供的多就要多的报酬的问题，按劳分配也就不存在了。

劳动力属于个人所有，不但劳动者个人及家庭平时的生活要通过个人的劳动谋取收入来源，而且也要为遭遇到生、老、病、死、失业等风险时的基本生活、医疗保险缴纳和储存保险基金。如果劳动力是公有的，则应由国家对劳动者遭遇风险时的生活和医疗保险全部包下来。

2. 社会保险权利平等的理论

在市场经济条件下，劳动者普遍存在着生、老、病、死、伤、残、失业等风险。我国又是以公有制为主体的社会主义国家，劳动者在生产资料的所有权利方面是平等的，故劳动者应拥有平等地享受社会保险的权利。我国《宪法》第44条明确规定：退休人员的生活受到国家和社会的保障。第45条规定：中华人民共和国公民在年老、疾病或丧失劳动能力的情况下，有从国家和社会获得物质帮助的权利。国家对所有的劳动者在丧失劳动能力和工作单位时，毫无例外地负有给予社会保险的责任和义务，而劳动者无论其从事劳动的单

---

① 马克思恩斯选集：第3卷. 北京：人民出版社，1973：12-13.

位的所有者性质、地区和从事何种用工形式，均应平等地享受社会保险的权利。

社会保险权利平等的理论，要求建立所有劳动者都有权享受的、实施范围普及的社会保险制度。实施范围普及的社会保险制度，包括城镇国有、集体、私营、"三资企业"所有职工及个体劳动者，也包括农村所有的劳动者。

3. 社会保险是必要劳动的理论

劳动者的社会保险不是像传统的理论所认为的是属于社会扣除的剩余劳动，而是属于必要劳动的范畴。这是因为在现阶段，劳动力仍属于个人所有，劳动力的再生产费用主要是由个人及家庭承担的。劳动者向社会和企业提供了劳动，其中必要劳动创造的价值，一部分以工资的形式进行正常条件下的劳动力的再生产，一部分要以社会保险金的形式，以满足在特殊情况下的劳动力再生产。劳动者的社会保险是保证劳动者恢复和延续劳动力，以及在丧失劳动能力时获得必须生活品的一种手段。例如，医疗保险是为了扫除劳动力再生产障碍，使劳动力的再生产能够正常地进行、病假期间的生活保障（疾病津贴），是恢复劳动力的再生产所必需的；产假生育津贴及子女的社会保险是为了保证劳动力的不断更新所必需的。

劳动者的社会保险属于必要劳动的理论说明，社会保险是劳动力再生产费用的一部分，其费用应从劳动者必要劳动创造的价值中扣除，由企业和个人缴纳，计入生产成本和劳务成本，其所有权也就属于个人所有，统筹互济部分属于共同所有。因此，劳动者在劳动时应从其必要劳动创造的价值中扣除缴纳一定的款项，形成社会保险基金。这部分基金任何单位和个人都不得随意挪用，若政府借用，也要办理借用手续，并保证到期还本付息。

4. 社会保险的风险共担理论

由于劳动者的收入有高有低，发生的经济风险有早有晚、有大有小，退休后的生存年限（余命）也有长有短，每个劳动者对社会保险的需求量（如对医疗保险需求量）也有多有少，因而，劳动者的社会保险资金的扣除缴纳储存量与实行分配使用量不可能是一致的。有些人的缴纳储存数少于实际分配使用数，就会产生社会保险基金的不足；有些人则相反，其缴纳储存数多于实际分配使用数，形成了结余。这就需要运用大数法则实行风险共担，进行收入再分配和社会转移，在劳动者之间实行互助互济。因此，要建立自我保障与统筹互济相结合，在社会范围内，在地区之间、企业之间、劳动者之间进行统筹调剂互助的社会保障制度，以保障最低收入者和风险大者的基本生活与基本医疗，体现公平分配的原则。因此，那种提倡完全实行个人储存，不进行社会统筹互济的主张是违背社会保障的风险共担理论的，是不可取的。

5. 社会保险的公平为主兼顾效率的理论

社会保险分配原则应以公平为主，但又兼顾效率。公平为主体现为分配时高有限制、低有保证，进行调剂互助。对高收入者的社会保障要有一定的限制，对低收入者的基本生活要给予保证，以缩小社会保险水平的差距。社会保险水平要随着社会经济的发展和工资水平及生活水平的提高而相应地适度提高。

但是，劳动者的社会保险要贯彻权利与义务相结合的原则，即劳动者的社会保险待遇标准要与劳动贡献挂钩，体现一定的差别，以激励劳动者的积极性。这就是说，社会保险金的给付，要与劳动者的贡献大小，即工龄或缴费期限的长短、工资水平的高低挂钩。工龄或缴费年限长、工资水平高的，领取的社会保险金也多；反之，则少。这样，就能促进效率的提高，使劳动者体会到现在好好劳动，多做贡献，不但可以多得报酬，将来也可以多领取社会保险金。

6. 基本保险社会化的理论

社会化大生产带来了劳动力再生产和分配方式及生活方式的社会化，家庭已不是生产的基本单位；市场经济条件下企业由于价值规律和竞争规律的作用，有可能发生亏损和破产。因此，家庭和企业已经无法承担其成员的风险保障，要求社会提供保障。

基本保险的社会化理论要求建立以国家为主体经办，实行社会化管理的社会保险制度，因为社会最有权威的是国家政权机构。基本保险涉及广大劳动者的切身利益，涉及企业、个人、国家利益的调整和资金的筹集，以及资金的运用增值、资金给付等重大问题，这些问题需要通过国家立法，采取强制手段对国民收入进行分配和再分配，保证社会保险基金及时足额地筹集，并保证专款专用，不被挪作他用，因此，必须以国家为主体经办。由于基本保险是以社会为主体举办的社会化的福利事业，这就需要建立以社会化管理为主的管理体制，由社会专门机制统筹资金、管理资金、给付资金，关心和管理受保护对象，以克服"企业办社会、企业办保险"带来的弊病。

3.3.2 改革的国际借鉴

国际上有几种主要的社会保险模式。其中，福利型的社会保险模式是建立在生产力高度发展的基础上，与我国作为发展中国家的国情不相适应。况且，这种模式由于国家包的过多，标准水平过高，福利开支太大，税负沉重，效率下降，削弱了经济动力，正陷入严重的危机，目前正在进行调整改革。国家型的社会保险模式由于社会保险完全由国家包下来，个人不缴费，不利于培养职工自我保障意识，不能体现权利与义务的结合，而且费用由单位负担，容易成为企业保险，不利于企业实行自主经营、参与市场平等竞争，也不利于劳动力流动。我国原有的社会保险模式，即属于这种模式，其弊病已明显暴露，必须改革。储金型的社会保险模式，强调自我保障，实行效率原则，有利于树立职工自我保障的意识，充分体现了权利与义务的统一，在一定程度上避免了福利国家的一些弊病。但是，这种模式缺乏社会统筹，不能发挥社会保险的调剂互助功能，而传统型的社会保险模式，实行社会统筹，可以充分发挥风险共担、互助互济的作用，但由于没有建立个人储蓄账户制，个人权利与义务的挂钩不如储金型社会保险那样紧密和鲜明。我国在改革社会保险体制时，应全面地研究以上几种社会保险模式的特点，吸取其优点和长处，摒弃其弊病和缺点，从而建立既符合社会保险的共同规律又具有中国特色的社会保险体制。

3.3.3 国情和现实依据

改革我国的社会保险制度，必须从中国的国情和显示的经济发展水平及企业和个人的承受能力出发。实事求是，从实际出发，这是马克思主义的精髓，也是进行我国社会保险制度改革的关键。

我国是一个人口大国，庞大的人口既是中国发展的巨大资源，也是制约发展的重要因素。我国的人口2018年已接近14亿。据估计，到21世纪30年代，人口最高峰值可能达到16

亿。由于20世纪50年代至70年代出生了大量的人口，随着计划生育基本国策的实施和卫生保健事业的发展，平均寿命的延长，改变了人口的年龄结构，加快了人口老龄化的趋势。21世纪初，我国已进入老龄社会；到2030年，中国的老龄人口将达到3亿，占届时总人口的五分之一。人口多，底子又薄，加上人口老龄化速度快，这是在改革社会保险制度、确定筹资比例和给付水平时必须充分考虑的重要因素。

我国的经济发展水平比较低，仍是低收入的国家。虽然近几年我国的经济发展速度较快，人均国民生产总值逐年增长，但中国仍处于低收入的国家行列。而且，各个地区经济发展水平很不平衡，东南沿海和中西部内陆地区之间的差距相当大，有的地区还有进一步拉大的趋势。城乡经济发展也很不平衡。经济发展不平衡的现实，决定了我国在建立社会保险制度时，既要考虑规范化和统一性，又要考虑适应性和灵活性，统一的基本保险水平定得低一些，让经济发展水平较高的地区有提高余地。

我国经济体制改革正在蓬勃地深入开展，经济正在向社会主义市场经济转轨，现代企业制度不断形成，产业结构正在进行调整，经济增长方式要由粗放型向集约型转变，这些使企业之间的竞争和劳动者的岗位竞争、就业竞争加剧，企业亏损、破产、倒闭的数量增加，职工下岗失业的人数也不断增加。这就需要加快社会保险制度改革的步伐，尽快地建立较完善的社会保障制度，为市场经济体制的建立和国有企业改革提供配套条件。不少国有企业在改革转制及产业结构大调整中，遇到了产品市场销售不畅、效益严重滑坡，乃至亏损严重陷于破产的境地，难以及时足额缴纳社会保险费。如何保证亏损企业及破产企业职工，以及退休人员的社会保障权利不受损害，这是社会保险制度改革必须重视和解决的问题。

在收入分配上，我国历来实行的是低工资、多扣除、高积累，养老保险不实行个人储存的政策。在工资收入中，没有社会保险费的含量，个人不缴纳、单位也不缴纳社会保险费，不建立专门的社会保险基金。这种政策导致了现在退休人员无专门的养老保险金可领取，不得不采取从在职人员创造的价值中多扣除一部分的办法，用以支付退休人员的退休金，因而加重了企业社会保险费的负担，影响了国有企业在市场上的竞争力。而且，还有一批早期退休的人员因按低工资计算退休金，其退休金水平一般较低，生活极其困难，成为社会上的贫困阶层。以上这些也是我国在改革社会保障制度时需要面对的现实问题。

3.3.4　改革的目标模式

在总结我国60多年来举办的社会保险经验的基础上，根据建立社会主义市场经济的要求，借鉴世界各国的经验教训，从我国的国情和实际情况出发，改革和完善中国的社会保险制度。社会保险制度改革的指导思想和基本原则是保险与就业单位分离；基本保险普及化、一体化、社会化；权利与义务结合、公平与效率结合、自保与互保结合。通过改革，建立"三化"（即社会保险实施范围普及化、基本保险社会化、保险制度一体化）的社会保险制度，和"三多"（即多元化的保障主体、多渠道的筹资方式、多层次的保险结构）的社会保险体系，以及"一统二分"（统一决策、管理与分工管理、分级管理结合）的社会保险管理体制。这一新型的社会保险体制具有以下基本特征。

1．实施范围普及化

基本社会保险的实施范围应该广泛，要普及到全体劳动者。作为社会保险必须具有普及性的特征，否则就不能说建立了完善的社会保险制度。

社会保险对于劳动者来说，应不分部门和行业，也不分就业单位的所有制性质，不分就业还是失业，只要遭遇暂时或永久丧失劳动能力及失业的风险，生存发生了困难，都应普遍地、无例外地得到社会给予的基本生活的物质保障。劳动者之间，只存在社会保险缴费数额和享受水平的不同，而不应存在社会保险有无的差别。这是因为在市场经济条件下，在以公有制为主体的社会主义国家里，劳动者应平等地、普遍地享受社会保险的权利，国家对所有劳动者都负有生存发生困难时给予物质保障的责任。这是由社会保险权利平等的理论和社会保障的普遍性原则所决定的。

实行普及化的社会保险制度，即凡是劳动者，无论是在国有企业、大集体企业工作，还是在中外合资和私营企业劳动或从事个体经营及非正规部门就业，均应有享受社会保险的权利。社会保险普及全体劳动者，就为市场经济发展、劳动制度改革、现代企业制度建立创造了保证条件，解除了职工在劳动制度改革和产业机构调整中，因下岗、被辞退，或者因企业关停、破产而失业，从而丧失社会保险的后顾之忧。当然，这一普及的过程是渐进的逐步扩大的过程，不可能在短时间内实现。首先是在城镇新办集体、"三资企业"的中方职工、个体劳动者和私营企业中建立社会保险制度，然后逐步扩大到乡镇企业及其他劳动者。

2．保险制度一体化

劳动者都有享受社会保险的平等权利，市场经济和劳动制度改革又要求劳动力在社会范围内的自由流动，因而基本社会保险对所有劳动者在基金的筹集比例和给付标准与办法上应是统一的，不应由于所有制和身份的不同而有差别。这就需要制定和实行统一的一体化的法定基本社会保险制度。

一体化的法定基本社会保险制度，是由国家立法规定的，只保证基本生活和基本医疗的保障。这种保险不分所有制、不分产业、不分用工形式、不分地区，所有劳动者在缴费基数口径、筹资比例、计发基数及给付标准和办法方面，都是统一的。基本保险制度一体化可以有两种思路：①某些社会保险项目，如城镇职工的工伤、失业、生育、医疗保险制度的一体化，而企业职工与机关、事业单位职工的养老保险由于各自的工资制度的差别，可以有不同的制度；②城镇职工所有社会保险项目的制度均实行一体化，而农村劳动者实行另一种一体化的制度。

3．基本保险社会化

劳动者的基本养老保险、工伤保险、医疗保险、生育保险，均应实行社会化，即由企业筹资管理、给付的企业保险改为以社会（政府）为主体组织和举办的社会保险。社会保险基金实行社会筹集，由单位和个人向社会保险机构缴纳社会保险费，由社会保险机构管理和用好这笔基金，并对受保对象给付社会保险金，进行社会化管理。建立社会化的基本保险制度以后，当劳动者发生暂时或永久丧失劳动能力及失业的风险时，就可以从社会获得基本生活和基本医疗的保障。

基本保险社会化还包括管理、服务的社会化，即对受保对象的管理和服务实行社会化。

对于非在职的离开企业、单位的受保对象，如失业人员、退休人员等，实行社会化管理和服务。社会化的内容包括：①社会保险金的社会化发放；②社会化服务；③社会化管理。社会化服务和管理的主体是社会保险机构与社区组织，而且主要是社区。要建立以社会化管理为主、社区为主要依托、单位管理为辅的管理服务体系。

基本保险实行社会化可以摆脱企业保险形成的职工对单位的依赖和依附，以及企业对职工的终身保障责任，克服劳动制度改革和产业结构调整中劳动力流动与再就业的障碍。社会化的基本保险制度使劳动者无后顾之忧地适应劳动制度改革和产业结构调整，在不同产业、不同所有制企业之间自由流动，或者从事个体经营或非正规就业；也使企业不致因顾虑职工丧失社会保险权益而不能辞退多余的职工，以及不能宣布企业破产；也不会因害怕背上对职工终身保障的包袱而从年龄、性别等方面限制劳动力的吸收。

4. 多元化的保障主体

要纠正过去那种只有政府是社会保障主体的倾向，确立多元化的保障行为主体。多元化的保障行为主体有个人（包括家庭）、单位、社会（包括社会团体及社区）、政府。

（1）个人保障主体是社会保险的基础。劳动者的生活和医疗保障应是个人自我保障。因为劳动者从事劳动获得劳动报酬和收入，不仅维持本人及家庭的生活，而且要为暂时或永久丧失劳动能力及失业时的基本生活（包括医疗）积蓄必要的资金，以备使用。因此，劳动者的一般疾病的医疗及暂时丧失劳动能力的生活保障主要由个人负责，至于大的疾病及丧失劳动能力时的保障，个人及家庭是难以承受的，则需要由社会给予保障。但社会给予保障，亦需要个人平时预先缴纳和扣除社会保险费，进行储存，由社会保险机构管理，待受保对象发生风险时给付，保障其基本生活和基本医疗需求。所以，社会保险是建立在个人缴纳扣除（包括单位为之缴费）、自我保障基础上的按缴费返还给付和统筹互济的保障。

（2）单位是负有缴纳社会保险费的有限责任的主体用人单位，有义务、有责任为其职工向社会保险机构缴纳社会保险费，并有条件地（在经营状况较好时）提供养老和医疗补充保险。职工一旦离开企业（被辞退或退休），则企业不再承担保障责任，而由社会承担。单位是职工社会保险费缴纳的一个主体（个人也是一个主体），是举办补充保险的主体，也是职工小病门诊医疗保险和疾病生活保障管理的主体。

（3）社会（包括社会团体和社区）是提供举办补充保险与服务保障的主体。补充养老保险和补充医疗保险既可以由单位举办，也可以由社会团体，如公会组织举办职工互助补充保险，以及服务保障，如对老人、病人和在职职工等提供的生活服务、医疗护理，以及其他的服务保障，必须以社区为主体。

（4）政府是社会保险组织、规范、托底的主体。政府通过立法，组织和规范整个社会保险事业，通过组建的社会保险机构，制定政策和规章制度，对社会保险进行行政管理，统筹和管理基本社会保险基金，监督社会保险法律、政策的贯彻实施。财政对社会保险给予政策优惠和资金资助。托底是指在社会保险基金收不敷支、出现赤字时，政府最后出台给予财政保证。

5. 多渠道的筹资方式

社会保险基金的筹集渠道应该是多样的。一般除工伤保险以外，其他的社会保险项目均应由个人、用人单位及政府三方筹集。目前，我国只有养老保险、失业保险实行个人缴费制度，医疗保险只是在试点城市实行个人缴费，生育保险未实行个人缴费。对此认为，改革的方向是生育保险也应实行个人缴费制度。特别是我国，随着经济体制和劳动制度改革的深入，随着现代企业制度的建立和经济增长方式的根本转变，企业中下岗和失业的人数将会增加，失业率也会提高，而原有的仅由单位缴纳工资额1%形成的失业保险基金是远远不够的，需要通过个人缴纳（工资额的1%），增加失业保险基金，同时也增强个人对失业的自我保障意识，这有利于提高职工珍惜就业机会的危机感，促使职工努力学习，提高自身的素质，增强就业竞争能力。劳动者为个人缴纳一定的社会保险费是理所当然的事。从历史上看，长期以来就是由个人及家庭负担保障费用的，以后发展到大家凑点钱，搞互助保障。资本主义发展到一定阶段，才在互助保障的基础上建立由三方负担的社会保险制度。我国原有的制度，个人虽然没有缴费，但实际上在必要劳动中事先做了扣除，实行明扣暗缴的方式。当然，实行个人缴费，要将原明扣暗缴的部分以工资形式返还给职工。

单位为职工缴纳社会保险费是一个极其重要的筹资渠道。单位缴纳社会保险费是人工成本中一项必须支付的重要项目，是职工必要劳动创造价值的一部分。目前的问题是企业缴纳的社会保险费率过高、负担太重，影响了企业，特别是国有企业的竞争力。这就需要通过扩大覆盖面，逐步提高个人缴费的比例，以及政府增加对社会保险的资助来解决。

政府通过税收政策的优惠和一定的财政拨款补贴，为社会保障提供资金支持。国家的筹资渠道，可以体现在3个方面：①允许基本社会保险费在税前列支，计入成本，允许一定限额和比例的补充保险费列入成本；②每年在财政收入中提取一定的比例和金额补充基本养老保险基金或其他社会保险基金；③在某项社会保险基金发生赤字时，由政府最后出台，予以托底。

6. 多层次的保险结构

要改变原有的单一层次的保险结构为多层次的保险结构。由于国家举办的基本保险只保障职工发生风险时的基本需要，超出基本需要的部分，只能通过其他的保险予以满足。不建立多层次的保险制度，在人口日益老化、社会保险需要不断增长的情况下，只依靠基本保险这座"独木桥"，是无法承受的。同时，市场经济的发展和劳动制度的改革，既要求劳动力能够流出企业，也要求能吸引劳动力流入并将劳动力稳定在企业，这也要求建立多层次的社会保险制度。

多层次的社会保险制度（主要是指养老保险和医疗保险）有4个层次，即法定的基本保险、企业补充保险、互助保险、个人储蓄保险。对劳动者在特殊情况下的基本生活需要，由国家通过立法给予法定基本保险。法定基本保险的任务是保障基本生活和基本医疗，因而这部分保险应是低水平的，在职工之间给付办法大体统一，以体现职工在享受社会保险权利上的平等性，以利于劳动力在不同企业、不同地区之间的流动。超过基本保险部分，可由各个企业根据本身的经济发展和经济效益水平及承受能力，为本企业的职工举办补充的养老和医疗保险。企业经济效益高时多投保，效益低时少投保，无效益时暂停投保。企业补充保险可以起到吸引人才、稳定职工队伍的作用。职工之间还可以发扬互助精神，建立互助保险制度。职工个人出一点，企业或工会、有关组织再补贴一点，建立地区、行业，或者企业、社区的养老互助基金、失业互助基金、医疗互助基金，对那些困难大的职工给予帮助。一部分收入较高的职工，为了应付较大的风险，为了使患病后获得较好的医疗和退休后保持较高的生活水平，可以自愿投保个人储蓄保险。这样，就可以形成一个以法定基本保险为基础和主体、多种保险为补充、"四位一体"、多道防线的强有力的保障体系。

7. 建立"一统二分"的管理体制

社会保险必须实行统一集中领导，应建立统一的决策和领导机构，如社会保障委员会或劳动和社会保障部（局），统一领导和管理社会保险事业，以防止多头领导、政出多门。社会保险实行统一管理包括5个方面的统一，即统一决策、统一收缴、积累的社会保险基金统一运营增值、统一给付和统一服务。从长远的发展目标看，应建立"五统一"的管理体制。统一管理除了建立社会保障委员会外，还要建立统一的社会保险业务管理机构，统一的基金运作机构，统一的监督管理机构。

统一领导必须和适当的分工管理结合起来。在社会保障委员会或劳动保障部（局）的统一决策管理的前提下，社会保险的某些项目分工由有关部门负责行政管理，如失业保险、工伤保险、养老保险由社会保障机构管理，医疗保险由社会保险和卫生部门共同管理，住房公积金由专门的机构管理，社会救助、社会福利等则由民政部门负责管理。

统一领导还必须和分级管理结合起来，如有些社会保险项目要由中央统一决策、统一立法、统一制度；有的社会保险项目可由省、自治区、直辖市统一立法，制定政策和制度。而具体管理和操作，则要由县、区甚至乡镇和城市街道一级进行。

复习思考题

1. 社会保险具有哪些特征？
2. 社会保险体系是如何构成的？
3. 为什么说"社会保险是社会保障的核心内容"？
4. 社会保险应遵循哪些原则？
5. 社会保险与商业保险有何区别？

第4章 社会养老保险

【学习目标】

通过本章的学习，了解养老保险制度的起源、发展，掌握养老保险制度的概念和特点；掌握养老保险制度建立的原则、养老保险制度的模式；熟悉养老保险制度的内容；我国现行养老保险制度存在的问题及进一步改革完善的对策。

【案例导读】

天津市居民参加养老保险可享受六大利好

天津市自建立起统筹城乡一体化的居民养老保险制度以来，全市已有110余万城乡居民参加养老保险。作为惠民利民的城乡居民养老保险制度，参保者可享受以下六大利好。

制度量身定做。城乡居民养老保险制度是为了满足城镇未就业人员和广大农民参加养老保险需要而专门制定的，它不仅让广大居民参得了保、缴得起费，而且能够保障他们晚年的基本生活，体现了制度的普惠性、灵活性和保障性。

缴费宽松灵活。为降低广大居民的参保成本，减轻缴费负担，城乡居民养老保险实行按年缴费，即一年只需要缴纳一次养老保险费。同时，为最大限度地提供方便，参保居民全年可随时进行缴费。

标准个人自选。考虑到广大居民的缴费需求不同，城乡居民养老保险共设了10个缴费档次，最低每年缴费600元，最高每年缴费3 300元。广大居民可以结合自身的实际，自主选择每年的缴费标准。

参保全程补贴。对于参加了城乡居民养老保险的人员，无论是参保缴费阶段，还是领取养老保险待遇期间，政府从始至终都给予补贴，即"个人一朝参保、政府补贴终身"，这也是城乡居民养老保险最显著的特点。

待遇定期调整。参加城乡居民养老保险的人员年满60周岁后，每月发给基本养老金。为使广大居民能够分享经济社会发展成果，不断提高他们的晚年生活水平，政府将对广大居民领取的养老金定期进行调整。

账户可以继承。每一名参加城乡居民养老保险的人员，都有属于自己的养老保险个人账户，个人缴费、集体补助、政府补贴全部计入个人账户。个人账户不仅归参保居民个人所有，而且其配偶或子女可以依法继承。

资料来源：《天津日报》2017年12月18日第7版。

生、老、病、死是自然界永恒不变的定律，自人类、人类社会诞生之日起，实现老有所养就一直是人类最为关心的问题。因此，在现代社会中养老保险也成为社会保障系统中的一项重要内容。

养老保险是为了预防人们因为达到退休年龄退出工作岗位而遭受所得中断的风险，面临生存危机而设的社会保险。与其他险种相比，养老保险具有应对风险的确定性和给付持续性的特点。自19世纪80年代德国创立养老保险制度至今，养老保险经历了较大的发展。近年来世界银行和国际劳工组织分别提出各自的养老保险改革方案，推动世界的养老保险制度改革。

我国养老保险制度的具体内容主要包括养老保险的适用范围、养老保险费用的筹集和管理、养老保险关系的转移与接续、养老保险待遇的给付以及为彰显公平正义，实现多种养老制度打通并轨等问题。

4.1   养老保险概述

4.1.1   养老保险的概念、特点

1. 养老保险的概念

养老保险是社会保障制度的重要组成部分。所谓养老保险是国家和社会根据一定的法律和法规，为解决劳动者在达到国家规定的解除劳动义务的劳动年龄界限，或因年老丧失劳动能力退出劳动岗位后的基本生活而建立的一种社会保险制度。

养老保险应包括以下三层含义：①养老保险是在法定范围内的老年人完全或者基本退出社会劳动生活后才自动发生作用的。这里所说的"完全"是以劳动者与生产资料的脱离为特征的；所谓"基本"指的是参加生产活动已不成为其主要社会生活内容。需强调说明的是，法定的年龄界限（各国有不同的标准）才是切实可行的衡量标准。②养老保险的目的是为保障老年人的基本生活需求，为其提供稳定可靠的生活来源。③养老保险是以社会保险为手段来达到保障的目的。

2. 养老保险的特点

与医疗保险、失业保险、工伤保险等其他社会保险制度相比，除了具有社会性、保险性以及强制性的特点外，养老保险还具有以下两个方面的特点。

1）养老保险应对的社会风险具有确定性

养老保险制度的目的是预防劳动者因为老年退出工作岗位而陷入生存危机，而老年是一种可以预测的、必经的生命现象；医疗保险、失业保险、工伤保险所针对的疾病、失业、职业伤害等风险具有偶然性和不可预测性。然而，劳动者因为年老退出工作岗位而丧失生活所得，其退休至死的"余命"仍然存在不确定性，因此，养老保险的保险标的并非是老年本身，而是被保险人老年退休后因为所得中断而面临的经济的不安全。

2）养老保险待遇的给付具有持续性

养老保险待遇的给付应该自被保险人退休始直到其死亡，因此，养老保险待遇的给付

方式通常为持续性给付，而非一次性给付。而医疗保险、生育保险待遇的给付方式都是一次性给付。

4.1.2　养老保险的性质、意义

1. 养老保险的性质

劳动力从后备到现役、再到退役的过程是人类自然发展的规律。数千年人类社会发展的文明史中，现役的劳动者必然要"供养"后备的劳动者和退役的劳动者，这是不可抗拒的人类发展和劳动力再生产的客观规律。"赡老扶幼""敬老爱幼"即是人类遵循这一规律的总结。

现实社会的实践无疑掩盖了养老费用的实质，似乎劳动者养老费用的来源是自己的子女"孝敬"或在职劳动者的救助。事实上，这种错觉是由于国民收入分配的形式造成的，即把本来属于劳动者必要劳动的一部分国民收入，以税收或企业利润（或费用）的形式（在不享受社会养老保险的家庭则是以抚养子女的形式）分配或使用了。如果将政府、雇主或企业从劳动者新创造的国民收入中提取和缴纳的那部分养老保险金，以工资的形式直接发给劳动者，然后由劳动者以养老保险税（费）的形式逐月上缴，养老费用的性质就一目了然了。

2. 养老保险的意义

工业化生产的规模化，使得工厂取代家庭成为社会的基本生产单位，而家庭保障的功能弱化，使得"老年"逐渐成为一种普遍的社会保险。因此，养老保险制度是实现社会安全的重要保障，对于劳动者个体及家庭以及整个社会的发展具有重要意义。

1）养老保险有利于被保险人的生存环境

家庭成员之间有抚养、扶助义务，被保险人老年时面临经济收入不确定性以及自身的身体状况变差等因素，使得家庭的养老负担可能远远超过家庭的承受能力，因此，养老保险通过养老金的给付，分担家庭养老保障的负担，维持被保险人的基本生存。

2）养老保险有利于社会安定

随着人口老龄化的到来，老年人占社会总人口的比例越来越高，因此，养老保险为老年人提供基本的生存保障，能维护社会的稳定。而且劳动者参加养老保险，意味着"老有所养，老有所依"，能够更加安心地工作，从社会心态上有利于社会安定。

3）养老保险有利于社会发展

具体表现为：①养老保险制度建立在"世代契约"理念的基础之上，即老年被保险人获得的养老待遇给付都来自正在工作的劳动者的缴费，因此，世代的更替，使得老年劳动者退出劳动市场，而新劳动力获得就业机会。②养老保险待遇的高低与被保险人工龄的长短、缴费的多少具有密切关系，工作时间越长，缴费越多，养老金越多，因此，能够鼓励被保险人努力工作，提高工作效率。③养老保险基金能为资本市场提供巨大的资金来源，尤其是实行基金制的养老保险模式，个人账户中的资金积累以数十年计算，使得养老保险基金规模更大，为市场提供更多的资金，通过对规模资金的运营和利用，有利于国家对国民经济的宏观调控。

4.1.3　养老保险制度的产生发展及作用

1. 养老保险的产生发展

人类的养老制度的发展大体经历了三个阶段即民族或家庭养老阶段、国家养老阶段和社会养老阶段。

1）家庭养老阶段

人类从原始社会到封建社会，养老问题都是在部落或家庭中解决的，家庭养老是主要方式。家庭养老，即由家庭承担赡养老人的责任。在传统社会里，无论是以"父子关系"为核心的东方家庭，还是以"夫妻关系"为核心的西方家庭，都在承担着"抚育儿童和赡养老人"及抵御家庭成员社会风险的功能。社会学意义上的扩大家庭（三代或者三代以上）承担着保障、再分配甚至储蓄的全部功能。尤其是在东方国家，老人与他们的孩子居住在一个大家庭里，家庭中的所有成员，甚至包括老人和孩子，都用各种方式尽其义务——在田里做工、在家里做家务、照顾儿孙。老人抚养了孩子，留下了财产；当他们老了，又需要孩子们赡养。这样的关系代代相传。小农经济在中国持续时间最长，家庭是生产实体、消费实体和赡养老人的基本单位。一般社会风险是通过"养儿防老、积谷防饥"的方式实现的。

家庭养老保障体制有如下特征：①假定社会条件不变，确信具有理智的人可以合理安排一生的收入，以备年老之需。②大家庭要能对其家庭成员的收入和风险进行集中调节，才可以承担养老保障的责任。③老年人控制财产，养儿防老成为根深蒂固的传统意识和社会责任。④忠孝节义是支持家庭养老保障传统的道德基石。人们自愿地向老年人提供赡养费是主要基于两点：第一，他们把老年人的幸福看作是整个家庭的幸福和荣誉；第二，赡养老人是历史的传承和责任，他们知道总有一天自己也要依靠子女生活。

这种双向的两代人之间的收入转移支付是家庭抵御社会风险的机制。它是一种非正规的社会养老保障制度。但它具有如下优势：①成本低。因为老人很容易在家庭中找到一些有益的工作，减轻年轻人的负担，使他们更好地从事高效率的工作；②方法灵活。如家庭养老制度不需要有关退休年龄的限定；③适应性强。家庭成员最了解老人的情况和需要，能针对每一个偶然事件及时采取措施。因此，在发展中国家里，家庭养老保险制度至今是人们抵御社会风险的主要形式。然而，不可否认，这种家庭养老机制具有很大的不稳定性。家庭中主要劳动力的病残或者子女的早逝，都可能导致家庭养老保障机制的瓦解。

由此可见，在家庭内部，如果家务劳动服务和养老保障的交易存在交易费用，家庭养老将高度依赖于家庭外部的市场环境。市场环境的进化，如完善的社会养老计划、健全的社会化家务劳动市场等，将削弱家庭养老模式的稳定性。从这个意义上讲，家庭养老与社会养老呈替代关系，社会养老模式对家庭养老模式具有"挤出"效应。市场的发育和市场经济的发展最终导致社会养老模式的兴起，而社会养老模式的发展又削弱了家庭养老模式，家庭养老模式的弱化反过来又为社会养老模式提供了进一步发展的空间[①]。

---

①　赵曼曼. 社会保障学. 北京：高等教育出版社. 2011：19.

2）国家养老阶段

工业革命带来了经济、政治、社会、法律和人口结构的改变，在工业化国家，家庭养老保障制度首先开始瓦解。在经济上，以城市为基础的工业和服务业发展起来，农业人口减少，子女离开故乡到城市就业和安家；在政治上，某些利益集团已经发出建立社会保障制度的呼声；在社会环境方面，人口流动的增加和受教育程度的差距，扩大了代与代之间的距离；在法律方面，遗产税和继承法的产生，使人们通过控制财产来激励年轻一代赡养老人的手段出现了危机；在人口方面，出生率下降，人口在向老化发展。所有这些，都促使着家庭养老向新的模式转换。但需要指出的是，转换的只是养老保险制度，并不是全部老年保障体系。即便是最完善的社会保障制度，也终究不可能完全代替家庭老年保障的功能。

如前所述，现代意义上的国家养老保险是从德国开始的。1889年，德国首相俾斯麦建立了第一个养老保险制度，虽然这一制度最初覆盖的范围很窄，但它已包括了国家养老保险模式的基本要素：劳动者在职时缴费，并得到承诺在年老时可以得到退休金，国家在其中通过立法形式承担了兑现的责任。继德国之后，欧洲一些国家也纷纷建立了类似的养老保险制度，其中有些国家将养老金扩展到全体国民，同其是否就业及工资收入无关。与欧洲国家不同的是，美国一开始建立的是职业或行业年金制度。20世纪30年代的大萧条之后，罗斯福总统开始实施"新政"，颁布《社会保障法案》是其重要措施之一。美国"新政"所建立的养老保险，是一种部分积累的筹资模式，在待遇标准上实行累退式的与工资收入相关联的制度，以照顾低工资劳动者。

需要提到的是，十月革命胜利后的苏联和一些东欧国家，曾先后建立了覆盖范围广泛的由国家承担全部责任的养老保险制度。我国在20世纪50年代就建立了类似于苏联的国家养老保险体系。虽然在20世纪60年代后期养老保险费用转为由各企业自行负担，但由于在计划经济体制下，企业并不在乎利润的大小和效益的好坏，因此，退休者个人的养老保险问题在计划体制下并没有受到什么影响。

3）社会养老阶段

20世纪70年代以后，发达国家的国家养老保险模式先后遇到问题。特别是现收现付模式，由于人口年龄结构的变化，面临着入不敷出的窘境。国家在养老保险方面应负什么责任、负多大责任的问题，已出现争论。有些国家的财政承受了沉重的负担，就业者的劳动积极性却因"优厚"的福利而下降。与此同时，一些发展中国家在养老保险问题上没有走发达国家的模式，闯出了不少新路，如新加坡的公积金制度、智利的个人账户制度等。虽然这些新模式也存在各自的问题，但毕竟使人们看到了不同的创新思路。

为了消除国家养老保险模式的弊病，各国纷纷进行改革，其中不仅有发达国家，还有像中国这样的从计划经济体制向市场经济体制转轨的国家。改革的方向是：在改革原有的养老保险体系的基础上，调动企业、劳动者的积极性，建立各种类型的补充养老保险制度，最终形成基本养老保险、补充养老保险、个人自愿储蓄养老保险等多支柱体系的养老社会保险模式。同时还开始探讨用基金制替代现收现付制，通过积累克服老龄化危机，通过加强基金在资本市场的运营，争取高回报，提高养老保险资金投入与产出的效率。

2. 养老社会保险的作用

1）养老社会保险是人类文明和人道主义的重要体现

通过建立和健全养老保险制度，使所有因年老丧失劳动能力的社会劳动者都能获得基本生活保障，安度晚年，是现代社会中一个国家文明与进步程度的重要体现，也是社会主义市场经济条件下人道主义的一种具体反映。劳动者在有劳动能力的时候，为国家和社会做出了应有的贡献，维系和推动了社会的发展。当他们退休后，理应得到社会的尊重，并由国家和社会承担赡养责任，使其老有所养、老有所医、颐养天年。

2）养老社会保险是社会发展的需要

人类社会的历史表明，老年人口对社会发展仍具有重要的作用，这主要表现在他们所具有的知识、社会经验和良好的行为规范，以及他们所承担着的教育下一代人的重任对社会的深远影响。在社会化大生产的今天，老年人对社会的物质文明与精神文明建设仍然具有不可替代的重要作用。因此，通过养老社会保险满足退休劳动者的生活保障，不仅是其个人的生活需求，也是社会循序渐进、不断向前发展的需要。

3）养老社会保险是应对人口老龄化挑战的有效手段

人口老龄化是社会经济发展的一种客观结果，它对一个国家的政治、经济和文化等方面都会产生一系列重大的影响。按照国际公认的标准，一个国家60岁以上人口占总人口的比重达到10%，或者是65岁以上人口占到总人口的7%时，即为老龄化国家。根据我国人口调查资料和世界银行的研究结果，我国人口的老龄化程度每30年增加一倍，2000年我国65岁以上老年人口已达到8 811万人，占人口总数的6.96%；2004年底我国60岁以上老年人口为1.43亿，2005年底，中国60岁以上老年人口近1.44亿，占总人口的比例达11%。目前，中国老年人口正以年均高于3%的速度增长，2014年已达到2亿，2026年将达3亿，2037年将超过4亿，2051年将会达到最大值4.37亿，之后将一直维持在3、4亿的规模。到2100年总量仍高达3.18亿，占总人口的31.09%，"人口老龄化将伴随21世纪始终"。

作为一个经济尚不够发达，人民生活刚刚步入小康水平的发展中国家，我国的社会发展面临着人口老龄化的挑战。如退休人口大量增加、退休金负担日益加重，劳动年龄人口赡养系数上升、家庭负担加重，医疗费用急剧上升、医疗服务量迅速增长，都会对国家各级财政提出更多的要求。面临如此严峻的挑战，唯有建立和完善现代化的养老保险制度，才是最有效的应对方法之一。

4）养老社会保险有利于职工队伍的正常更替

人类社会总是在连续和继承中发展的。劳动者年老体衰、工作效率下降时，应按国家规定实行正常的退休，为新成长起来的劳动力提供必要的工作岗位。连续不断的、正常的新陈代谢，有利于使职工队伍保持旺盛的生命力，有利于提高整体素质和工作效率。

5）养老社会保险有利于解除在职职工的后顾之忧并调动其劳动积极性

稳定、完善的养老保险制度，不但可以为达到法定退休年龄者提供生活保障，而且因为退休金待遇与在职工资收入相关，既能够使在职职工看到自己退休时的生活会有保障，又能促进其在在职时积极进取，为以后退休时积累更多。同时，养老社会保险的实施，也大大减轻了子女赡养退休老人的经济负担。这些都是提高在职职工劳动积极性的重要因素。

4.1.4　社会养老保险与商业养老保险的区别

1. 性质不同

社会养老保险是国家依法强制实行的社会保险制度，属于政府行为，具有强制性、保障性、福利性、互济性和社会性的基本特征，并通过再分配，起到调节劳动者之间收入的悬殊，实现社会公平的作用；商业养老保险则是一种平等交换的商业行为，保险人与被保险人之间完全是一种契约或合同的关系，主要体现了自愿性、赔偿性、对等性和补偿性等特征，其作用是给予投保人一定程度的经济补偿。

2. 对象不同

社会养老保险的保险对象通常是法律法规所规定的社会劳动者，有时甚至扩大到全体国民；而商业养老保险的对象是一切自愿投保的自然人，由投保人根据自己的需要和能力自主决定是否参加。

3. 实施的依据不同

社会养老保险是依据国家法律强制实施的，凡应参加养老保险的保险对象，无论其是否愿意，都必须参加；除了法律法规的规定之外，保险人和被保险人之间不能另有约定。商业养老保险一般采用自愿原则，保险契约只有在保险双方都同意的情况下才能建立和发生法律效力；保险人也可以因被保险人不履行缴费义务而终止保险合同。

4. 保障的水平不同

社会养老保险的保障水平是相对稳定的，一般高于社会救济水平和失业保险水平，接近于中等生活水平，以满足劳动者退休后的基本生活；商业养老保险的水平是不稳定的，保险水平取决于投保人投保金额的多少，多投多保、少投少保、不投不保。

5. 权利与义务相对应的程度不同

社会养老保险强调的是保障大多数被保险人的基本生活，劳动者只要履行了为社会贡献劳动和缴纳养老保险费的义务，就能从社会获得享受社会养老保险待遇的权利，这种权利是均等的，在权利和义务之间不存在对应的等价交换关系。而商业养老保险则强调权利与义务的严格对应，保险人与被保险人是一种"对等互利"的关系，契约终止后，保险的责任也就不存在了。

6. 经营主体和目的不同

社会养老保险的经营主体是政府设置的社会保险机构，是一种公益性的社会机构，是以保障基本生活、提供管理服务、维护社会稳定、促进经济可持续发展为目的的，而不以营利为目的。商业养老保险的经营主体是商业性保险公司，是自主经营、自负盈亏的经济实体，是以追求自身盈利和发展为目的的企业法人，对被保险人只负责补偿其经济损失，不对被保险人承担管理服务的社会责任。

总之，社会养老保险与商业养老保险有着严格的区别，但不是对立的，也不存在竞争关系，商业养老保险是对国家法定养老保险的有益补充。另外需要加以说明的是，任何应参加社会养老保险的法人和个人，均不得以已经参加了商业养老保险为由而拒绝其参加社会养老保险。

4.2　养老社会保险制度的构建原则与模式选择

4.2.1　养老社会保险制度的构建原则

1. 对基本生活切实保障的原则

养老保险不同于救济，它是对劳动者退休后的基本生活应予以切实保障，这就是养老保险的保障原则。其基本要求是使劳动者在退出劳动岗位后，生活水平不会下降或不会下降过多。这一原则更多地强调社会公平，应当有利于低收入人群。反映在基本养老金的替代率方面，应该体现为低收入人群养老金替代率较高、高收入人群替代率相对较低。对于高收入人群而言，要实现退休后生活水平不会下降或不会下降过多的目标，可以依靠补充养老保险和个人储蓄性养老保险来解决，因为他们往往具有参加补充养老保险和个人储蓄性养老保险的条件。

2. 保障水平要与社会生产力发展水平相适应的原则

基本养老保险应该也只能保障退休人员的基本生活。保障水平过低无法发挥保障功能；保障水平超过社会生产力发展水平则会在客观上造成"养懒汉"的社会效应，并诱发提前退休的内在冲动，浪费有效的劳动力资源，不仅会制约生产力的发展，而且也会危及养老保险制度的正常运行。从我国目前的实际情况出发，确定养老保险的水平，一定要充分考虑到生产力水平较低、人口众多且老龄化速度加快的现实，充分考虑到国家、企业和个人的综合承受能力。

3. 公平与效率相结合的原则

这一原则要求给被保险人的待遇水平，既要体现社会公平的因素，又要体现不同人群之间的差别。因此，要将这两个方面的因素结合起来，在不同的养老保险体系之下，采用不同的方式。在实行"普惠制"（是指基本养老保险体系普遍适用于全体国民）的制度中，更多的是体现公平的因素，而在非"普惠制"的制度下，更多的是体现差别的因素。我国在计划经济体制下的养老保险制度，基本上是以公平为主的"大锅饭"制度，被保险人的待遇差别不大。实行养老保险制度改革以来，在体现社会公平的同时，更加强调养老保险对于促进效率的作用，以达到公平与效率兼顾的目的。

4. 权利与义务相对应的原则

这一原则是商业保险的普遍原则，目前大多数国家在养老保险制度中引进了这一原则，即被保险人必须履行规定的义务后，才能具备享受养老保险待遇的权利。这些义务主要包括：①必须依法参加基本养老保险制度；②必须依法缴纳基本养老保险费（税），并达到规定的最低缴费（税）年限。这一原则广泛适用于保险与工资收入相关联的养老保险体系，即被保险人的缴费年限和缴费水平与其享受的养老保险待遇水平存在某种直接的或间接的联系。

5. 逐步实现广覆盖的原则

社会保险的基本特征是运用"大数法则"，在某一社会范围内分散劳动者或社会成员的风险，从而构筑起一个"社会安全网"。从国际上看，养老保险的覆盖范围呈逐步扩大的趋势。我国原有的养老保险体系仅仅覆盖到国有企业和部分集体企业，目前已经逐步扩大到所有城镇企业、个体经济组织和企业化管理的事业单位。今后的发展方向是建立覆盖所有城乡劳动者的统一的基本养老保险体系。

6．管理服务社会化的原则

这一原则的基本要求是：①政府制定养老保险政策并进行监管，但不直接经办养老保险事务，而是按照政事分开的原则，委托或设立一个社会机构管理养老保险事务和基金。②建立独立于企业事业单位之外的基本养老保险体系，基本养老金实行社会化发放。③依托社区开展退休人员的管理服务工作。

7．分享社会经济发展成果的原则

退休人员的基本养老金一般说来是比较稳定的，不会受到单位经济效益的影响。但在社会消费水平普遍提高的情况下，退休人员的实际生活水平就有可能出现相对下降。因此，应通过建立基本养老金调整机制，使退休人员的收入水平随着社会经济的发展而不断提高，分享社会经济发展的成果。

8．法制化原则

养老保险行为必须在法律法规的范围内进行。同时，养老保险范围、主体、筹资方式、基金模式、待遇水平和管理方式等，都需要由法律法规来加以界定。随着我国养老保险制度改革的不断深入，原有法规和政策规定已经不能适应现实的要求，需要尽快制定新的《社会保险法》《基本养老保险条例》等，以规范养老保险行为。

4.2.2　养老社会保险制度模式选择

世界各国的养老保险制度千差万别，但可划分为五种模式，即投保资助模式、中央公积金模式、强制个人储蓄养老保险模式、社会统筹与个人账户相结合的养老保险模式，以及国家统筹型养老保险模式。

1．投保资助模式

投保资助模式是当代主要的养老保险制度模式，实施于世界大多数国家。它通过立法程序强制工资劳动者加入，强制雇主和劳动者分别按照规定的投保费率投保，并要求建立养老社会保险基金，实行多层次退休金。国家是老年社会保险的后盾，在财政、税收和利息政策上给以资助。社会退休金的层次分普遍养老金、雇员退休金与企业补充退休金。雇员退休金起主导作用，它又分为工资挂钩退休金、基础退休金和附加年金。为保障劳动者的晚年生活，退休金的给付贯彻奖励原则、分享经济成果原则、和物价指数或工资增长指数挂钩原则。

在这种制度中，所缴费用并不分配到个人的账户上，享受待遇的资格取决于是否缴纳费用。每个成员的缴费量与领取量不一定完全一致。

这种养老保险制度的优点在于，定期的保险金支付可以保证退休人员在整个退休期间得到保障。当然，这种用建立社会保险基金来分享资源的制度也存在不足，即制度的透明度不高，缴费没有记到个人账户上，因而不利于激励劳动者个人的自我保障意识，且政府承担的责任很大。

2. 中央公积金模式

这种制度中，缴费及利息积累在每个人的账户上，由中央政府统一管理。当投保人年老、伤残和死亡时，个人账户上的钱可一次或按月支付。缴费由雇员和雇主共同承担。某些公积金允许提前支付，如购买房屋、教育贷款等。

根据不完全统计，有大约19个国家实行中央公积金制。这些国家是斐济、加纳、印度、印度尼西亚、马来西亚、肯尼亚、尼泊尔、尼日利亚、新加坡、斯里兰卡、坦桑尼亚、乌干达、赞比亚、所罗门群岛等。其中，新加坡做出的成绩最显著。

该制度的优点是透明度高，激励作用较大，强调个人的自我保险，因而政府的责任较小，负担较轻，同时对国家储蓄有利。但其存在的问题和不足也比较明显。

1）缺乏互助互济性

社会保险固有的特性之一是互济性，一人出现风险靠大家缴费分担。但此种养老保险缺乏此种机制，突出的是多劳多得，少劳少得。

2）退休金比较单一

由于这种制度规定了高投保率，企业（雇主）投保费很高，已经无力再出资筹办企业补充养老保险，这样，雇员只能享受单一的基本养老金，再无其他社会退休金来源。雇员退休后的较高层次的需求只能通过商业性人身保险来获得。

3）该制度对年轻工人和低薪工人的老年生活保障不利

实行该制度时，退休者的退休待遇主要由该职工在职时的工龄（缴费年限）、年薪等因素决定，缴费年限长、收入高者退休时个人账户储存额自然就多，反之则少。这样，缴费年限短的丧失劳动能力者和低收入者难以保证晚年的基本生活。该制度还可能因为过高的缴费率导致企业产品的国际竞争能力下降，严重时还可能导致整个经济的滑坡。

3. 强制个人储蓄养老保险模式

强制个人储蓄养老保险模式是20世纪80年代初由智利推出、后为其他拉丁美洲国家仿效的养老保险模式。其具体做法是：国家依法强制员工个人缴费，但不规定雇主也同时缴费，养老金等于本人在业期间个人账户缴费的积累总和。养老保险资金管理私有化，由独立的私营投资公司负责养老保险基金的投资营运；员工可以自由选择养老保险管理公司参保，并有权自由退出另选其他公司；国家对养老金不足的退休员工给予最低养老金保障，对基金管理公司给予最低回报率保障。

4. 社会统筹与个人账户相结合的养老保险模式

社会统筹与个人账户相结合的养老保险模式通过国家立法，采用强制手段，收缴用工单位和劳动者的基本养老保险基金。其中一部分基金实行社会统筹，通过社会再分配手段用于调剂；另一部分基金计入个人账户，作为劳动者享受退休金的依据。

该制度是中国首创，在全世界养老保险领域中具有独特意义：①有利于调整国家、企业、个人三者关系，扭转在基本养老保险制度中国家包揽过多、企业负担过重、个人自我保护意识淡薄的现状。②有利于统筹共济与个人储蓄积累两种机制的优势互补、兼顾公平与效率。③个人账户储存的基金实行预缴备付金实账完全积累形式，不断滚动扩充，有利于平稳度过未来社会老龄化高峰。④利益机制固化了受保人的参与意识，从而促使个人积极缴纳养老保险费，也使职工督促企业参加保险并按时交纳保险基金，有利于扩大养老保险的覆盖面和提高资金的征缴率。⑤有利于我国基本养老保险模式的全国统一性与区域经济发展差异性的融合。

　　5. 国家统筹型养老保险模式

　　国家统筹型养老保险模式由国家（或国家和雇主）全部负担雇员的养老保险费，雇员个人不缴费，是一种典型的福利型的养老保险制度。瑞典、挪威和波兰等国家实行这一养老保险制度。我国在实行改革开放前，计划经济体制时期也曾实行过这种模式。该模式的缺点是资金来源渠道单一，政府和企业负担过重。事实上，瑞典、挪威等福利国家正承受着由该制度带来的一系列经济和社会问题的困扰，正在寻求解决和改革方法。

4.3　社会养老保险制度的基本内容

4.3.1　社会养老保险保障范围

　　养老保险的保障范围主要有3种形式：全民（城乡）、城市、乡村劳动者；城市劳动者；城市部分劳动者。我国养老保险的保障范围主要是城镇各类企业职工和个人劳动者。

　　养老保险实施范围有一个共同趋势就是力争使范围尽量地大，覆盖所有的工资劳动者。从目前世界范围对实施范围的规定来看，不是整齐划一的，如加拿大规定只要是该国公民都可以享受养老保险制度，而尼日利亚规定雇用10名以上工人的工商业企业的雇员才可以享受养老待遇。为什么各国的保险范围有大小的差别呢？主要原因是各国建立保险制度的年代不同以及各国的工业化程度不同。另外，大多数国家对一些从事特殊职业的人员制定了专门的制度，如独立劳动者、农民、矿工、铁路员工、政府雇员。还有的国家，如俄罗斯，对教师、科学家、医生、艺术家、飞行员等都设立了专门的制度。

4.3.2　社会养老保险基金的筹集

　　1. 社会养老保险基金筹集范围

　　社会养老保险基金筹集范围主要是指地域范围和征收养老保险基金的对象范围。根据社会保险的性质，养老保险基金的筹集地域范围应尽可能大一些，以利于实现大数定理指导下的横向平衡调剂，分散养老风险。从世界各国的情况看，凡是采取社会保险税方式的，都是在社会性的大范围中统筹基金，有收入者均需照章纳税，然后从国库中以特别基金拨款形成养老总基金；凡是采取社会保险费形式的，一般是在省、市、县范围内统筹基金，直接由社会保险管理机构向统筹对象征缴。

　　养老保险基金筹集的对象范围主要是指法定缴费成员的身份条件，如所在部门、行业、职业、收入状况等。目前世界各国征收养老保险费在对象范围上有两种规定，一种是不分身份条件，凡法定范围内成员一律统一缴费，统筹调剂使用；二是按在一定范围内不同成员的身份条件单独纳费，各自使用，如国家公务员、个体劳动者、军人、大学生等。

　　2. 社会养老保险基金的筹集模式

　　养老保险基金的筹集按照基金是否预留积累可以分为完全积累式、部分积累式、现收现付式三种。

长期以来，我国养老保险基金采用的是"以支定收、略有结余、留有部分积累"的筹资原则。根据国务院1995年颁布的改革方案，基本养老保险将实行社会统筹和个人账户相结合的"部分积累"模式，即企业缴纳的养老保险费中的一部分用于现收现付，承担已退休无个人账户人员的退休金开支，以及有个人账户但不够支出需要者的平衡调剂。企业缴费中的另一部分和个人缴费的全部，均计入个人账户，形成积累，用于支付有个人账户职工退休后的养老金。

3. 社会养老保险基金的来源

从已经建立了养老社会保险制度的国家来看，养老保险基金的来源有以下几种。

1）由劳动者、雇主和政府共同负担

一般是企业比职工缴纳的比例大，政府承担一定的比例或负责补贴亏空部分。这是多数国家采用的方式。

2）由劳动者和雇主缴纳

其中劳动者按自己工资收入的一定比例缴纳，雇主按工资总额一定比例缴纳，政府不负担。如法国、秘鲁、印度、印度尼西亚、叙利亚、巴林、尼日利亚、赞比亚等国政府都不负担养老保险基金。

3）由企业和政府负担

其中企业按工资总额一定比例缴纳，政府负担一定比例或给予补贴，劳动者本人不缴纳，如瑞典及东欧的一些国家。

4）由劳动者和政府负担

如阿根廷，企业职工缴纳工资总额的11%，独立劳动者缴纳收入的15%，政府则负担相当于受保人缴纳保险费的139.09%。

5）全部由企业支付

个人和政府都不负担,如阿尔巴尼亚和几内亚。我国改革前的全民所有制企业和大部分城镇集体所有制企业，也是全由企业支付。

6）全部由政府负担

劳动者和雇主都不缴纳。如澳大利亚和新西兰在20世纪80年代前均从政府总收入中支付全部养老金。中国的国家机关和事业单位工作人员的养老金也是完全由国家财政支付。

此外，还有许多国家没有建立社会养老保险制度，也有许多国家社会养老保险制度不完全，相当多的劳动者没有享受养老社会保险。这些劳动者的养老费用完全由家庭负担，即由子女供养。我国目前许多城镇集体企业的劳动者和非公有制劳动者，以及占我国劳动者大多数的乡村劳动者（除五保户和个别富裕的乡、村外），其养老费用基本上由家庭子女承担。

4. 社会养老保险基金收缴方式

综观世界各国养老保险基金的收缴，主要采取保险税和保险费两种方式。采用社会保险税方式征缴养老保险金，一般是企业和个人以劳动者的平均工资收入作为缴纳的基数，按照一定的百分比向税务部门上缴社会保险税，然后再由国家或地方财政以特别基金的名义，拨付给社会保险管理机构，专款专用。采用社会保险费方式，一般是以缴费对象，即企业和个人的工资总额为基数，按照规定的比例提缴保险费，直接上缴给社会保险管理机构，专款专用。根据保险费用提取方式的具体变化，费率也会有所不同。

目前，我国养老保险基金是采取社会保险费的方式筹集的，由企业或劳动者个人直接向社会保险机构缴纳。

4.3.3　社会养老金的享受条件

享受养老保险的条件和其他社会保险项目不同，它一方面要考虑社会经济发展水平，使雇员退休养老和熟练劳动力的需要相衔接；另一方面还要考虑如何使退休后收入不会有太大下降，以保证老年人的社会生活水平，维护老年人生活和社会秩序的安定。在实行养老保险的国家，享受保险待遇的条件基本上一致，但因各国经济发展水平不同也有所差异。

1. 按有关规定领取养老金

大部分国家都规定受保人只要缴费达到规定年限、达到规定的年龄、达到规定的就业期或居住期，就可以领取养老金。就享受养老金的就业期来说，不同国家有不同的标准。有的国家规定就业时间为10年，有的25年，还有的30年或更长，最常见的规定为工作30年至40年。许多国家规定的年龄为60岁至65岁。而工业发达国家可领取养老金的年龄相对高一些，都集中在65岁或65岁以上。比如，日本规定养老保险金从享受者年满65岁起开始给付。有时，享受条件还取决于居住状况或公民资格，如丹麦规定，凡符合享受养老权利的年龄条件，并至少已在丹麦居住了10年的公民，都有权享受满额的丹麦养老金。近年来倾向于严格享受条件，特别是关于退休年龄、缴费年限和工龄等。例如，荷兰把退休年龄由65岁延长到70岁，一些国家也推迟了1～3年。

2. 根据退休制度领取养老金

约有半数以上国家的退休制度规定妇女和男子领取退休金的年龄相同，有的国家则有不同的规定，其差别经常是妇女领取退休金的年龄比男子低5岁。目前的国际趋势是使男女退休年龄相一致。

对于不到法定退休年龄而申请退休的人员，有些国家规定，如符合下列条件之一者，也可领取全额退休金：从事特别艰苦、有损健康或危险性的工作（如井下矿工）；在接近退休年龄以前的特定期限内遭到非自愿性的失业；在未到退休年龄以前，未老先衰，身心不支，而又不符合一般的伤残定义。有些国家对达到正常退休年龄但不符合其他条件的雇员，可以发给增额补助。

在对待缴纳保险费不达规定者以及由于非本人所能控制的原因而未从事受保职业者方面，各国的规定差别也很大。比如，有些国家把伤残、失业、服军役、受教育、抚养子女以及接受培训的时间都计入投保年限。而另一些国家可能完全不考虑。对于未达到最低合格期限要求的，则通常是按不够的年数每年相应地减少养老金。若受保人保险期限仅有很少几年，可以一次偿还其缴纳的保险费。

大多数国家的社会养老保险制度都要求受保人完全或基本上退休。对那些继续工作的老年人，可视其收入的数额或工作量（这种情况较少），完全不发或只部分地发给其退休金。普遍养老保障制度通常不要求完全退出才能付给养老金。强制储蓄养老保险基金制度则只有在雇员离开受保职业或迁出本国的条件下才付给养老金。

4.3.4　社会养老金的给付

1. 养老金水平的合理定位

养老金水平主要体现在养老金替代率上。养老金替代率是指退休者领取的养老金占其退休前工资收入的百分比。养老金替代率的高低反映了养老金同劳动者退休前收入的某种关联，反映了养老保险的保障水平，但在客观上却体现了退休职工与在职职工的收入关系，并影响着养老保险的财务收支状况。

养老金替代率究竟多高合适，要依很多因素而定。其中主要有国家养老保险改革目标、养老保险给付的指数调节、地区居民的生活水平、个人的经济承受能力等。例如，在20世纪90年代，美国的养老金替代率为44%，瑞士为37%，德国为49%。目前，国际通行的标准为40%~60%。

2. 养老金的给付项目

一般世界各国养老金给付的内容包括养老、医疗、生活补助、异地安家、死亡丧葬与抚恤等方面，其中养老是重点。养老金的给付有以下一些做法。

1）基本养老金给付

实行多层次的养老保险是许多国家的普遍做法。其中由政府开办并负责给付的，是第一层次的养老待遇，其目的是为了保障退休人员的基本生活，称为基本养老保险金或国家法定退休金，这一层次养老金由基础养老金、工资挂钩养老金、被抚养者补助三部分组成。

设置基础养老金的目的是为了保障每位退休人员的最低生活需要。其支付方式可以按统一的绝对金额给付，也可按本人在业期间基础工资的一定比例，或者按某种平均工资（如社会平均工资）的一定比例支付。有些国家基础养老金的计发还考虑了工龄等因素，如日本规定，基础养老金一方面取决于统一的年度标准金额，另一方面还取决于退休者本人的工龄。不仅如此，还有的国家（如英国）规定，基础养老金根据退休者在职时的工资水平来发放。1985年，英国只对在职时周工资低于85.8英镑的退休者全额发放基础养老金；周工资在85.8~107.8英镑的退休者，减发部分基础养老金；周工资超过107.8英镑的退休者，不给予基础养老金。

工资挂钩养老金又称附加退休金，是基本养老保险养老金中最重要的部分，其待遇水平同退休者在业期间的劳动贡献紧密相关，是为了体现劳动者个人在投保期间对养老保险基金的贡献。其主要考虑的因素是投保年限、投保的原工资水平等，具体有以下做法。

第一，以在职最后一年工资收入为计发基数，计发百分比随工龄而增加。第二，以退休前若干年中，连续收入最高的3~5年的平均工资收入为基数，计发百分比随工龄和缴费年限的提高而增加。第三，以全部在业期间平均工资收入为基数，计发百分比随缴费年限而增加。第四，规定工资基数的上、下限，在此界限内，计发百分比按累退方式确定，即收入基数越高，计发百分比越低，反之，计发百分比则越高。第五，以投保人在满一定年龄和投保年限后，养老金按其过去某段时间平均工资收入的一定百分比计算，不再考虑投保时间长短。

需要指出的是，工资挂钩养老金的给付标准应以挂钩工资为上限，即工资挂钩养老金最高不能超过在职时工资水平。这一限定的目的是为了区别在业与不在业、创造财富者与消费财富者之间的区别。

被抚养者补助又称附加年金，是基本养老保险待遇的第三部分，主要用于退休者抚养配偶和未成年子女，包括大学毕业前的大龄子女。这部分待遇按被抚养者人数计发，每人一份，其中未成年子女一直享受到长大成人、参加工作、取得收入、可以独立生活为止。

2）企业补充养老金的给付

在许多国家，基本养老保险制度的设计是为了保障老年退休职工的基本生活。这些国家，为了使一部分较高收入者或有支付能力的企业职工晚年获得更高水平的生活保障，还普遍实行企业补充养老保险制度，由参与这一制度的企业和职工个人在参加国家基本养老保险的基础上，另行出资或缴费，建立补充养老保险基金，待职工退休时，连本带息一次或多次支付其本人。其具体形式一种是企业每月为每位职工向商业保险机构投保，后者给予一定的利息，当职工在本企业退休时一次性连本带息领取，或定期（如每年）领取自己应得的养老金。另一种是企业和职工每月按工资总额的一定比例投保，由企业建立职工补充养老保险账户，并进行相应的管理，待职工退休时一次性支付本息或逐年支付。我国当前在部分企业实行的企业补充养老保险和个人储蓄性养老保险就属于这种形式。

3）储蓄式养老金支付

储蓄式养老金支付也可以称为"公积式"的养老保险，一般均实行强制性的个人养老金账户方式，以劳动者全部在业期间储蓄的本息之和为计发基数，按照退休劳动者平均余命，逐年计发，也可以一次性给付。

4.4 我国社会养老保险制度概览

4.4.1 我国社会养老保险制度的沿革

1. 我国养老保险制度的初创、停滞和重建期（1951—1989年）

1951年政务院颁布《劳动保险条例》，标志着我国养老保险制度初步建立。1953年，政务院对《劳动保险条例》进行了修正。同年劳动部公布《劳动保险条例实施细则》，对条例的实施范围、工龄、缴费的工资总额等内容予以进一步的明确规定。1955年，国务院颁布《国家机关工作人员退休处理暂行办法》，规定国家机关工作人员男60岁、女55岁，工作满5年以上的可以退休，退休待遇为本人工资的50%～80%。1958年，经全国人大常委会批准，《国务院关于工人、职员退休处理的暂行规定》实施，该规定废止了《国家机关工作人员退休处理暂行办法》，对养老保险制度进行了重大调整，建立了企业职工和国家机关工作人员统一的养老保险制度。

"文化大革命"期间我国养老保险立法受到较大的影响。1969年2月，财政部发布了《关于国营企业财务制度工作中几项制度的改革意见（草案）》，规定"国营企业一律停止提取劳动保险金"，"企业退休职工、长期病号工资和其他劳保开支，改在企业营业外列支"。该规定改变了《劳动保险条例》所确立的统筹调剂的做法，使得养老保险失去了社会性，成为企业保险。

"文化大革命"结束后，我国养老保险制度开始了恢复与重建工作。1978年，国务院颁布《关于安置老弱病残干部的暂行办法》和《关于工人退休、退职的暂行办法》，对养老保险制度再次进行调整，将企业职工养老保险与国家机关工作人员养老保险再次分离。1982年宪法对退休制度以及社会保障制度进行了明确的规定。1984年，对国有企业职工退休费用社会统筹进行试点。1986年，国务院颁布《国营企业实行劳动合同制暂行规定》，规定"国家对劳动合同制工人退休养老实行社会保险制度。"

2. 我国养老保险制度的改革和完善期（1990年至今）

1991年，《国务院关于企业职工养老保险制度改革的决定》颁布，拉开了我国养老保险制度全面改革的序幕。其主要内容为：①建立多层次的养老保险体系，即基本养老保险与企业补充养老保险、个人储蓄性养老保险相结合的养老保险体系；②改变国家、企业包办养老保险的状况，实行国家、企业、个人三方共同负担；③改变养老保险费现收现付的做法，确定"以支定收、略有结余、留有部分积累"的原则[①]。根据该决定的相关内容，劳动部于1993年发布《企业职工养老保险基金管理规定》，对企业养老保险基金的征缴、管理、保值、增值等作出了较为详细的规定。

1993年，中共中央十四届三中全会作出《关于建立社会主义市场经济体制若干问题的决定》，明确指出："城镇职工养老和医疗保险金由单位和个人共同负担，实行社会统筹和个人账户相结合。"为落实该决定，国务院于1995年发布《关于深化企业职工养老保险制度改革的通知》（国发〔1995〕6号），该通知明确了我国企业职工养老保险制度改革的目标，以及养老保险基金的筹集方式实行社会统筹与个人账户相结合的原则，并在此基础上形成了两个具体实施办法，由各地根据实际情况选择实施。

但是，由于各地对于养老保险制度的认识的偏差，以及经济发展的地区差异等，两个具体实施办法出台后，具有地区特色的养老保险制度在全国各地纷纷形成。鉴于养老保险制度改革中出现的做法不统一、统筹层次低以及管理不规范等问题，1997年国务院发布《关于建立统一的企业职工基本养老保险制度的决定》，确定了统一我国基本养老保险制度的几项重要内容：①明确我国基本养老保险制度改革的总体目标为：到20世纪末，基本建立起适应社会主义市场经济体制要求，适用于城镇各类企业职工和个体劳动者，资金来源多渠道、保障方式多层次、社会统筹与个人账户相结合、权利与义务相对应、管理服务社会化的养老保险体系。②统一企业和个人缴费的比例。企业缴纳基本养老保险的比例，一般不得超过企业工资总额的20%，个人缴费1997年不得低于本人缴费工资的4%，以后逐步提高到8%。③统一个人账户的规模。按本人缴费工资11%的数额为职工建立基本养老保险个人账户，个人缴费全部计入个人账户，其余部分从企业缴费中划入。随着个人缴费比例的提高，企业划入的部分要逐步降至3%。④统一基本养老金的发放办法。个人缴费年限累计满15年的，退休后按月发给基本养老金。基本养老金由基础养老金和个人账户养老金组成。退休时的基础养老金月标准为省、自治区、直辖市或地（市）上年度职工月平均工资的20%，个人账户养老金月标准为本人账户储存额除以120。

---

① 林嘉. 社会保险法的理念、实践与创新. 北京：中华人民大学出版社，2002.

　　为解决统筹层次低以及行业统筹与地方统筹的矛盾，1998年，国务院发布《关于实行企业职工基本养老保险省级统筹和行业统筹移交地方管理有关问题的通知》，规定了两个基本目标：①加快实行企业职工基本养老保险省级统筹；②按期完成基本养老保险行业统筹移交地方管理。为解决国有企业改革导致的下岗以及新型就业形式等对于养老保险制度所提出的新问题，2001年劳动和社会保障部发布《关于完善城镇职工基本养老保险政策有关问题的通知》（劳社部发〔2001〕20号）。

　　为解决养老保险制度实施中个人账户不实、计发办法不合理、覆盖范围不够广泛等问题，国务院在充分调查研究和总结东北三省完善城镇社会保障体系试点经验的基础上，于2005年发布《国务院关于完善企业职工基本养老保险制度的决定》（国发〔2005〕38号），规定从2006年1月1日起，个人账户的规模统一由本人缴费工资的11%调整为8%，全部由个人缴费形成，单位缴费不再划入个人账户。同时，进一步完善鼓励职工参保缴费的激励约束机制，相应调整基本养老金计发办法。

　　为解决养老保险制度运行中暴露出的诸多问题，如覆盖范围狭窄、参保率低、转移接续困难等，我国近年先后颁布了诸多相关的规范性文件。2009年12月28日，《国务院办公厅关于转发人力资源社会保障部财政部城镇企业职工基本养老保险关系转移接续暂行办法的通知》（国办发〔2009〕66号）明确了基本养老保险关系转移接续制度。2010年10月28日，由中华人民共和国第十一届全国人民代表大会常务委员会第十七次会议审议通过，自2011年7月1日起施行的《中华人民共和国社会保险法》，在养老保险方面进行了较多的制度完善和创新，如重构养老保险的制度体系，增加了城镇居民基本养老保险，扩大了覆盖范围，明确基本养老保险的转移、接续制度等。

　　在国际劳工组织的养老保险改革方案中，世界银行的养老保险改革方案对于我国养老保险制度的建立和改革产生了一定影响。1996年，世界银行《防止老龄危机：保护老年人及促进增长的政策》在我国出版，而且世界银行曾对我国的养老保险制度的改革提供过具体的建议。基于世界银行对于个人账户制度的推崇，我国确立了社会统筹与个人账户相结合的养老保险模式。

4.4.2　我国企业职工基本养老保险制度

1. 适用范围

　　根据2011年7月1日实施的《中华人民共和国社会保险法》第10条规定："职工应当参加基本养老保险，由用人单位和职工共同缴纳基本养老保险费。无雇工的个体工商户、未在用人单位参加基本养老保险的非全日制从业人员以及其他灵活就业人员可以参加基本养老保险，由个人缴纳基本养老保险费。公务员和参照公务员法管理的工作人员养老保险的办法由国务院规定。"结合《国务院关于机关事业单位工作人员养老保险制度改革的决定》（国发〔2015〕2号）的规定，我国职工基本养老保险制度主要适用于以下几类。

1）各类企业及其职工

　　各类企业从所有制形式来看包括国有企业、城镇集体企业、外商投资企业、城镇私营企业，而根据企业责任形式则包括城镇企业法人、合伙企业以及个人独资企业，但原则上企业经营资格的取得都必须经过工商登记。因此，《中华人民共和国社会保险法》规定，用人单位应当自成立之日起30日内凭营业执照、等级证书或者单位印章，向当地社会保险经办机构申请办理社会保险登记。

2）事业单位及其工作人员

目前我国的事业单位分为三类：第一，参照2006年1月1日起施行的《中华人民共和国公务员法》管理的事业单位，即根据《中华人民共和国公务员法》的相关规定，由法律、法规授权依法履行公共管理职能的事业单位。第二，实行企业管理的事业单位。实行企业管理的事业单位是指国家不再核发经费，实行独立核算、自负盈亏的事业组织。第三，以科、教、文、卫为代表的事业单位，该类事业单位又称为公益性的事业单位，即国家出于社会公益目的，由国家机关举办或者其他组织利用国有资产举办的，从事教育、科技、文化、卫生等活动的社会服务组织。

根据我国现行的制度规定，除第一种类型的事业单位及其工作人员外，第二、三种类型的事业单位及其工作人员都参加职工基本养老保险，其中第三种类型的事业单位及其工作人员，在《中华人民共和国劳动合同法》实施以前，此类事业单位及其工作人员之间形成人事关系，适用人事管理的相关规定，他们的养老保险主要是适用机关、事业单位的养老保险制度，不参与职工基本养老保险；自2008年1月1日起实施《中华人民共和国劳动合同法》后，除法律、行政法规或者国务院另有规定的外，都应该适用《中华人民共和国劳动合同法》的相关规定。

3）无雇工的个体工商户及未在用人单位参加基本养老保险的非全日制从业人员等其他灵活就业人员

个体工商户是指办理了工商营业执照、在城镇有固定经营场所的个体工商户，而无雇工的个体工商户则是指未雇佣其他劳动者，主要依靠个人以及家庭成员从事生产经营的。灵活就业人员是指采取各种灵活就业、弹性就业方式的人员，包括自由职业者以及非全日制劳动者等。这些人员可以根据实际情况，自愿参加职工基本养老保险，由个人承担相应的缴费。

除上述主体外，《中华人民共和国社会保险法》第97条规定："外国人在中国境内就业的，参照本法规定参加社会保险。"根据该条规定，在中国境内就业的外国人，也应参加社会保险。我们认为，除我国与相关国家和地区的双边条约有特殊规定外，在中国境内就业的外国人原则上应该参加职工基本养老保险。

2. 基本养老保险的筹集和管理

我国养老保险制度采取社会统筹基金和个人账户相结合的模式，因此，养老保险费用的筹集主要包括养老保险基金和个人账户两部分。《中华人民共和国社会保险法》第11条规定："基本养老保险实行社会统筹与个人账户相结合。基本养老保险基金由用人单位和个人缴费以及政府补贴等组成。"

1）基本养老保险基金的组成

（1）用人单位和个人缴费。

养老保险费由企业和被保险人共同承担。其中企业缴纳基本养老保险费的比例，一般不得超过企业工资总额的20%，具体比例由省、自治区、直辖市人民政府确定。少数省、自治区、直辖市因离退休人数较多、养老保险负担过重，确需超过企业工资总额20%的，应报劳动部、财政部审批。企业缴纳的基本养老保险费在税前列支。个人缴纳基本养老保险费的比例，1997年不得低于本人缴费工资的4%，1998年起每两年提高1个百分点，最终达到本人缴费工资的8%。有条件的地区和工资增长较快的年份，个人缴费比例提高的速度应适当加快。目前各地养老保险个人缴费基本上都达到了本人缴费工资的8%的比例。

城镇个体工商户和灵活就业人员参加基本养老保险则由自己缴费，其缴费基数为当地上年度在岗职工平均工资，缴费比例为20%。

（2）基本养老保险费利息和其他收益。

基本养老保险费利息是指将基本养老保险费存入银行或按照国家规定购买债券所得的利息收入。筹集的养老保险基金必须存入财政部门在国有商业银行开设的社会保障基金财政专户，并且职工养老保险基金收支相抵后的结余额，除留足两个月支付费用外，80%左右应用于购买特种定向债券，对存入银行的基金按照中国人民银行规定的同期城乡居民储蓄利率计息，购买国家债券的利息收入免交税费并转入基金。

（3）财政补贴。

政府的财政补贴是指同级财政给予基金的补贴收入。根据《中华人民共和国社会保险法》的规定，政府财政补贴主要集中在以下两个方面：一是国有企业、事业单位职工参加基本养老保险前，视同缴费年限期间应当缴纳的基本养老保险费；二是基本养老保险基金出现支付不足时，政府给予补贴。

（4）滞纳金。

滞纳金是指企业未按期缴纳养老保险费时，由法定的收缴部门要求其承担的一种迟延履行的法律责任。《中华人民共和国社会保险法》第86条规定："用人单位未按时足额缴纳社会保险费的，由社会保险费征收机构责令限期缴纳或者补足，并自欠缴之日起，按日加收万分之五的滞纳金；逾期仍不缴纳的，由有关行政部门处欠缴数额一倍以上三倍以下的罚款。"滞纳金并入社会保险基金。

（5）其他可以纳入基本养老保险基金的资金。

其他依法可以纳入基本养老保险基金的资金主要是指法律规定的上述资金之外的应该纳入养老保险基金的资金，如养老保险基金投资运营的收益。

2）个人账户资金

目前我国养老保险个人账户全部由个人缴费形成，其为本人缴费工资的8%。城镇个体工商户等自谋职业者以及采取各种灵活方式就业的人员参加社会保险也采取社会统筹和个人账户相结合的模式，但是，由城镇个体工商户与灵活就业人员自己承担相应的缴费义务，城镇个体工商户和灵活就业人员参加基本养老保险的缴费基数为当地上年度在岗职工平均工资，缴费比例为20%，其中8%记入个人账户。此外，个体工商户的从业人员（雇工）也要参加养老保险，其保险费用由个体工商户以及从业人员共同承担。

3. 基本养老保险体系的转移、接续

1）基本养老保险关系转移、接续的类型

基本养老保险关系具有唯一性和持续性，且社会保险实行属地管理，用人单位应参加单位所在地的社会保险统筹，因此，被保险人改变就业地点或者用人单位搬迁的，会产生基本养老保险关系的转移、接续问题。根据主体及原因的区别，可分为以下两种。

（1）用人单位原因导致的基本养老保险关系的转移。

城镇企业成建制跨省搬迁，应按规定办理企业和职工养老保险关系转移手续。在职职工个人账户记账额度全部转移，资金只转移个人缴费部分，转入地社会保险经办机构应按个人账户记账额度全部记账。在这种情况下，用人单位应向转出地社会保险经办机构提出申请，由经办机构审核后开具转移证明，注明职工人数、参加社会保险有关情况等，由转入地经办机构负责接续其社会保险关系。

（2）因被保险人改变就业地导致的基本养老保险关系的转移。

职工因为工作岗位的变动，导致个人社会保险关系随之转移，包括统筹地区内社会保险关系转移（如北京市市内从海淀区转移到朝阳区）和跨统筹地区社会保险关系转移（如从北京市转移到上海市）两种情形。对于统筹地区内的养老保险关系原则上是"只转移关系，不转移基金"即职工以及转出单位向所在的社会保险经办机构办理相关的转出手续。然后，由职工或者转入单位到其所在的社会保险经办机构办理转入手续，而不涉及个人账户资金的转移。跨统筹地区的社会保险关系的转移，则不仅要转移社会保险关系，还涉及相关的社会保险基金的转移。《中华人民共和国社会保险法》出台之前，各地对基本养老保险关系的转移、接续的具体操作不尽相同，导致诸多被保险人跨统筹地区流动的，基本养老保险关系难以转移、接续，缴费年限无法累积，制约了劳动力资源的自由流动，也损害了被保险人的养老保险权益。因此，《中华人民共和国社会保险法》明确规定，个人跨统筹地区就业的，基本养老保险关系随本人转移，且缴费年限累积计算；并授权国务院制定具体办法。

2）基本养老保险关系转移、接续的制度规定

2009年12月28日，《国务院办公厅关于转发人力资源社会保障部财政部城镇企业职工基本养老保险关系转移接续暂行办法的通知》（国办发〔2009〕66号）明确了基本养老保险关系转移、接续制度的具体内容。

（1）适用对象。

参加城镇企业职工基本养老保险的所有人员，包括农民工。但已经按国家规定领取基本养老保险待遇的人员，不再转移基本养老保险关系。

（2）既转关系也转资金。

参保人员跨省流动就业转移基本养老保险关系时，按下列方法计算转移资金：一是个人账户储存额，1998年1月1日之前按个人缴费累计本息计算转移，1998年1月1日后按计入个人账户的全部储存额计算转移。二是统筹基金（单位缴费），以本人1998年1月1日后各年度实际缴费工资为基数，按12%的总和转移；参保缴费不足1年的，按实际缴费月数计算转移。

（3）转移程序。

基本养老保险关系的转移涉及以下三个流程：一是新参保地审核转移、接续申请并向原参保地发出同意接受函，二是原参保地办理转移手续，三是新参保地接受转移手续和资金。上述每个流程最多需在15个工作日内完成，共计45个工作日。

（4）领取地点。

一是户籍地为主；二是户籍所在地与参保地不一致时，以累积缴费较长（满10年）的

参保地为辅，若每个参保地累积缴费年限均不满10年的，则仍在户籍所在地领取。

（5）农民工基本养老保险关系的转移和接续。

一是对于中断就业或者返乡的农民工，不允许退保，而是保留缴费记录和个人账户资金，且个人账户资金继续计息。待返回城镇就业并继续参保缴费的，无论其回到原参保地就业还是到其他城镇就业，均累计计算其缴费年限，合并计算其个人账户储存额，符合待遇领取条件的，与城镇职工同样享受基本养老保险待遇。二是农民工不再返回城镇就业的，其在城镇参保缴费记录及个人账户全部有效，并根据农民工的实际情况，或在其达到规定领取条件时享受城镇职工基本养老保险待遇，或转入新型农村社会养老保险。

4. 基本养老保险待遇的给付

1）基本养老保险待遇的给付条件

（1）达到国家规定的退休年龄并办理相关手续。

国家法定的企业职工退休年龄是男年满60周岁，女工人年满50周岁，女干部年满55周岁。从事井下、高温、高空、特别繁重体力劳动或其他有害身体健康工作的，退休年龄为男年满55周岁，女年满45周岁；因病或非因工致残，由医院证明并经劳动鉴定委员会确认完全丧失劳动能力的，退休年龄为男年满50周岁，女年满45周岁。其中从事井下、高温、高空、特别繁重体力劳动或其他有害身体健康工作的职工提前退休须满足以下条件：①从事高空和特别繁重体力劳动工作累计满10年的；②从事井下、高温工作累计满9年的；③从事其他有害身体健康工作累计满8年的。除了国家有明确规定的外，严格限制提前退休。

因此，退休年龄以及退休制度的设计不仅仅是劳动法的问题，更是养老保险法的问题。对于我国的退休年龄的设置，我们认为应该逐步予以完善：首先应该实现男女退休年龄相等；根据人口预期寿命的延长、就业情况以及社会经济的整体状况，适当地延长退休年龄，尤其是延长女职工的退休年龄；应该弱化强制退休，从保护劳动者的理念出发，由劳动者与用人单位根据自身的健康等状况来决定是否退休，并且可通过养老保险费用的缴纳以及待遇的给付等配套制度，引导被保险人以及用人单位实行自主自愿退休。目前我国正在着手研究退休年龄问题。①

（2）缴纳基本养老保险费累计缴费年限满十五年的。

养老保险费缴费年限长短的确定是基于多种因素的考量：一方面，从养老保险精算的角度，缴费年限的设置需要实现缴费与待遇给付之间的平衡；另一方面，养老保险缴费年限的确定与各国人均寿命以及退休年龄都有密切关系。我国被保险人申请给付养老保险待遇必须足额缴费累计满十五年，缴费年限的长短与养老保险待遇水平的高低有密切联系，缴费年限越长，养老保险待遇水平越高。因此，如果缴费年限满十五年后继续缴费，随着缴费年限的增加，养老保险待遇水平就越高。但是在实践中，由于种种原因，被保险人可能缴费年限无法累积满十五年。对此《中华人民共和国社会保险法》第16条规定："参加基本养老保险的个人，达到法定退休年龄时累计缴费满十五年的，按月领取基本养老金。参加基本养老保险的个人，达到法定退休年龄时累计缴费不足十五年的，可以缴费至满十五年，按月领取基本养老金；也可以转入新型农村社会养老保险或者城镇居民社会养老保险，

---

① http://politics.people.com.cn.

按照国务院规定享受相应的养老保险待遇。"

2）基本养老保险待遇的给付内容

我国养老保险待遇的给付内容主要包括：基本养老金，其由统筹养老金和个人账户养老金组成。基本养老金根据个人累计缴费年限、缴费工资、当地职工平均工资、个人账户余额、城镇人口平均预期寿命等因素确定，因此，当上述因素变化时，基本养老金也要相应地调整。《中华人民共和国社会保险法》第18条规定："国家建立基本养老金正常调整机制。根据职工平均工资增长、物价上涨情况，适时提高基本养老保险待遇水平。"丧葬补助金和抚恤金，即参加基本养老保险的个人，因病或者非因工死亡的，其遗属可以领取丧葬补助金和抚恤金。病残津贴，参加基本养老保险的个人，在未达到法定退休年龄时因病或者非因工致残完全丧失劳动能力的，可以领取病残津贴，所需资金从基本养老保险基金中支付。

3）基本养老保险待遇的给付标准

基本养老保险金是基本养老保险待遇最为重要的内容。根据2005年发布的《国务院关于完善企业职工基本养老保险制度的决定》（国发〔2005〕38号），我国基本养老保险金采取以下方式计算。

（1）新人新办法。

"新人新办法"是指社会统筹和个人账户相结合的改革方案实施后参加工作的新职工的基本养老金计发办法，即《国务院关于建立统一的企业职工基本养老保险制度的决定》（国发〔1997〕26号）实施后参加工作、缴费年限累计满十五年的人员，退休后按月发给基本养老金。基本养老金由基础养老金和个人账户养老金组成。退休时的基础养老金月标准以当地上年度在岗职工月平均工资和本人指数化月平均缴费工资的平均值为基数，缴费每满1年发给1%。个人账户养老金月标准为个人账户储存额除以计发月数，计发月数根据职工退休时城镇人口平均预期寿命、本人退休年龄、利息等因素确定。

（2）老人老办法。

2006年1月1日以前已经离退休的人员，仍按国家原来的规定发给基本养老金，同时执行基本养老金调整办法。

（3）中人中办法。

国发〔1997〕26号文件实施前参加工作，而2006年1月1日以后退休且缴费年限累计满十五年的人员，在发给基础养老金和个人账户养老金的基础上，再发给过渡性养老金。各省、自治区、直辖市人民政府要按照待遇水平合理衔接、新老政策平稳过渡的原则，在认真测算的基础上，制定具体的过渡办法，并报劳动保障部、财政部备案。

2006年1月1日以后达到退休年龄但个人累计缴费年限不满十五年的被保险人，不发给基础养老金；个人账户储存额一次性支付给本人，同时发给一次性养老补偿金，终止基本养老保险关系。但各地方在具体实施时，根据各地具体情况采取了不同的措施，对于未缴足规定年限的被保险人，部分地方规定可延期缴费，而无须发给一次性养老补偿金。

4.4.3 公务员和参公管理工作人员养老保险制度

1. 公务员和参公管理工作人员养老保险概述

1）适用对象

公务员和参照《中华人民共和国公务员法》管理的工作人员（即参公管理工作人员）的养老保险制度适用的对象包括两种。[①]

（1）公务员。即依法履行公职、纳入国家行政编制、由国家财政负担工资福利的工作人员。因此，只有同时符合上述三个标准或条件的国家工作人员，才是国家公务员。而我国公务员与其他职业的主要区别在于行政编制问题，其需要经过人事部门和组织部门的审批确定，具体包括：国家行政机关中除工勤人员以外的所有工作人员，包括政府机关、人大和政协机关；司法机关工作人员，如法官、检察官，《法官法》《检察官法》有相关的制度规定；除工勤人员以外民主党派机关工作人员与中国共产党机关工作人员。

（2）参照公务员法管理的工作人员。根据《中华人民共和国公务员法》的规定，参照《中华人民共和国公务员法》管理的单位及其工作人员应符合以下条件：法律、法规授权的具有公共事物管理职能的事业单位，如党委系统事业单位担负的党的领导机关工作职能以及政府系统事业单位行使的行政管理职能，包括政策、规划的研究制定；行政执法、行政审批、行业管理等；除工勤人员（劳动者）以外的工作人员经批准参照《中华人民共和国公务员法》进行管理。符合条件的事业单位，应由主管部门提交审批表等材料经当地组织部门或人事部门批准。

2）公务员和参照《中华人民共和国公务员法》管理的工作人员养老保险的特点

由于公务员和参照《中华人民共和国公务员法》管理工作人员的职业具有一定的特殊性，因此，他们的养老保险制度与企业职工的养老保险制度相比，具有以下特点。

（1）国家财政补贴。公务员和参照《中华人民共和国公务员法》管理的工作人员其行使的是行政管理权力，因此，他们权利、义务产生的基础通常是国家的行政授权和任命。"公务员、法官、军人不是雇员，因为它们参与的是一个通过公法行为建立起来的公法上的服务关系，有独立的公法规则调整，比如《联邦公务员法》《公务员权利法律总纲》，特别是这些公职人员的雇佣条件，首先工资是法律规定的"[②]，而不是根据劳动合同的约定产生，因此，对于他们的养老保险，国家的财政补贴是重要的资金来源。

（2）待遇优厚。由于公务员和参照《中华人民共和国公务员法》管理的工作人员职业稳定性更高，人员流动率较低等因素的影响，因此，从全球公务员的养老保险制度比较来看，无论是退休年龄、服务期限、养老待遇水平及其增长率，公务员都要比企业等部门的工作人员优厚[③]。

---

① 部分域外国家的公务员养老保险制度的适用对象包括政府机关、军事、教育和其他公共机构的职员，而我国目前的公务员和参照《中华人民共和国公务员法》管理的工作人员养老保险的适用对象不包括军事机关工作人员和公益性事业单位的工作人员。

② 杜茨. 劳动法. 5版. 张国文，译. 北京：法律出版社，2005：17.

③ 孙守纪，黄晓鹏. 国外公务员养老保险制度改革及其启示. 中国社会科学院研究生学报，2008（4）：10-14.

2. 公务员和参公管理工作人员养老制度的内容

我国现行的公务员和参公管理工作人员养老制度的依据主要是《关于安置老弱病残干部的暂行办法》《国务院关于老干部离职休养的暂行规定》（国发〔1980〕253号）、《中共中央组织部、劳动人事部关于女干部离休退休年龄问题的通知》《关于机关事业单位离退休人员计发离退休费等问题的实施办法》（国人部发〔2006〕60号）等。各地也都颁布了相应的规范性文件，以具体落实上述规定。

关于退休条件，分为两种情形：①应当退休的情形，公务员达到国家规定的退休年龄或者完全丧失工作能力的。②可以退休的情形，男性年满55周岁、女性年满50周岁，且工作年限满20年的；或者工作年限满30年的，本人提出要求，经任免机关批准，可以提前退休。

需要注意的是，目前实践中我国公务员的退休年龄通常与其行政级别挂钩，具有一定弹性。根据党和国家现行政策规定，中央、国家机关部长、副部长，省、自治区、直辖市党委书记、省人民政府省长、副省长，以及省、自治区、直辖市纪律检查委员会和法院、检察院主要负责人，正职一般不超过65周岁，副职一般不超过60周岁；担任厅局长一级的干部，一般不超过60周岁；其他干部男年满60周岁，女年满55周岁。身体不能坚持正常工作的，经批准可提前离休、退休。确因工作需要，身体又能坚持正常工作的，经任免机关批准，可适当推迟离休、退休。依据法律和有关规定经选举任职的省、自治区、直辖市人大常委会正、副主任，委员，政协正、副主席，常委，在任期未满时达到离休、退休年龄，一般可待任期届满后，再按有关规定办理离休、退休手续。

关于退休待遇，公务员退休后退休费的比例计发为：工作年限满35年的，按90%计发；工作年限满30年、不满35年的，按85%计发；工作年限满20年、不满30年的，按80%计发；工作年限满10年、不满20年的，按70%计发；不满10年的，按50%计发。

《国务院关于机关事业单位工作人员养老保险制度改革的决定》（国发〔2015〕2号）（以下简称新规），该决定自2014年10月1日起实施，这就意味着从2014年10月起，我国就已从制度上实现了养老双轨制的并轨，双轨制也随之被打破。新规规定机关事业单位工作人员需缴纳基本养老保险费的比例为本人缴费工资的8%，单位缴纳比例为本单位工资总额的20%。这意味着养老金双轨制在制度上被终结。新规保障了机关事业单位中"老人""中人"养老待遇将不会降低，而"新人"养老待遇或将微降。新规指出，我国将实行社会统筹与个人账户相结合的基本养老保险制度。基本养老保险费由单位和个人共同负担。单位缴费比例为本单位工资总额的20%，个人缴费比例为本人缴费工资的8%，由单位代扣。按本人缴费工资8%的数额建立基本养老保险个人账户，全部由个人缴费形成。个人工资超过当地上年度在岗职工平均工资300%以上的部分，不计入个人缴费工资基数；低于当地上年度在岗职工平均工资60%的，按当地在岗职工平均工资的60%计算个人缴费工资基数。

按照决定，在此决定实施后参加工作、个人缴费年限累计满十五年的人员，退休后按月发给基本养老金；在此决定实施前参加工作、实施后退休且缴费年限累计满十五年的，发给基础养老金和个人账户养老金的基础上，再依据视同缴费年限长短发给过渡性养老金；在此决定实施后达到退休年龄但个人缴费年限累计不满十五年的，比照《实施〈中华人民共和国社会保险法〉若干规定》（人力资源社会保障部令第13号）执行；在此决定实施前已经退休的继续按照国家规定的原待遇标准发放基本养老金，同时执行基本养老金调整办法。

4.4.4 新型农村社会养老保险

1. 新型农村社会养老保险制度概述

新型农村社会养老保险，简称新农保，是指以农村非城镇户籍的居民为保险对象的养老保险制度。农村养老保险的产生与社会经济发展密切相关，一方面，从内部来看，由于计划生育政策的实施以及农村居民大量进城就业，传统的"家庭供养、家族扶助"的农村养老模式的保障能力开始逐步衰退，而与此同时，农村居民的老龄化日趋严重，因此，实施农村养老保险是农村养老保障的内在需求。另一方面，从外部来看，经济社会的发展、人权保障意识的增强以及市场经济体制的逐步建立，是推动新型农村社会养老保险制度建立的外部动力。农村养老保险制度对于我国的社会发展具有重要意义：①新型农村社会养老保险制度有利于人权保障的实现，是宪法社会保障权的具体落实。②新型农村社会养老保险制度有利于社会主义新农村建设。③新型农村社会养老保险制度有利于社会主义和谐社会的构建。城乡的协调发展是和谐社会建设的重要内容，而完善的新型农村社会养老保险制度对于预防农村居民的"老年"风险，稳定农村社会秩序具有重要作用。

我国新型农村社会养老保险制度发展经历了以下几个阶段：

①家庭养老为主、集体保障为辅的阶段（20世纪80年代以前）；②农村社会养老保险的试点和初创阶段（20世纪80年代—20世纪90年代末期）；③农村社会养老保险的调整和整顿阶段（1998—2002年）；④农村社会养老保险的恢复和发展阶段（2003—2008年）；⑤新型农村社会养老保险的创立和发展阶段（2009年至今）。

新型农村社会养老保险与我国"建设社会主义新农村"重大历史任务的提出具有密切关系，"新农保"的建立和完善是建设社会主义新农村的重要内容。国务院于2009年9月1日颁布《关于开展新型农村社会养老保险试点的指导意见》（国发〔2009〕32号），决定2009年在全国选择10%的县（市、区、旗）开展新型农村社会养老保险试点，以后逐步扩大试点，全国普遍实施，2020年之前基本实现对农村适龄居民的全覆盖，并明确了各级财政对新农保的补助政策。

2. 新型农村社会养老保险制度的内容

1）基本原则

新农保试点的基本原则是"保基本、广覆盖、有弹性、可持续"。一是从农村实际出发，低水平起步，筹资标准和待遇标准要与经济发展及各方面承受能力相适应；二是个人（家庭）、集体、政府合理分担责任，权利与义务相对应；三是政府主导和农民自愿相结合，引导农村居民普遍参保；四是中央确定基本原则和主要政策，地方制定具体办法，对参保居民实行属地管理。

2）参保对象

年满16周岁（不含在校学生）、未参加城镇职工基本养老保险的农村居民，可以在户籍地自愿参加新农保。

3）资金来源

新农保基金由个人缴费、集体补助、政府补贴构成。一是个人缴费。参加新农保的农村居民应当按规定缴纳养老保险费。缴费标准目前设为每年100元、200元、300元、400元、500元5个档次，地方可以根据实际情况增设缴费档次。参保人自主选择档次缴费，多缴多得。国家依据农村居民人均纯收入增长等情况适时调整缴费档次。二是集体补助。有条件的村集体应当对参保人缴费给予补助，补助标准由村民委员会召开村民会议民主确定。鼓励其他经济组织、社会公益组织、个人为参保人缴费提供资助。三是政府补贴。政府对符合领取条件的参保人全额支付新农保基础养老金，其中，中央财政对中西部地区按中央确定的基础养老金标准给予全额补助，对东部地区给予50%的补助。

地方政府应当对参保人缴费给予补贴，补贴标准不低于每人每年30元；对选择较高档次标准缴费的，可给予适当鼓励，具体标准和办法由省（区、市）人民政府确定。对农村重度残疾人等缴费困难群体，地方政府为其代缴部分或全部最低标准的养老保险费。

4）个人账户

国家为每个新农保参保人建立终身记录的养老保险个人账户。个人缴费，集体补助及其他经济组织、社会公益组织、个人对参保人缴费的资助，地方政府对参保人的缴费补贴，全部记入个人账户。个人账户储存额目前每年参考中国人民银行公布的金融机构人民币一年期存款利率计息。

5）养老金待遇

养老金待遇由基础养老金和个人账户养老金组成，支付终身。中央确定的基础养老金标准为每人每月55元。地方政府可以根据实际情况提高基础养老金标准，对于长期缴费的农村居民，可适当加发基础养老金，提高和加发部分的资金由地方政府支出。

个人账户养老金的月计发标准为个人账户全部储存额除以139（与现行城镇职工基本养老保险个人账户养老金计发系数相同）。参保人死亡，个人账户中的资金余额，除政府补贴外，可以依法继承；政府补贴余额用于继续支付其他参保人的养老金。

6）给付条件

年满60周岁、未享受城镇职工基本养老保险待遇的农村有户籍的老年人，可以按月领取养老金。新农保制度实施时，已年满60周岁、未享受城镇职工基本养老保险待遇的，不用缴费，可以按月领取基础养老金，但其符合参保条件的子女应当参保缴费；距领取年龄不足十五年的，应按年缴费，也允许补缴，累计缴费不超过十五年；距领取年龄超过十五年的，应按年缴费，累计缴费不少于十五年。国家根据经济发展和物价变动等情况，适时调整全国新农保基础养老金的最低标准。

7）基金管理

建立健全新农保基金财务会计制度。新农保基金纳入社会保障基金财政专户，实行收支两条线管理，单独记账、核算，按有关规定实现保值增值。试点阶段，新农保基金暂时实行县级管理，随着试点扩大和推开，逐步提高管理层次；有条件的地方，也可直接实行省级管理。

8）基金监督

各级人力资源和社会保障部门要切实履行新农保基金的监管职责，制定、完善新农保各项业务管理规章制度，规范业务程序，建立健全内控制度和基金稽核制度，对基金的筹集、上解、划拨、发放进行监控和定期检查，并定期披露新农保基金筹集和支付信息，做到公开透明，加强社会监督。财政、监察、审计部门按各自职责实施监督，严禁挤占、挪用，确保基金安全。试点地区新农保经办机构和村民委员会每年在行政村范围内对村内参保人缴费和待遇领取资格进行公示，接受群众监督。

9）经办管理服务

开展新农保试点的地区，要认真记录农村居民参保缴费和领取待遇情况，建立参保档案，长期妥善保存；建立全国统一的新农保信息管理系统，纳入社会保障信息管理系统（"金保工程"）建设，并与其他公民信息管理系统实现信息资源共享；要大力推行社会保障卡，方便参保人持卡缴费、领取待遇和查询本人参保信息。试点地区要按照精简效能原则，整合现有农村社会服务资源，加强新农保经办能力建设，运用现代管理方式和政府购买服务方式，降低行政成本，提高工作效率。新农保工作经费纳入同级财政预算，不得从新农保基金中开支。

10）相关制度的衔接

原来已开展以个人缴费为主、完全个人账户农村社会养老保险（以下简称老农保）的地区，要在妥善处理老农保基金债权问题的基础上，做好与新农保制度的衔接。在新农保试点地区，凡是参加了老农保、年满60周岁且已领取老农保养老金的参保人，可直接享受新农保基础养老金；对已参加老农保、未满60周岁且没有领取养老金的参保人，应将老农保个人账户资金并入新农保个人账户，按新农保的缴费标准继续缴费，待符合规定条件时享受相应待遇。

新农保与城镇职工基本养老保险等其他养老保险制度的衔接办法，由人力资源和社会保障部会同财政部制定。要妥善做好新农保制度与被征地农民社会保障、水库移民后期扶持政策、农村计划生育家庭奖励扶助政策、农村"五保"供养、社会优抚、农村最低生活保障制度等政策制度的配套、衔接工作，具体办法由人力资源和社会保障部、财政部会同有关部门研究制定。

3. 被征地农民的养老保险

为了满足近年我国工业化和城镇化加速发展的需求，各地政府征收了大量的集体所有土地，而如何安置和保障被征地农民成为重要的社会问题。2006年《国务院办公厅转发劳动保障部关于做好被征地农民就业培训和社会保障工作指导意见的通知》（国办发〔2006〕29号），明确了根据被征地农民的具体情况及所在地区社会保障制度的实践进行"分类保障"，如"对城市规划区内的被征地农民，应根据当地经济发展水平和被征地农民不同年龄段，制定保持基本生活水平不下降的办法和养老保障办法。对符合享受城市居民最低生活保障条件的，应按规定纳入城市居民最低生活保障范围。有条件的地区可将被征地农民纳入城镇职工养老、医疗、失业等社会保险参保范围，通过现行城镇社会保障体系解决其基本生活保障问题。对城市规划区外的被征地农民，凡已经建立农村社会养老保险制度、开展新型农村合作医疗制度试点和实行农村最低生活保障制度的地区，要按有关规定将其纳入相应的保障范围。没有建立上述制度的地区，可由当地人民政府根据实际情况采取多种形式保障被征地农民的基本生活，提供必要的养老和医疗服务，并将符合条件的人员纳入当地的社会救助范围。

2006年《国务院关于加强土地调控有关问题的通知》（国发〔2006〕31号），明确提出"社会保障费用不落实的不得批准征地"。2007年，全国人大常委会通过了《中华人民共和国物权法》，该法第42条第2款规定："征收集体所有的土地，应当依法足额支付土地补偿费、安置补助费、地上附着物和青苗的补偿费等费用，安排被征地农民的社会保障费用，保障被征地农民的生活，维护被征地农民的合法权益。"为了落实《中华人民共和国物权法》的精神，劳动和社会保障部、国土资源部联合颁布了《关于切实做好被征地农民社会保障工作有关问题的通知》（劳社部发〔2007〕14号），提出"各地在制订被征地农民社会保障实施办法中，要明确和落实社会保障资金渠道。被征地农民社会保障所需资金，原则上由农民个人、农村集体、当地政府共同承担，具体比例、数额结合当地实际确定。"

各地政府根据上述规定先后制定了被征地农民社会保障实施办法，其养老保障的具体模式主要有以下三种：①基本生活保障模式，即参照城镇居民最低生活保障制度设计，采取社会统筹和个人账户的模式，其中，政府从国有土地使用权出让收入中支出一定费用建立统筹基金，而被征地农民及其所在集体经济组织的费用则进入个人账户；②基本生活保障与社会保险相结合的模式，即根据被征地农民的年龄、失地程度以及就业状况的不同，予以区分，对于达到退休年龄者或者残疾人采取基本生活保障的方式，而对于尚处于就业年龄内的人则纳入基本养老保险制度；③社会保险模式，即将所有的被征地农民纳入职工基本养老保险，直接按照"低标准缴费、低标准享受"的原则予以养老保障。

上述不同模式之间待遇水平和缴费负担等差别较大，且多数仍处于县级统筹的层次，缺乏足够的风险分担能力，因此，《中华人民共和国社会保险法》第96条规定："征收农村集体所有的土地，应当足额安排被征地农民的社会保险费，按照国务院规定将被征地农民纳入相应的社会保险制度。"可见，《中华人民共和国社会保险法》采纳了第三种模式，即将被征地农民的养老保障与现行的社会保险制度直接挂钩，将他们纳入社会保险。尽管目前国务院并未形成统一的制度规定，但我们认为，原则上应根据被征地农民的年龄、失地程度、户籍以及就业状况确定其具体应参加何种基本养老保险，如在就业年龄内，且安置就业的，则应参加职工基本养老保险；仍保留农业户籍的，则可参加新农保。

4.4.5　城乡居民社会养老保险

2014年2月7日，国务院召开国务院常务会议，决定合并新型农村社会养老保险和城镇居民社会养老保险，建立全国统一的城乡居民基本养老保险制度，使全体人民公平地享有基本养老保障。年满16周岁（不含在校学生），非国家机关和事业单位工作人员及不属于职工基本养老保险制度覆盖范围的城乡居民，可以在户籍地参加城乡居民养老保险。城乡居民养老保险基金由个人缴费、集体补助、政府补贴构成。

1）个人缴费

参加城乡居民养老保险的人员应当按规定缴纳养老保险费。缴费标准目前设为每年100元、200元、300元、400元、500元、600元、700元、800元、900元、1 000元、1 500元、2 000元12个档次，省人民政府可以根据实际情况增设缴费档次，最高缴费档次标准原则上不超过当地灵活就业人员参加职工基本养老保险的年缴费额，并报人力资源社会保障部备案。人力资源社会保障部会同财政部依据城乡居民收入增长等情况适时调整缴费档次标准。参保人自主选择档次缴费，多缴多得。

　　2）集体补助

　　有条件的村集体经济组织应当对参保人缴费给予补助，补助标准由村民委员会召开村民会议民主确定，鼓励有条件的社区将集体补助纳入社区公益事业资金筹集范围。鼓励其他社会经济组织、公益慈善组织、个人为参保人缴费提供资助。补助、资助金额不超过当地设定的最高缴费档次标准。

　　3）政府补贴

　　政府对符合领取城乡居民养老保险待遇条件的参保人全额支付基础养老金，其中，中央财政对中西部地区按中央确定的基础养老金标准给予全额补助，对东部地区给予50%的补助。

　　地方人民政府应当对参保人缴费给予补贴，对选择最低档次标准缴费的，补贴标准不低于每人每年30元；对选择较高档次标准缴费的，适当增加补贴金额；对选择500元及以上档次标准缴费的，补贴标准不低于每人每年60元，具体标准和办法由省人民政府确定。对重度残疾人等缴费困难群体，地方人民政府为其代缴部分或全部最低标准的养老保险费。

　　国家为每个参保人员建立终身记录的养老保险个人账户，个人缴费、地方人民政府对参保人的缴费补贴、集体补助及其他社会经济组织、公益慈善组织、个人对参保人的缴费资助，全部记入个人账户。个人账户储存额按国家规定计息。城乡居民养老保险待遇由基础养老金和个人账户养老金构成，支付终身。

　　1）基础养老金

　　中央确定基础养老金最低标准，建立基础养老金最低标准正常调整机制，根据经济发展和物价变动等情况，适时调整全国基础养老金最低标准。地方人民政府可以根据实际情况适当提高基础养老金标准；对长期缴费的，可适当加发基础养老金，提高和加发部分的资金由地方人民政府支出，具体办法由省人民政府规定，并报人力资源社会保障部备案。

　　2）个人账户养老金

　　个人账户养老金的月计发标准，目前为个人账户全部储存额除以139（与现行职工基本养老保险个人账户养老金计发系数相同）。参保人死亡，个人账户资金余额可以依法继承。

　　参加城乡居民养老保险的个人，年满60周岁、累计缴费满十五年，且未领取国家规定的基本养老保障待遇的，可以按月领取城乡居民养老保险待遇。

　　新农保或城乡居民养老保险制度实施时已年满60周岁，在本意见印发之日前未领取国家规定的基本养老保障待遇的，不用缴费，自本意见实施之月起，可以按月领取城乡居民养老保险基础养老金；距规定领取年龄不足十五年的，应逐年缴费，也允许补缴，累计缴费不超过十五年；距规定领取年龄超过十五年的，应按年缴费，累计缴费不少于十五年。

　　城乡居民养老保险待遇领取人员死亡的，从次月起停止支付其养老金。有条件的地方人民政府可以结合本地实际探索建立丧葬补助金制度。社会保险经办机构应每年对城乡居民养老保险待遇领取人员进行核对；村（居）民委员会要协助社会保险经办机构开展工作，在行政村（社区）范围内对参保人待遇领取资格进行公示，并与职工基本养老保险待遇等领取记录进行比对，确保不重、不漏、不错。

复习思考题

1. 养老保险制度具有哪些意义？
2. 我国职工基本养老保险的适用对象包括哪些？
3. 职工基本养老保险待遇的给付应符合哪些条件？
4. 基本养老保险关系如何转移、接续？
5. 进城务工的农村居民应该参加何种养老保险？

第5章 医疗保险

【学习目标】

通过本章学习应了解医疗保险的概念与特点、功能与作用；熟悉医疗保险与商业医疗保险的联系与区别；掌握医疗保险运行模式，特别是我国医疗保险体系的构成及其有关改革的方向及进程。

【案例导读】

2016年年末全国参加城镇基本医疗保险人数为74 392万人，比上年末增加7 810万人。其中，参加职工基本医疗保险人数29 532万人，比上年末增加638万人；参加城镇居民基本医疗保险人数为44 860万人，比上年末增加7 171万人。在参加职工基本医疗保险人数中，参保职工21 720万人，参保退休人员7 812万人，分别比上年末增加358万人和280万人。年末参加城镇基本医疗保险的农民工人数为4 825万人，比上年末减少340万人。

全年城镇基本医疗保险基金总收入13 084亿元，支出10 767亿元，分别比上年增长16.9%和15.6%。年末城镇基本医疗保险统筹基金累计结存9 765亿元（含城镇居民基本医疗保险基金累计结存1 993亿元），个人账户积累5 200亿元。

资料来源：http://www.mohrss.gov.cn/ghcws/BHCSWgongzuodongtai/201705/t20170531_271737.html.

5.1 医疗保险概述

5.1.1 医疗保险的概念与特性

1. 医疗保险的概念

医疗保险是由国家立法强制实施，通过国家、用人单位以及劳动者个人共同筹集资金建立基金，在劳动者遇到伤病需要医疗时给予帮助和经济补偿的一种制度。这一概念的界定包括三层含义：①医疗保险一般用来支付法定范围内的劳动者因疾病而导致的两个方面的经济风险，一是支付预防或治疗疾病的费用，二是保证病假期间的经济来源。②医疗保险的具体做法因时间、空间和法定对象的不同而表现出极大的差异；有的是"全部"负担，有的是"部分"负担，一般以保障基本医疗需要为最低标准。③医疗保险是以社会保险为手段来达到保障目的的。

2. 医疗保险的特殊性

与其他社会保险相比，医疗保险有其特殊性。首先，在保障形式上，它不同于养老保险的收入保障，而属于支出保障。其次，由于疾病风险的随机性和差异性，每个人所遇到的风险有很大不同，不一定人人都需要获得这种支出保障，需要获得保障时其需要的程度也有很大差异。医疗保险的责任是保障职工因伤病造成的危及生命和生存的大的医疗风险，没有必要将劳动者在经济上完全能够承受的一般医疗全部都"保"下来。再次，从保险费性质上看，医疗保险费属于必要劳动，是劳动力的维修费用，是劳动力再生产费用的一部分，是排除劳动力再生产障碍的费用。因此，医疗保险费应包含在必要劳动创造的价值之中，是工资收入的一个组成部分，企业缴纳的医疗保险费应计入产品和劳务的成本，作为必要劳动价值的扣除。医疗保险的必要劳动性质，又决定了劳动者对其疾病医疗必须承担经济责任，包括缴纳部分医疗保险费及支付适当的医疗费用。

5.1.2 医疗保险的功能与作用

1. 医疗保险的功能

医疗保险主要具有保障功能、预防功能与补偿功能。

1）保障功能

保障功能主要体现在保障医疗费上。我们知道，人的一生总是不可避免地要患病，而患病尤其是患重病或慢性病，就要支付高额医疗费，这对人们的正常生活是一种威胁。更有不少人虽患病需要医疗，但又缺乏经济型支付能力，从而无法接受必要的治疗。也有不少人虽可一时支付医疗费，但医疗经费支出已直接影响到其正常生活。因此在经济上保障医疗费支出，就成了医疗保险的头等大事。这不仅对贫困者来说是不可缺少的，而且对于实现医疗保障的总目标也是至关重要的。因此，各国在实行医疗保险时，无不把保障医疗费作为首要任务予以努力实现，而且一个国家医疗费的保障水准，往往是衡量这个国家医疗保险水准的重要标志。

医疗保险的这种保障医疗费的功能，又依附于各种医疗保险制度的规定。它的原则是：医疗保险在保障基本医疗费的同时，个人必须承担起部分费用的义务。医疗保险的保障功能是有限的，只保基本医疗需求，包括基本药物、基本技术和设备及其他的基本服务，超出上述基本医疗的内容，就不属于医疗保险的保障范围。

2）预防功能

预防功能主要体现在防病防贫上。正如上述，人总是要患病的，并且什么时候患病又是不可预测的，所以健康时要为患病做好准备，防止因病造成困难，实为医疗保险的初衷。特别是因病需要支付高额的医疗费，并因此陷入困境时，医疗保险就承担起预防贫困的责任，防止因病致贫，因病致穷的恶性反复，对于正在摆脱困境的生活穷困者来说，更可起到防止因病返贫的作用。

实践证明，在诸多不测事件中，首推家庭主要劳动力因疾病、残疾、死亡等原因造成的影响，所以医疗保险的对象，往往首先是在职劳动者，其后才扩大到全体国民，这对防止家庭贫困化有着特殊意义。

3）补偿功能

主要体现在医疗给付上，这虽是医疗保险的被保险者的权利，这种补偿已构成医疗保险的主要功能，它给患者带来真正的利益。所谓补偿，虽是对被保险者缴纳保险费后的一种回报，但是其回报的数额，并不一定要与缴纳的保险费对等。如果需要，补偿金额会大大超过缴纳的保险费，这就使事后补偿作用增大，也正是社会医疗保险的优越之处。作为补偿主要形式的医疗给付，包括资金给付和实物给付，前者强调给付率，即医疗费支出中有几成由医疗保险承担，后者强调服务效率，即医疗服务的规模和周期。由于补偿来源于保险共同基金，因此要强化补偿功能，就需要建设好保险共同基金，坚持国家、单位和个人的共同分担，这是实现补偿和完善补偿功能的必要条件。

2. 医疗保险的作用

医疗保险是人们生活中最基本的需求之一，涉及千家万户的切身利益。劳动者一旦遭受损失，生产也会受到影响。因此，建立医疗保险制度，对病伤者提供医疗服务，使其尽快恢复健康和正常的劳动能力，对维护劳动者合法权益、保障劳动者生命健康、提高劳动力素质、促进经济发展和社会进步等都具有极大的作用和深远的历史意义，具体来说有以下几个方面。

1）保证劳动者的身体健康，促进劳动力再生产的正常进行

劳动者有了疾病，不仅影响身体健康，造成痛苦，而且使劳动力的再生产遭受障碍，影响劳动和工作。通过医疗保险，给劳动者的病伤以及时治疗，可以减轻或免除劳动者医疗费的负担，保证劳动力再生产的正常进行，以满足生产过程对劳动力的需求。

2）保障病伤劳动者的基本生活，解除劳动者的后顾之忧

劳动者患了病或负了伤，就不能参加劳动，也就不能通过劳动取得报酬，本人及家属的基本生活就会发生困难。建立医疗和疾病保险，不仅给病伤的劳动者以及时治疗，而且对其基本的生活给予了保障，使他们的基本生活需要得到满足。这样就解除了劳动者的后顾之忧，有利于稳定劳动者的劳动情绪，调动劳动积极性。对因工负伤和患职业病的劳动者，在保险待遇上还给予优惠，这是对这部分劳动者的特殊照顾和关怀，可以使广大职工受到教育和鼓舞，激发劳动者对劳动和工作的献身精神。

3）有利于促进企业更好地关心职工的身体健康和生产安全

医疗保险不仅是补偿，而且可以起到事先预防的作用。通过医疗保险费支出情况的分析，可以了解职工患病情况以及生产安全工作的状况。这样就会促进企业搞好疾病的预防工作，搞好安全生产，确保职工的生产安全。

5.1.3　医疗保险与商业医疗保险

1. 医疗保险与人身保险

通常所指的医疗保险，实质上是医疗社会保险，简称医疗保险。它与作为商业保险之一的人身保险有其共同之处，如两者的标的都是人的身体或生命，两者都是社会为遇到困难的人们提供特定物质帮助。但二者的不同之处主要表现在立法范畴的不同、基金筹集的方式不同、使用对象和保险水平不同、管理体制不同等方面。

2. 医疗保险服务与一般医疗服务

医疗保险服务与一般医疗服务分别属于不同的医疗服务体系。

一般医疗服务体系局限于医疗卫生服务的消费者与提供者之间的关系，病人作为医疗消费者出钱治病，医生作为医疗服务提供者治病挣钱，彼此是一种交换关系，只涉及医疗服务提供者与消费者双方利益关系。由于种种原因，病人往往不能得到应有的治疗，为解决这一问题，在病人和医生之间出现了第三方，主要是医疗保险机构。医疗保险服务体系是为了使人们获得更多更好的医疗服务而建立筹集资金、提供服务和支付费用的系统，实际上在医院与患者之间起到中介作用。因此，医疗保险服务不等于医疗服务。

5.2 医疗保险模式

5.2.1 国外医疗保险模式

1. 面向全民的医疗保险模式

英国于20世纪40年代通过国民健康服务法案，将大部分的医疗服务国营化，政府担当起提供及管理医疗服务的角色，而医生及其他医务人员均享受国家统一规定的工资待遇，私人开业的医生极少。政府举办的医院向一切患者提供基本免费的医疗保健服务。医疗经费来自一般税收及医疗保险税。瑞典的情况颇为类似，规定只要家庭有一个成员有劳动收入，全家均有权享受国家提供的医疗保健服务。

全民医疗保险的最大优点是国家介入，有利于控制成本，但也有弊病，诸如国家财政支出沉重，服务短缺，政府规划及分配存有漏洞，医院滋长官僚作风等。提高效率是该模式改革的关键之处。

2. 有选择性的医疗保险模式

这种模式以美国最为典型，其特点是营利性和非营利性医疗机构分摊医疗服务费用，除了公立医院外，患者需要定期向营利性私营医疗服务机构交纳保险费，私营医疗单位根据与医疗保险机构签订的合同提供医疗服务。与英国不同，美国一直保持以个人为主的医疗保险体制。直到1965年，迫于社会压力，美国不得已推行"医疗照顾"与"医疗扶助"，它们是有选择性的，保障范围分别针对老人、伤残者及社会穷人。

有选择性的医疗保险的优点是医疗服务的高质与高效，但政府和个人经济负担都较沉重，投保者的范围和享受待遇在营利目的的驱动下，都受到了很大限制。

3. 以行业或集体为主的医疗保险模式

该模式通过集体投保的方法来分担风险，而国家的角色是通过立法及行政上成立的医疗基金会，协助管理医疗保险。集体式的医疗保险基金组织有：地区性组织、企业、手工业组织、农业组织等。这些组织行政及财政上独立，可根据不同工种独立决定保险金额，并由雇主与雇员共同分担。

以行业或集体为主的医疗保险模式以德国为代表，其优点是集体共同投保，风险分担，在国家的作用下，整个社会利益协调，向同一方向迈进。但它的局限性在于不能控制外在经济环境，缺乏弹性医疗市场，可能导致医疗通货膨胀。

4. 个人储蓄医疗保险模式

该模式通过个人在政府指定的金融机构进行储蓄的方法来分担风险，强调个人责任。政府的角色是通过立法强制要求国民参加，并实施管理。

5.2.2 中国医疗保障体系的构成

医疗保障也称公民的健康保障，在人们生病或受到伤害后，由国家或社会给予物质帮助的社会保障制度，一般包括病假津贴、医疗补助等。中国公民的医疗保障体系是由各种不同的医疗保险构成，包括国家基本医疗保险、企业补充医疗保险、个人商业医疗保险、农村合作医疗保险、社会救助医疗保险、家庭互济和社会互济医疗保险等。

1. 国家基本医疗保险

国家基本医疗保险的建立是以"基本保障、广泛覆盖、双方负担、社会统筹与个人账户相结合"为基本原则的。

"基本保障"是指基本医疗保险的水平要和我国生产力发展水平相适应，相应的筹资水平要根据我国当时财政和企业的承受能力确定，其依据是只能保障职工的基本医疗需求。

"广泛覆盖"是指基本医疗保险要覆盖城镇所有用人单位和职工，不论是国有单位还是非国有单位，不论是效益好的企业还是效益差的企业，都要参加基本医疗保险。国家公务员在实施基本医疗保险制度基础上给予补贴。

"双方负担"是指基本医疗保险费用由单位和个人共同合理负担，改变过去职工医疗费由国家和企业包揽，个人不承担医疗保险责任的筹资模式。

"统账结合"是指基本医疗保险实行社会统筹与个人账户相结合，建立医疗保险统筹基金和个人账户，并明确各自的支付范围。统筹基金主要支付大额医疗费用，个人账户主要支付小额医疗费用。

这一制度由国家立法，要求各地政府按照原则，制定医疗保险制度改革的总体规划，逐步实行县、市、省级统筹。

2. 企业补充医疗保险

国家基本医疗保险是国家确定的一个基本保障的医疗保险制度，其主要目的是保障职工的基本医疗需求。基本医疗保险规定了医药服务的支付范围，统筹基金设定了起付标准和最高支付限额。因而，要满足有不同支付能力的社会群体客观存在的不同层次的医疗消费需求，就需要发展补充医疗保险、商业医疗保险等多层次医疗保障体系。企业补充医疗保险的方式多种多样，包括商业保险、企业自办和与社会保险经办机构协作等。企业补充医疗保险的资金主要源于企业或由企业和个人共担。

3. 农村合作医疗保险

目前中国农村合作医疗保险的模式多种多样，主要有：①村办村管的医疗保险制度；②村办乡管合作医疗制度；③乡、村联办合作医疗保险；④乡办乡管合作医疗保险，即农民、集体经济和乡政府组织共同筹集基金，通常由乡政府制定统一管理规则。由政府推行的合作医疗主要有两种管理模式：一是镇办镇管，二是村办村管。

5.3　医疗保险的主要内容

5.3.1　医疗保险的范围、条件及待遇

1. 医疗保险的范围

1）从医疗保险的内容分析

医疗社会保险分为两类，一类是医疗现金补助，支付给短期患病不能工作的受保人，多数国家也将生育补助金纳入此列；另一类是健康照顾，即以医疗、住院和提供药物的方式照顾受保患者。

医疗保险在全国人口中的覆盖面，国与国之间差异很大。凡是医疗照顾服务和医疗现金补助由同一社会保险部门提供的国家，它们的覆盖面是相同的。一些发展中国家，健康服务保险仅适用于一定规模的公司或一定地区的雇员；而医疗保险先在少数大城市实行，而后扩展至其他地区；一般农业工人被排除在医疗社会保险之外。凡是医疗照顾保险由国民健康服务制度提供而非社会保险提供的国家，医疗照顾的范围原则几乎适用于全体居民。不过，有些国家对外国人的医疗照顾有限制。

2）医疗保险的给付项目及发展趋势

医疗社会保险的给付主要采取医疗服务给付的形式，习惯上分为下列几项。①医疗服务。包括住院服务、通科医师服务、专科医师服务、辅助性服务（如X光、化验等）、视力检查和配镜、救护车服务、护理服务、康复服务等。②牙科保健。包括牙科检查、牙齿修复术。③精神卫生。包括心理咨询、治疗和监护。④预防保健。包括妇女产前、产中、产后保健，计划免疫，健康体检等。⑤药品。包括药品供应和医生处方费。

对于上述各种医疗服务，哪些应该成为医疗社会保险的给付项目，取决于以下因素：经济资源的可得性、目前的医疗服务基础设施和服务质量、对卫生保健优先重点的评估、保险人群的疾病类型及其各类服务的利用率、费用分担的水平和种类、卫生服务的成本等。

一般来说，各国医疗社会保险的给付项目包括各种治疗性服务、辅助性服务和基本药物等。为达到个人安逸的目的的医疗服务、美容性质的医疗服务、特殊需求的医疗服务、滋补药品等，都不在医疗社会保险给付项目之列。

医疗社会保险给付项目的发展趋势如下。

（1）医疗给付项目从过去单纯的治疗性服务向包括预防、康复在内的综合性医疗服务发展，日益成为广义的健康保险，而不仅仅是医疗服务的保险。

（2）在发展中国家，由于卫生资源的匮乏，医疗社会保险给付将"初级医疗保健"或"一揽子基本医疗服务"作为核心项目。

（3）医疗社会保险给付对药物的范围加强限制。许多国家的医疗社会保险项目中，只有处方药才是给付项目，非处方药则不是给付项目。有些国家的给付项目只包括世界卫生组织规定的基本药物。

2. 医疗保险的条件

享受医疗社会津贴，需具备一定条件。首先，受益者必须在患病时已从事有报酬的工作。其次，停止工作，开始进行治疗。从世界各国推行医疗保险的实践看，更重要的条件有以下几种。

（1）被保险人必须依法缴纳一定期限的保险费。如黎巴嫩，被保险人须在最近半年内投保满三个月，才具有领取医疗津贴的资格。

（2）被保险人须达到一定的就业期限。法国规定投保人须在患病前三个月内受雇200小时，才有资格享受津贴。

（3）在国内组织各种社会保险基金会的情况下，被保险人只有首先获得基金会会员资格，且加入基金会满一定期限，才有资格享受医疗津贴。

（4）被保险人须达到规定的投保年限和保险费数额，才有权享受。智利规定被保险人须正式投保满6个月，且在最近6个月内交纳三个月的保险费，方有权享受津贴。

（5）以居住该国的期限为条件。

有的国家已取消了上述最低限度合格期限的条件，投保人一旦患病，即可享受医疗津贴。例如日本。

3. 医疗保险的待遇

该项待遇主要由五部分组成。一是患者本人享有的医疗津贴。二是被抚养家属补助金。雇员生病会对其配偶和未成年子女的生活造成影响，所以此项基金付予患者家属必要数额的现金补助，以保障其安然渡过风险，不过该数额低于医疗津贴。三是患者医疗服务，包括门诊、检查、医治、给药、整容、住院在内的所有护理活动，是医疗社会保险的主要内容。四是被抚养家属医疗服务。实行医疗社会保险的国家，除向患者提供减免费用的医疗服务外，一般还向其抚养家属提供优惠医疗服务。五是病假，有异于劳动者享受的正常的带薪度假假期，它属于渡过医疗风险的假期，当然雇员并不希望它出现。

5.3.2　医疗保险的等待期与给付期

1. 医疗保险的等待期

医疗保险等待期是指被保险人因医疗或患病后取得现金给付所需要等待的时间。规定等待期的目的是为了减少社会保险机构的工作量，节省核实病情所花费的人力、物力、财力和时间。大多数国家规定的等待期为2～7天。

2. 医疗保险的给付期

医疗保险的给付期是关于社会保险机构向投保的患病劳动者支付医疗津贴的时间长短问题。医疗保险是一种特定期限的保险，故各国几乎都是将医疗保险津贴发至规定期限即行终止，特殊情况予以延长。目前，多数国家规定的给付期限是39～52周，若规定期限已满，并确定为丧失劳动能力，则改发伤残抚恤金。

5.3.3　医疗保险的支付方式与支付标准

1. 医疗社会保险的支付方式

（1）按服务项目付费。这是医疗保险最传统，也是运用最广泛的一种费用支付方式，指医疗保险机构根据约定的医疗机构或医生，定期向保险机构上报医疗服务记录，按每一个服务项目（如诊断、治疗、化验、药品、麻醉、护理等）向服务提供者支付费用。按服务项目付费属于后付制。

（2）按人头付费。即由医疗社会保险机构根据医院或医生所服务的被保险者人数，定期向医院或医生支付一笔固定的费用。

（3）总额预算制。即由医疗社会保险机构根据与医院协商确定的年度预算总额进行支付。特点是医院必须为前来就诊的所有被保险人提供合同规定的服务，但收入不能随服务量的增加而增加；如果全部服务的费用超出了年度总预算，医疗社会保险机构不再追加支付，亏损由医院自负。

（4）定额付费。指按预先确定的住院日费用标准支付住院病人每天的费用，按预定的每次费用标准支付门诊病人的费用。

（5）按病种分类付费。指按诊断的住院病人的病种进行定额预付。

（6）工资制。即由社会保险机构根据医生或其他卫生人员提供的服务向其发工资。

（7）"以资源为基础的相对价值标准"（RBRVS）支付制。这是近年来在美国老年医疗保险中采取的一种新的医生服务费用支付办法。其基本思路和方法是：通过比较各专科医生服务中投入的各类资源要素成本的高低，计算每项服务的相对价值，以此作为确定各项服务费用的依据。医疗服务中投入的各类资源要素，包括服务全过程所花费的时间和劳动强度、业务成本和每次服务分摊的专科培训的机会成本等。RBRVS按照各科医生在服务中实际投入的资源进行支付，能够刺激各科医生提供合理的服务，有利于提高全科医生的收入，降低专科医生过高的收入，从而有利于优化卫生人力结构和布局。

2. 支付标准

医疗津贴用现金形式给付，因支付方式不同，支付标准也有差异。第一种是工资比例制。实行这种制度的国家很多，医疗津贴一般相当于患者在业期间平均工资的50%～75%。美国不同州有不同的工资比例制，西班牙为本人工资的75%。第二种是均一制。医疗津贴按固定金额给付的办法，如爱尔兰、英国、瑞典等。不同国家按均一制给付的津贴标准各不相同。爱尔兰在1990年规定医疗津贴按每一被保险人每周48英镑的标准发放。

5.3.4 医疗保险资金的筹措

从医疗费用基本统筹方式来看，可分为政府财政统筹、多种形式的统筹制度和多元化统筹三种。

政府财政统筹。英国等实行的是全国统筹，资金中央管理，风险全国分担，税率各地统一。加拿大等实行的是省级统筹，每个州自己统筹，中央定额补助。瑞典等实行县级统筹，中央放权到县，县政府收地方税，负责当地居民医疗。

多种形式的统筹制度。以德国为例，其医疗费用统筹到行业或地区，二者并行相互补充，避免了行业差距导致的医疗保险中的不平等，使农民、低收入者、独立劳动者在政府补助下，都可参加医疗保险。

多元化统筹。这种方式多在经济发展水平较低的国家实行。政府无力负担人民的医疗保险，所以将农村和城市医疗分开。如印尼、菲律宾、泰国等，城市保险人群得以扩大，待遇得以提高，而农村资金由农民出大部分。

医疗保险费用分担是指社会保险机构为了防止被保险人在免费医疗的情况下出现"道德风险"，控制因过度需求造成的医疗费用过快上涨，让被保险人在接受医疗服务的同时，自付部分医疗费的做法。从医疗保险费用的分担方式来看，可分为定额自付，扣除保险，共付保险和限额保险四种。

（1）定额自付。指被保险人每得到一次门诊或住院服务，都自付一定数量的医疗费用。

（2）扣除保险。指被保险人在就医时先支付一笔固定的费用，其余费用全部或部分由社会保险机构支付。自付的医疗费用水平又称起付线或起保线。实行这种办法可以减少处理大量的小额支付手续和管理成本，也有利于控制参保人可以出现的浪费行为。

（3）共付保险。要求参保人在第三方为其支付一定比例的费用。其优点是在降低医疗服务价格的同时，仍能促使病人去寻求较便宜的医疗需求的价格弹性。

（4）限额保险。指保险机构设立最高支付限额，超出这一限额的医疗费用由病人自己负担。这个最高支付限额是医疗社会保险支付的"封顶线"。

医疗社会保险费用分担的各种形式并不是完全独立的，可以结合起来加以运用。

5.4　中国医疗保险的改革路径

5.4.1　中国传统的医疗保险制度形式

1. 公费医疗制度

1952年6月27日，《政务部关于全国各级人民政府、党派、团体及所属事业单位的国家工作人员实行公费医疗预防的指示》规定，公费医疗预防的措施，在老革命根据地，早有先例，但新中国成立之后，由于各种条件的限制，仅在部分的地区、人员中及某些疾病范围内重点实行；工矿部门，则于1951年2月间开始了重点试行《劳动保险条例》，以解决工人的医疗问题；同年在陕北老根据地及某些少数民族地区试行了公费医疗预防制；本年初更将免费医疗预防办法扩大到第二次国内革命战争的各根据地。现在根据国家卫生人员力量与经济条件，决定将公费医疗预防的范围，自1952年7月起，分期推广，使全国各级人民政府、党派、工青妇等团体、各种工作队以及文化、教育、卫生、经济建设等事业单位的国家工作人员和革命残废军人，得以享受公费医疗预防的待遇。

公费医疗经费来源于国家预算拨款，由各级政府卫生行政部门设立公费医疗管理机构统管，享受单位及个人实报实销。为了加强公费医疗经费管理，杜绝浪费，财政部、卫生部于1965年10月27日发出《关于改进公费医疗管理问题的通知》，规定如下。

（1）享受公费医疗待遇的人员治病的门诊挂号费和出诊费，改由个人缴纳，不得在公费医疗经费中报销。但因工致伤、二等乙级以上革命残废军人等的挂号费和享受公费医疗待遇的人员实行计划生育的费用，以及在华的外国专家及其家属的公费医疗问题，均仍按照现行的有关规定办理。

各单位医务室（包括医务所、校医室等）有医生看病的，请根据各地的具体情况，也可酌收适当的挂号费。

关于收缴享受公费医疗人员门诊挂号费和出诊费的具体办法，请各省、自治区、直辖市加以研究规定，但收费的措施，最迟自1966年元旦开始执行。

（2）近几年来很多地区，实行了营养滋补药品（包括可以药用的食品）自费的办法，对合理使用药品和节约经费开支等方面，都收到了显著的效果，今后还要坚持执行。目前，还没有实行营养滋补药品收费的地区，也应考虑尽快实行。

至于营养滋补药品收费的范围和品种，先请各省、自治区、直辖市自行规定，待条件成熟后，再作全国统一的安排。

（3）关于整顿和改进公费医疗的管理，各地区都应认真地研究，并采取相应的措施；有些地区已经实行的改进管理的办法，可继续实行，应注意总结经验，不断改进。

（4）劳动保险的医疗制度的改进，以及军队的医疗待遇等问题，另请有关部门研究规定。

1974年卫生部、财政部颁发了《享受公费医疗人员自费药品范围（试行）的联合通知》，1977年10月《卫生部、财政部、国家劳动总局关于检发享受公费医疗、劳保医疗人员自费药品范围的规定的通知》发布，在1974年规定的基础上，进一步扩大自费药品的范围。在执行中要坚持无产阶级政治挂帅，做好职工的思想政治工作；各级医疗机构，要努力提高医疗质量，改善医疗作风，与各有关方面密切配合，切实把公费医疗、劳保医疗工作做好。

享受公费医疗、劳保医疗人员自费药品范围的规定如下。

（1）下列范围的药品不论单味或复方，均按自费处理，不能在公费中报销。

各种人参（包括参、须、条、片）、鹿茸、猴枣、狗宝、海马、海龙、玛瑙等；

各种可以药用的动物脏器（鸡内金除外），以及动物的胎、鞭、尾、筋、骨、睛等；

哈士蟆（油）、龟灵集、首乌延寿丹、定坤丹、蜂蜜（配制丸药除外）等；

人参鹿茸丸、参茸卫生丸、参茸丸、三肾丸（粉）、人参膏（露、糖浆、酊、精）、全鹿丸、参茸精、鹿茸精以及以人参、鹿茸为主要成分的制剂；

各种药酒以及各种水果膏剂和各类滋补膏剂，如秋梨膏、桑葚膏（蜜）、西瓜膏、枇杷膏、党参膏、桂圆膏、八珍膏等；

各种补汁（露、酊、糖浆），如葡萄糖补汁、安度补汁、单糖浆、卵磷脂糖浆、舒肝糖浆、灵芝糖浆等；

口服葡萄糖、各种鱼肝油（治疗夜盲症、肺结核、佝偻病除外）、玉米油、维他麦精、蜂皇精、蜂王浆、王浆蜜、蜂乳、蜂乳胶丸等；

三磷腺苷及其复方制剂、辅酶A及其复方制剂、复合辅酶A、浓淡力维隆、水解胎胞糖浆、能量合剂、胎盘球蛋白、胎盘（包括人血）、丙种球蛋白、人血（包括胎盘血）、白蛋白等。

（2）下列范围的药品，单味使用应按自费处理，因病情需要，在复方中使用，可在公费中报销。

三七、何首乌、枸杞子、阿胶、阿胶珠、鹿角胶、龟甲胶、龟鹿二仙胶、龟板胶、鳖甲胶、马宝、珊瑚、玳瑁、冬虫夏草、藏红花、羚羊角、犀角、牛黄、麝香等。

（3）上述一、二类范围的药品，在危重病人抢救期内或治疗工伤人员，可以在公费中报销。对职工从事有毒有害的特殊工种，直接引起的疾病，所需药品费用报销问题，请各省、市、自治区酌定。

（4）各种营养滋补药品和非治疗必需的药品（包括新产品、进口药品），以及可药用的高级食品、副食品以及水果等均应自费。

各省、市、自治区可以参照上述自费药品范围的原则精神，结合实际情况，作相应的补充规定。

2. 劳保医疗制度

1951年2月26日政务部试行、1953年1月2日政务部修正公布的《中华人民共和国劳动保险条例》中，关于疾病、非因工负伤、残废待遇的规定如下。

（1）工人与职员疾病或非因工负伤，在该企业医疗所、医院、特约医院或特约中西医师处医治时，其所需诊疗费、手术费、住院费及普通药费均由企业行政方面或资方负担；贵重药费、住院的膳费及就医路费由本人负担，如本人经济状况确有困难，得由劳动保险基金项下酌予补助。患病及非因工负伤的工人职员，应否住院或转院医治及出院时间，应完全由医院决定之。

（2）工人与职员因病或非因工负伤停止工作医疗时，其停止工作医疗期间连续在六个月以内者，按其本企业工龄的长短，由该企业行政方面或资方发给病伤假期工资，其数额为本人工资百分之六十至百分之一百；停止工作连续医疗期间在六个月以上时，改由劳动保险基金项下按月付给疾病或非因工负伤救济费，其数额为本人工资百分之四十至百分之六十，至能工作或确定为残废或死亡时止。详细办法在实施细则中规定之。

（3）工人与职员因病或非因工负伤医疗终结确定为残废，完全丧失劳动力退职后，病伤假期工资或疾病非因工负伤救济费停发，改由劳动保险基金项下发给非因工残废救济费，其数额按下列情况规定之：饮食起居需人扶助者为本人工资百分之五十，饮食起居不需人扶助者为本人工资百分之四十，至恢复劳动力或死亡时止；部分丧失劳动力尚能工作者不予发给。关于残废状况的确定与变更，适用第十二条丙款的规定。

（4）工人与职员疾病或非因工负伤痊愈或非因工残废恢复劳动力后，经负责医疗机关提出证明，该企业行政方面或资方应给予适当工作。

（5）工人与职员供养的直系亲属患病时，得在该企业医疗所、医院、特约医院或特约中西医师处免费诊治，手术费及普通药费，由企业行政方面或资方负担二分之一，贵重药费、就医路费、住院费、住院时的膳费及其他一切费用，均由本人自理。

劳保医疗经费开支原则上列入企业成本开支项目，并受国家有关政策的制约。建国以来，国家财政不断调整企业劳保医疗经费（后列入"职工福利基金"项目）开支政策。劳保医疗经费的增加，通过增大企业成本来相应减少上缴国家财政的利润，实际上是用减少上缴利润的部分来增加对劳保医疗经费的投入。

1953年以前，我国的劳保医疗经费全部由企业行政负担。1953年以后，改为根据行业性质分别按工资总额的5%～7%提取。1969年财政部规定，将原按工资总额2.5%提取的福利费、3%的奖励基金和5.5%的医疗卫生费合并为按工资总额11%提取"职工福利基金"。

3. 农村合作医疗制度

中国的农村合作医疗制度是农民群众依靠集体力量在自愿和互助原则下建立起来的社会主义性质的医疗制度。它的基本特点是：农民个人和农村集体经济在一定范围内共同筹集合作医疗基金；参加合作医疗的农民，患病时所需的医疗费用，由合作医疗基金组织和个人按一定比例共同承担。

4. 医疗卫生福利

社会对公众的医疗保险，除补贴医药费用外，还建立和不断扩大各种卫生服务设施，免费或低费用提供医疗、预防、保健、康复等各种形式的服务。

卫生服务设施包括各级各类医院、卫生院、疗养院、独立门诊部、防疫机构、妇幼保健机构、药品检验机构、饰品检验机构、卫生防疫机构及卫生教育机构等。这些机构分为两类，实行两种财务制度。凡是没有或基本上没有收入的单位，采取全额预算管理办法，经费由国家预算拨款，其中少数单位有少量收入的，采取抵支一部分经费的办法，或收入按预算外资金管理。凡是有经常性业务收入的单位，基本上采取全额管理、差额补助的管理形式，具体补助办法又有定额补助、差额补助等不同方法。这种预算管理办法，基本上是"统收统支"的形式，对于保证卫生单位的资金供应、支持卫生事业的发展起过良好的作用。但其弊端是统得过多、管理过死，助长了吃"大锅饭"的思想，不利于调动单位的积极性，近些年正在不断进行改革。

5.4.2 中国传统社会医疗保险制度存在的问题及改革的路径

在一定时期，一定历史阶段，医疗保险是适应时代要求的，而当社会进步与经济发展进入另一个更高层次时，原有的、传统的医疗保险便已不再符合社会经济发展要求了，表现出其自身的滞后性，这种滞后性弄不好就可能成为社会经济发展的阻力。所以，医疗保险制度改革说到底就是研究和解决医疗保险体系、规模、结构、实现形式如何与现代社会相适应的问题。我国经过20多年的改革，已进入社会主义市场经济时期，医疗保险制度改革必须依据社会主义基本的政治、经济制度、民族习俗和文化传统的特定要求，根据市场经济一般规律，正确处理社会主义市场经济条件下，医疗保险特殊与一般的关系，既体现社会主义的本质要求，又符合市场经济运行方式，对传统医疗保险制度进行改革。1998年12月，《国务院关于建立城镇职工基本医疗保险制度的决定》，加快医疗保险制度改革，保障职工基本医疗，是建立社会主义市场经济体制的客观要求和重要保障。在认真总结近年来各地医疗保险制度改革试点经验的基础上，国务院决定，在全国范围内进行城镇职工医疗保险制度改革。

《国务院关于建立城镇职工基本医疗保险制度的决定》为推进我国医疗保险制度改革提出了总体思路和具体目标，勾画了明确的体制框架，为我国推进医疗保险制度改革提供了科学的指导。由于目前我国社会医疗保险制度还处于改革探索阶段，随着改革的不断深入，一些深层次的问题和矛盾逐步暴露出来，以下就一些主要问题进行分析。

1. 如何解决困难企业职工医疗保险的问题

目前各地在实施基本医疗保险制度的过程中，都遇到了部分企业难以按时足额缴纳基本医疗保险费的问题。建立基本医疗保险制度的一个重要目的是保障城镇职工的基本医疗需求，如果困难企业不能参加，不仅"低水平、广覆盖"的原则难以实现，还会出现其他的社会问题，从而影响社会稳定的大局。针对困难企业实际情况，制定困难企业医疗保险管理办法、切实保障困难企业职工基本医疗需求，是各地医疗保险工作中急需解决的问题。

1）合理确定困难企业缴费水平

《国务院关于建立城镇职工基本医疗保险制度的决定》规定：职工基本医疗保险费由用人单位和职工共同缴纳。用人单位缴费率应控制在职工工资总额的6%左右，职工缴费率一般为本人工资收入的2%。随着经济的发展，用人单位和职工缴费率可作相应调整。基本医疗保险实行社会统筹和个人账户相结合，个人缴费全部划入个人账户，单位缴费按30%左右划入个人账户，其余部分建立统筹基金。个人账户的本金和利息归个人所有，可以结转使用和继承。统筹基金和个人账户要明确各自的支付范围，分开管理，目的是明确各自的责任，避免统筹基金透支个人账户。要制定统筹基金的起付标准和最高支付限额，起付标准原则上控制在当地职工年平均工资的10%左右，最高支付限额原则上控制在当地职工年平均工资的4倍左右。起付标准以下的医疗费用，从个人账户中支付或由个人自付。起付标准以上、最高支付限额以下的医疗费用，主要从统筹基金中支付，个人也要负担一定比例。超过最高支付限额的医疗费用，可以通过商业保险等途径解决。

2）合理确定困难企业支付方式

对于困难企业的职工和退休人员，由于其没有个人账户或个人账户金额较少，应在个人负担医疗费用上给予适当的照顾，主要有以下几种方法。

（1）困难企业职工享受基本医疗待遇时，可以适当降低统筹基金住院的起付线和个人负担比例。

（2）不降低统筹基金住院起付线及个人负担比例，而是争取卫生部门和政府的支持。如北京市卫生部门出台了对特困职工优惠50%的床位费，20%基本手术费和大型设备检查费等办法。另外，为解决特困职工因经济收入过少，同时负担医疗保险费用又过重而导致基本生活得不到保障的问题，对发生特殊困难和特殊疾病的人员，政府出面多方筹集资金，建立特困人员医疗救助资金，对特困人员因医疗费用支出过大造成的困难给予救助。

（3）各地结合实际，制定的自由职业者参加基本医疗保险的办法。可采取由个人缴费的办法将其纳入基本医疗保险，并根据缴费水平和缴费年限给予相应待遇。自由职业者可以通过职业介绍中心等劳动人事代理机构代办医疗保险的方法实现整体参保。

2．如何妥善解决医疗费用个人负担较重的问题

从1991年到2013年，我国人均医疗费用的年均增长率为17.49%，如果现有的政策环境不变，预计到2020年，我国医疗费用将依然保持12.08%～18.16%的年均增速，其增速将明显高于社会经济发展速度，且会加重目前存在的社会问题。健康风险预警治理协同创新中心首席战略科学家郝模教授说，近30年来，他始终关注着医疗费用的快速增长问题，"现实情况医疗费用过快增长，已远超同期GDP增长。"

（1）费用制约措施主要集中在了提高患者自费比例上。然而，根据国际医疗经验来看，即使个人支付比例加大到50%以上，其对总医疗费用增长的控制力度也是有限的，并且带来的负面效应也很明显，即加重了个人负担。

（2）医疗费用支付中的某些标准不够细化。在制定起付线和一次住院费用最高支付限

额时，多数地区并没有对不同风险病种进行费用总额和结构分析，也没有结合大额费用的风险病种在不同收入患者中的分布状况加以分析，而只是根据参保人群的工资水平、医院等级规定统一的标准，导致对有些病种支付能力有余，而对某些病种而言却太少。

（3）从目前各地医疗保险支出结构分析来看，个人支出负担过重主要集中于门诊老年慢性病和部分风险性大且病情较严重的住院病种。客观地说，30%的个人支付比例并不算高，但由于目前这两类疾病的年医疗费用昂贵，因此相应带给患者的实际负担确实不轻。

对于这两类疾病的医疗费用昂贵的情况，首先是保障群体基本药物的可及性和可靠性问题。从可及性而论，目前我国广大群众长年可用得起的药品，多为低价位药品。由于低价位基本普通药品具有一定的外部社会效益，因此对其的再评价，只能由政府组织为主、厂家为辅，才可能得以妥善解决。低价位基本普通药品作为国家重点保护的药品，在控制价格的同时，对其市场实行管理下的有限竞争，即以需定供，以生产条件和能力、质量信誉等为标准，选择有限厂家的竞争。这样既保证了群体基本药物的可及性可靠性，又保证了厂家的效益。同时，应就此向民众公布，发动群众监督，严厉打击不顾人民健康而擅自低水平重复生产的厂家。

3. 如何解决社会部分人群巨额医疗费用无力支付的问题

由于基本医疗保险制度只能解决城镇职工的基本医疗保障问题，对于解决因患重病而超出基本医疗保险制度将其纳入医疗保险范围。因此，首先应充分认识到多层次医疗保险制度的建立是一项复杂的社会系统工程，需要政府组织和推动、各部门的共同参与。其次要积极探索多层次医疗保障体系的途径，包括以下几个方面。

1）大力发展补充医疗保险

（1）大病补充医疗保险。它是某个统筹地区或行业的医疗保险机构根据改革前五年大病、慢性病职工的比例、费用和病种的不同，确定适合的补充医疗保险基金和享受范围、支付水平，制定具体的实施办法。大病补充医疗保险基金必须建立在"以收定支、互助互济，职工个人为主，企业为辅"的原则上，费用不宜过高。可以参照商业保险，每年每人缴纳24至48元，企业提取不高于职工个人投保的费用。参保职工发生超过基本医疗保险最高支付限额以上的费用，由大病补充医疗保险基金支付90%，职工本人负担10%的费用。其优点是发挥了统筹互济的作用，分散了大病重病风险，企业和职工个人参保的费用小，易于接受和操作，也易于管理。

（2）企业补充医疗保险。这是在基本医疗保险制度外，企业再建立的一种补充医疗保险。按照《公司补充医疗保险管理规定》第五条规定，企业补充医疗保险费由各单位按实发工资总额的4%从成本费用中提取。第六条规定，各单位工会组织设立企业补充医疗保险费管理账户，实行专户存储，单独核算，统筹用于本单位职工的医疗补助。企业补充医疗保险费必须专款专用，各年度余额结转下年滚存使用，任何单位和个人不得挤占和挪用。企业补充医疗保险在工资总额的4%以内的部分，从职工福利费用中列支，福利费不足的部分，经同级财政部门核准后列入成本。它可以有效地避免因病致贫、因病返贫现象的发生。

2）实行公务员医疗补助制度

医疗保险制度改革后，受影响较大的包括原享受公费医疗的机关事业单位人员。因此，落实好公务员补助政策，保证公务员待遇总体水平不降低，对于推进医疗保险改革顺利实施至关重要。公务员补助经费主要用于三个方面：一是封顶线以上的大额费用的补助；二是个人自付部分超过数额的补助；三是享受医疗照顾人员在就诊、住院时按规定的医疗费用补助。公务员医疗补助制度是基于公务员的特殊性，目的是稳定公务员队伍，也是国际上普遍的做法。

3）积极发展商业医疗保险

商业医疗保险虽然在性质上不属于社会保险的范畴，但它却是基本医疗保险制度的一个重要补充。对于解决少数重病患者"封顶线"以上医疗费用的问题，商业保险已成为一种可供选择的有效方式。目前，商业保险公司推出了一些与基本医疗保险衔接的项目，企业和个人可根据自身经济能力和具体情况投保，能够弥补基本医疗保险制度低水平的不足。

4）逐步建立主要由政府财政支持的社会医疗救助制度

现行医疗保险制度对社会弱势群体的医疗保障问题并没有解决，医疗保险的设计应当更多地关注社会弱势群体，让全社会成员都能享受到医疗保障。因此，应当建立起社会医疗救助制度。救助对象为无固定收入、无生活依靠、无基本医疗保险的老弱病残、失业者、危困人口等。对这部分人群提供最基本的医疗保障，可以使他们不至于因不能支付医疗费而得不到治疗，从而危及健康和生命。

社会医疗救助制度资金渠道、救助方式可以是多样化。在筹资渠道上可以采取政府支持、社会捐助、单位出资等多种方法；在救助方式上，可以采取直接支付最基本医疗保险费用的方式，也可采取提供最基本医疗服务的方式。只有当社会医疗救助制度建立起来，我国对公民提供的医疗保险制度才是完善的，公民的基本生存权利才能得到切实的保障。

4．如何构建新型的农村合作医疗制度

农村医疗卫生状况如何，是决定全民族健康素质能否明显提高的关键之一。随着原有的农村健康保障制度在20世纪80年代的崩溃，至今，占全国总人口70%以上的农村居民仅有不到30%的人能享受不同形式的健康保障制度，至少还有5亿多农村居民没有医疗保障。他们的疾病医疗问题只能通过个体医疗点自费解决。患小病，往往无钱就医或者不能就近治疗，从而影响到身心健康。而一旦患大病，则往往需要变卖牲畜，或者大量借债，有的甚至倾家荡产。在农村，许多家庭就是无法承受医疗费用而陷入"因病致贫"的困境的。据有关部门调查，农村贫困户中的30%是因病致贫户。

为了努力实现全面建设小康社会这一奋斗目标，卫生部把切实加强农村卫生工作列为今后的工作重点，进一步加大农村医疗卫生改革的力度。建立新型农村合作医疗制度是2003年农村卫生的最大亮点，这是在北京召开的2003年全国卫生工作会议上传来的消息。2003年，全国的各个省、自治区和直辖市都会有2到3个试点县建立起这个制度，那里的农民们只要每年缴纳少量的费用，就能尝到看病报销的滋味。

完善农村医疗合作制度的对策有四点。

1）继续发展多层次、多形式、多种类的医疗保险制度

从全国来看，由于农村经济、文化发展状况不同，当前还不能搞一个模式和"一刀切"，就是在一个地区、一个县也应允许多样化，即使是一种形式也可以有几个层次、多种标准供选择。

山东省合作医疗主要有三种形式。一是村办村管式，即合作医疗以村为单位举办，由

村合作医疗管理委员会负责资金的筹集、使用和管理，村民在村卫生室看病可报销部分或全部医疗费。目前全省有8 545个行政村实行了这种合作医疗形式。二是乡办乡管式，即以乡镇为单位举办，由乡镇政府统一筹集、管理医疗经费，乡镇卫生院掌握使用，农民在乡镇卫生院享受减免医药费的待遇，全省有511个乡镇实行了这种办法。三是乡村两级联办式，即由乡镇政府统一筹集经费，按比例由乡、村分别管理使用，实行这种形式的有39个乡镇。从实施效果看，乡村两级联办式优势更突出，它既增强了合作医疗抗御疾病风险的能力，又强化了乡镇对村卫生室的管理，增强了乡镇卫生院的活力。随着经济发展水平的不断提高，合作医疗正在由单纯的村办村管、乡办乡管向着乡村两级联办、甚至县乡村三级联办的方向发展。

　　2）改革农村合作医疗的筹资机制，合理确定筹资水平及补偿水平

　　政府应该增加农村基层公共卫生支出而使政府投资向农村倾斜，在分级管理的财政体制中，各级政府每年要从财政上设立农村合作医疗基金用于对农村合作医疗的投入。合作医疗本着在国家的支持下，集体和农民个人共同负担的原则筹集资金。在集体经济发达地区，集体多筹，政府增加补助；在贫困地区，政府补助比重更要加大。在现阶段，由于农民的收入水平还比较低，农民个人筹集的数额应坚持适度的原则，以免增加农民的负担。在个人负担的数额的确定上，要与农民进行充分协商。根据有关研究结果显示：农民门诊、住院的费用总支出占农民收入的3.65%，如果加上预防保健支出，农民的卫生费用支出大约占农民人均收入的4%。在这里需要明确的是，农民按照自愿的原则和事先确定的标准缴纳合作医疗基金，是农民的正常消费支出，应受到政策的保护，而不应被列入"取消农民负担"的范围。

　　3）建立医疗救助制度，加强卫生扶贫工作

　　政府要把对贫困地区、贫困人群的卫生扶贫作为促进农村卫生保健工作的重点内容之一。这是完成"人人享有卫生保健"的需要，更是发展生产、摆脱"因病致贫""因病返贫"的需要。通过中央政府及发达地区的支持，首先解决贫困地区的卫生设施建设与"缺医少药"问题，并且在国家扶贫专款及有关扶贫资金中划入一部分，专门解决贫困地区的医疗扶贫问题。对于区域内、地区内的农村贫困人口，要实施医疗救助计划。医疗救助计划是医疗保障制度的一个组成部分。医疗保障又是整个社会保障体系的重要内容。应当把卫生扶贫纳入社会保障尤其是社会救助体系，把医疗救助计划与整个社会保障体系有机结合起来。

　　4）加大政策的支持和法律保障

　　国家应尽快出台农村医疗保健方面的法规，以指导农村合作医疗制度的改革和建设。同时应把农村合作医疗明确纳入到社会保障体系中去。国家应制定统一的农村合作医疗法，以规定农村合作医疗的实施办法；规定参加合作医疗农民的权利和义务；规定保健站医生的选拔方法及职责等。农村合作医疗在互助共济的前提下，对广大参加合作医疗的农民提供一定的医疗补偿，在防止因病致贫、因贫致病，保护劳动力，提高农业生产力等方面发挥积极的作用。因此，农村合作医疗具有一定的社会保障性质，要把它纳入到社会保险体系中去，建立面向农民的医疗保障体系，使之能够得到法律的保障和监督，从而解决认识上的不同，保障和促进农村合作医疗制度稳定运行和持续发展。

各地可以根据实际情况搞些地方性的立法或经政府批准具有法律效力的规定和管理办法。通过各种形式的立法，可以增强投保人、投保单位和承包单位的责任感，保护各方面应有的利益，同时也可避免按长官意志办事的随意性，加强科学管理，也有利于抵制可能发生的不正之风。随着农村医疗保险制度的推广和普及，管理经验的积累，在条件成熟时再制定全国性的农村医疗保险制度。

5.4.3　中国社会医疗保险的发展趋势

1. 中国城镇的社会医疗保险

医疗社会保险在发展中，存在不少普遍问题。医疗资源浪费严重，医疗费用居高不下已成为医疗社会保险全球性的问题。为了保证医疗基金的收支平衡，世界各国纷纷出台改革措施。日本采取代际间医疗资金相互调剂的办法，提高保险费率，增加受益患者的部分负担额。而法国则建立起行之有效的监督网，通过立法、行政、财政、审计等部门与内外部监督相结合的办法，形成了对医疗费用支出情况的监督体系。美国为抑制医疗费用上涨，设置了专门的审查委员会与医疗资源开发法，限制住院费用，提高患者部分医疗费率。各国有针对性的措施都取得了一定成效。

为进一步完善医疗社会保险制度，各国纷纷进行医疗保险制度的改革。许多国家在实践中，趋向将国家包办改为民营方向，如英国已允许私营医院出现。但这只是小规模行为，私营化措施只是公营部门减少费用、提高效率的辅助手段。同时，各国无一例外地把重点放在改免费为少量收费，提高个人部分费用的承担比重上，这样有利于节约有限的医疗资源，减少浪费。医疗服务市场是不完全竞争型的，它缺乏弹性，又与生命、财产有极大的关系，因此，许多国家的政府都会通过不同途径去干预医疗服务，保障公民生存权利。一般来说，政府渠道有三种。一是直接参与公共服务的设计与运作，且拥有所有权。二是津贴手段。通过调配公款来购买服务，满足人民的需要。三是调节行为，通过立法方式管理市场，让消费者与生产者有机会进入较公平的交易关系。

国外医疗社会保险改革和发展，为我国医疗保险的不断完善，提供了有益的启示。

第一，医疗需求与供给的水平应与国家发展水平相适应，基本医疗保险应当体现"低水平、广覆盖"的原则。如法国经济比较发达，但其家庭每年都要承担一定比例的医疗支出。根据我国国情，把患者医疗需求全部包下来是不现实的，基本医疗保险只能解决大部分人最基本的医疗需求。同时，应在"低水平、广覆盖"的原则下，逐渐将城镇所有职工及农民纳入医疗保险体系中来。

第二，强化社会医疗保险的管理和监督，运用行政、市场、法制等多种手段，使基本医疗保险制度运作规范。在推进基本医疗保险制度改革的过程中，应当确立社会化的指导性地位。

第三，建立多层次的医疗保障体系，个人在医疗需求方面应承担一定义务。我国在全面推进城镇职工基本医疗保险制度的同时，还应大力提倡并鼓励发展职工互助补充保险、农村合作医疗和商业性医疗保险，作为社会保险的有益补充。

第四，选择科学的基本医疗保险基金模式，抑制医疗费用过度增长。

第五，发展商业医疗保险。商业医疗保险灵活多样，其保险项目、保险水平、投保方式、领取方式等可根据投保人意愿确定，发展潜力巨大。入世后，国外商业人寿保险公司在我国取得合法经营权。当此之时，我国应扩大国内保险市场，以减轻国家财政压力，迎接入世后国际人寿保险机构与我国保险机构的业务竞争。

在建立和完善社会医疗保险制度的长远过程中，筹措保险基金和控制医疗费用是两个影响全局的关键点。由于基本医疗费用的发生与支付同医疗服务行为的合理性、有效性密切相关，因而医疗保险结算制度的研究与改革，在一定意义上来说，更具复杂性与挑战性，也更有实际的操作意义。

2. 中国农村的社会医疗保障

中国农村土地辽阔，人口众多，对卫生保健服务的需求量大，所以，应将医疗保健拓展到农村去，使更多的人享受到医疗保障。

1）政府对农村社会医疗保障的介入

20世纪50年代，我国按志愿原则由农民集资建立的农村合作医疗制度，在对农村人口的健康保障方面发挥了重要的作用。但随着社会的变迁，农村合作医疗制度时起时落，逐渐衰退。农村合作医疗制度的衰退表明，传统的"单一"式的合作医疗模式已不具备普遍适用性。新时期农村医疗保障制度的形式是由不同模式构成的，它必须根据当地的经济发展水平，灵活地构建多种形式的医疗保健模式。

但无论农村医疗保障制度采取何种具体形式，都离不开政府的支持。从国际趋势看，各个国家无论制度怎么样，都把公共卫生问题看成是基本的问题，国家政府在卫生方面的投入比重也越来越重。虽然我国国力有限，但建立新型农村合作医疗制度，政府必须承担支持农村医疗保障的责任，原因有以下几点。

一是农民收入水平低，大多数基本上没有自我保障的能力，需要国家在医疗保障方面的支持。

二是医疗保健特别是公共卫生保健是典型的社会公共产品，政府理应支持和投入。

三是随着卫生体制改革尤其是民营医院的大量涌现，国家对卫生投入的重点应当从扶持卫生服务的供给方逐步转向医疗服务的需求方。一方面要稳定对农村医疗保障的政策，减少相关政策之间的摩擦成本，另一方面要加大人、财、物方面的投入来负责经办农村医疗保障。

四是政府要加强管理，提高农村医疗保障机构的组织和制度效率，以强化农民对农村医疗保障机构的信任，从而推动农村医疗保障事业的顺利开展。

2）农村医疗保障的建构

农村医疗保障建设是一项重大的社会过程，涉及面广，单靠政府是解决不了问题的，因此我们可以借鉴国际经验，建立政府、社区和农民共同参与的比较完整的医疗保障体系。国际上认为比较完整的医疗保障体系有4个层次：商业保险、社会保险、社会福利和社会救助。从我国的实际情况看，任何单一的方式都不能解决9亿农民的医疗保障问题，必须建立多层次的保障体系。

（1）在贫困地区推广和完善合作医疗制度。一些农村地区人均收入和医疗支付能力在相当长的时间内仍将处于低水平，因此"低水平、广覆盖"的传统合作医疗制度是保障农民初级医疗的合理机制。当然，我们首先要解决传统合作医疗制度本身存在的问题，在合作医疗的基础上辅之以社会福利和社会救助，从多个方面向农民提供基本的医疗保障。目前由政府推行的合作医疗主要有两种管理模式：一是镇办镇管，二是村办村管。即由村镇干部组成合作医疗管理委员会，负责参保农民住院费用的理赔工作。农村合作医疗的实行和推广，在一定程度上缓解了农民的医疗负担，有效减缓和防止了不少农民小病拖、大病磨，因病致贫、因病返贫的现象发生。许多农民对上述两种模式也有不同看法，主要有三方面：一是村镇合作医疗管理委员会的工作人员都是兼职的，全部属于义务劳动，没有工作经费，很难保证工作积极性；二是部分农民对村镇干部管理合作医疗基金心存疑虑，怕钱被贪污或挪用；三是工作人员多不是专业人士，手续复杂，理赔时间长，有时长达数月。这也是阻碍农村合作医疗推行的重要原因。新医保明确了资金的构成，即农民自交一部分，三级财政筹集一部分，单位交纳一部分。农民一年的自交部分按上年年收入的1%交纳，市、县（市）、乡（镇）三级则按不低于10元/人的标准筹集，一般是20元/人，而在农村的单位如果没有参加城镇医疗保险，则必须参加新医保，交纳的保险费用与农民所交纳的比例为1∶1。实施新医保的一个很重要的意义，就是为今后联通城乡医疗、推进农村城市化进程打下了基础。

乡（镇）卫生院的资金来源有以下渠道：一是中央转移支付，按照每个人每年1.5元直接划拨到乡（镇）一级卫生院，这笔资金用于公共卫生。二是地方财政拨款。其他运营资金由各个医院自己经营所得支付。

（2）推广大病医疗保险，提高农民防治大病的能力，尽量降低"因病致贫"的程度。目前我国农村医疗的突出问题是农民"因病致贫""因病返贫"，为解决这一问题，可以借鉴国际成功经验，实行大病保险制度。以市场机制来解决农村医疗保险机制问题，合理配置卫生医疗资源，既能有效解决问题，又符合市场化改革的方向。农村经济发展起来后，农民的生活需求层次必然会发生变化，进一步开放商业保险，有助于满足一部分农民较高的需求。商业保险介入农村合作医疗有它积极的一面。目前政府在农村合作医疗上没有专门的机构，也没有专门的人员，整个体系的运作呈现临时性的特点，规范性相对比较差。一个成熟的商业保险公司在这些方面有其优势。但也必须考虑到商业保险公司的利润等相关经济问题。一是商业保险公司自始至终存在着破产的可能；二是政府操作的合作医疗基金是滚动发展的，雪球会越滚越大，而商业保险公司有可能将其中的一部分当作利润；三是如果商业保险公司在未来的一两年内亏损，它就可能不干了，但政府不可能撒下农民不管。虽然存在这些因素，商业保险公司介入农村医疗保障这种新的模式仍在不断的探索中发展。

（3）建立农村社区卫生服务体系。农村作为传统社区，人与人之间的情感联系比较强，如果在社区保障这一方面进一步地发掘、培养和利用社会资本，可以对农村医疗保障起到很重要的补充作用。社区卫生服务体系是以城市中心医院—乡镇卫生院—农村社区三级派出机构为中轴而构成的一体化结构，在医疗服务上具有链式的联动效应。这一链式体系由于社区派出机构以乡镇卫生院为依托，而乡镇卫生院又以城市中心医院为依托，形成了一个区域性的医疗体系。它可以使一个或两个村的集合，也可以更大或更小，灵活机动，按照人口分布来实行卫生资源的合理配置。社区派出机构吸纳了社区内村集体卫生保障资金和农民的医疗互助资金，加上国家投入一部分政策资金，所以它仍然是具有某些合作医疗功能的社区卫生服务机构。但在农村、小城镇，目前医疗卫生服务机构在慢慢萎缩，缺乏一些基本的卫生保健服务，比如妇幼保健服务。就算是少数农村有这方面的服务，但通常药价比县城的还贵，农民哪里用得起？农村卫生技术人员严重缺乏，乡镇卫生院工作生活条件差，工资待遇没有保障，正规大、中专毕业生分不下去，留不下来。这些都是农村医疗水平严重滞后于人们就诊需要的重要原因。改革城镇卫生院，让它活起来；建立大病统筹的新型合作医疗，让农民有所靠。完善农村卫生服务体系，需要加强农村基础卫生保健设施的完善，提升医疗服务质量，降低药价。

农村医疗保障是整个社会保障制度的重要组成部分，是农民生命质量提高，是农民生存、生活发展的基本前提。在城镇医疗保障体系日趋完善的情况下，我们必须逐步建立农村医疗保障，关注农民的身体健康状况，为农民的生存发展提供基本的保障，这也是实现农村现代化、实现全面小康社会的基本保障。

3）新型农村合作医疗制度（新农合）

新型农村合作医疗，简称"新农合"，是指由政府组织、引导、支持，农民自愿参加，个人、集体和政府多方筹资，以大病统筹为主的农民医疗互助共济制度。采取个人缴费、集体扶持和政府资助的方式筹集资金。

新型农村合作医疗是由我国农民自己创造的互助共济的医疗保障制度，在保障农民获得基本卫生服务、缓解农民因病致贫和因病返贫方面发挥了重要的作用。它为世界各国，特别是发展中国家所普遍存在的问题提供了一个范本，不仅在国内受到农民群众的欢迎，而且在国际上得到好评。在1974年5月的第27届世界卫生大会上，第三世界国家普遍表示热情关注和极大兴趣。联合国妇女儿童基金会在1980—1981年年报中指出，中国的"赤脚医生"制度在落后的农村地区提供了初级护理，为不发达国家提高医疗卫生水平提供了样本。世界银行和世界卫生组织把我国农村的合作医疗称为"发展中国家解决卫生经费的唯一典范"。合作医疗在将近50年的发展历程中，先后经历了20世纪40年代的萌芽阶段、50年代的初创阶段、60—70年代的发展与鼎盛阶段、80年代的解体阶段和90年代以来的恢复和发展阶段。面对传统合作医疗中遇到的问题，卫生部组织专家与地方卫生机构进行了一系列的专题研究，为建立新型农村合作医疗打下了坚实的理论基础。1996年年底，中共中央、国务院在北京召开全国卫生工作会议，江泽民同志在讲话中指出："现在许多农村发展合作医疗，深得人心，人民群众把它称为'民心工程'和'德政'。"随着我国经济与社会的不断发展，越来越多的人开始认识到，"三农"问题是关系党和国家全局性的根本问题。而不解决好农民的医疗保障问题，就无法实现全面建设小康社会的目标，也谈不上现代化社会的完全建立。大量的理论研究和实践经验也已表明，在农村建立新型合作医疗制度势在必行。

新型农村合作医疗制度已从2003年起在全国部分县（市）试点，到2010年已经实现基本覆盖全国农村居民。2016年年末全国参加城镇基本医疗保险人数为74 392万人，比上年末增加7 810万人。其中，参加职工基本医疗保险人数29 532万人，比上年末增加638万人；参加城镇居民基本医疗保险人数为44 860万人，比上年末增加7 171万人。在参加职工基本医疗保险人数中，参保职工21 720万人，参保退休人员7 812万人，分别比上年末增加358万人和280万人。年末参加城镇基本医疗保险的农民工人数为4 825万人，比上年末减少340万人。

全年城镇基本医疗保险基金总收入13 084亿元，支出10 767亿元，分别比上年增长16.9%和15.6%。年末城镇基本医疗保险统筹基金累计结存9 765亿元（含城镇居民基本医疗保险基金累计结存1 993亿元），个人账户积累5 200亿元。

5.4.4　实施新农合与居民医疗合并建立更加公平的医保制度

截至2017年年底，新农合从2003年开始实现了快速发展，新农合基金的高效运行，最大限度地发挥了维护参合农民健康的作用；而居民医保2007年启动以来，参保率逐年提高，参保规模逐步扩大，相关政策制度也渐趋成熟。但运行至今，已经在管理经办效率、医疗机构与医保部门结算、人员重复参保等问题上显示出弊端。特别是城乡统筹、实现城乡居民医保受益公平性的大环境，对实施新农合与居民医疗合并提出了更加迫切的要求。

1. 目前新农合和居民医疗保险运行中存在的问题

随着新农合和居民医疗保险各自政策的不断完善，由于缺乏统一的调控和管理机制，各种保险在运行中存在的矛盾和问题越来越突出。

（1）城镇居民和新型农村合作医疗重复参保现象严重。造成这种现象的主要原因：首先是由于城镇居民和新型农村合作医疗分属两个不同的部门进行管理，在政策的规划和衔接上都存在着本位思想，为了扩大各自参保的覆盖面，都在通过调整政策来吸引参保对象，逐渐形成了恶性竞争的不良态势。由此造成参保的政策相互交叉，让参保对象难以适从。比如在城镇居民政策中，明确将城镇规划区内的城中村、城中园及城镇就读的所有在校学生纳入城镇居民医保的参保范围；而新农合参保对象又将农村户籍的参保对象划定为以家庭为单位参保，即凡属农村户籍的人员，必须全家统一参保，凡一个家庭中有一人不参加新农合，其他成员也不能参加，也就是俗称的"宁缺一户，不漏一人"，同时，新农合在执行参保政策时，也并没有严格区分参保对象的户口，将部分非农户口也纳入了新农合范围。给人们造成了两种保险搞竞争的错觉。其次，新型农村合作医疗与城镇居民医疗保险业务程序不兼容，参保信息不能共享，无法及时发现重复参保人员，而且由于新型农村合作医疗与城镇居民医疗参保缴费时间不一致，缴费标准、报销政策存在很大差异，对城乡居民参加保险造成了选择上的困惑。

（2）在待遇享受的标准上相互攀比，超出了基金的承受力。按照缴费与待遇挂钩的原则，城镇居民医疗保险与新农合在筹资和享受待遇方面相辅相成，但在实际运行过程中，新农合自城镇居民医疗保险启动后，就不断提高报销比例，有些地方新农合的报销比例高达95%，远远超过了城镇职工和城镇居民医疗保险的报销比例，造成了新农合缴费标准低，报销比例最高的假象。在这种高报销比例的背后隐含着基金支出严重赤字的巨大风险。另外，在新农合提标后，城镇居民也被迫提标，按照略高于新农合待遇标准测算，居民的报销水平又将高于职工医疗保险的报销水平，这一恶性循环带来的后果是所有的医保险种都难以为继，医疗改革也将会面临风险。

（3）新农合的主管部门和经办机构处于同一部门的领导和被领导关系，在医疗保险基金的运行中缺乏有效的监管机制。目前，新农合的主管部门是卫生行政管理机构，具体业务经办机构为其所属的各级医疗卫生服务机构。新农合所筹集的资金又全部在各级医疗卫生机构中运行，也就是说，每年基金的筹集和支出都是一个部门说了算，参保对象对这种运行体制有较大的异议。同时，也易造成各医疗卫生服务机构放宽入院指征，浪费医疗资源现象。不利于医疗保险事业的健康发展。

2. 新农合和居民医疗保险整合的具体建议

为使医疗保险事业快速发展，合理使用各级财政补贴资金，减少和杜绝医疗资源的浪费，保障参保对象的切身利益，建议加快新农合和居民医疗保险整合，建立健全更加公平可持续的医疗保障制度。

一是职能整合。新农合和居民医疗保险管理职能、机构、编制、资产、资金、文书档案、数据资料等，一并划转或移交。

二是城镇居民医保基金和新农合基金整合。将城镇居民医保基金和新农合基金（含重大疾病医疗保险资金）合并为居民基本医疗保险基金，新农合基金随人员一并移交，纳入社会保障基金财政专户统一管理。做好整合前的基金审计工作，做到责任明确。

三是信息系统整合。按照标准统一、资源共享、数据集中、服务延伸的要求，整合城镇居民医疗保险和新农合管理信息系统，建立起覆盖城乡的医疗保险信息网络，和统一的居民参保人员数据库和药品、诊疗项目、服务设施范围目录数据库，并实现信息系统与所有经办机构、定点医疗机构的联网。大力推行社会保障卡的发放应用，逐步做到参保人持卡缴费和就医结算。四是基本医疗保险制度整合。建立统一的城乡居民基本医疗保险制度。实现在参保范围、统筹层次、筹资方式和标准，以及报销政策等方面的统一。统筹考虑已经实施新农合在乡镇医院报销比例高、城镇居民医疗保险在三级医院报销比例及年度最高支付限额比新农合高等问题，建立城乡一体化的城乡居民基本医疗保险制度。在政府补贴一致的前提下，统筹缴费和待遇享受标准。执行统一的用药目录、诊疗项目、医疗服务设施标准，在享受待遇与个人缴费对等的前提下，由城乡居民根据本人的经济情况和医疗需求选择其中一种缴费标准，享受相应的待遇，在财政负担丝毫不加重的情况下，增加社会的公平性。

5.4.5　大病保险制度的建立目的、预期效果及未来发展

2012年8月24日发改委等六部门联合下发了《六部门关于开展城乡居民大病保险工作的指导意见》。根据《国务院关于印发"十二五"期间深化医药卫生体制改革规划暨实施方案的通知》（国发〔2012〕11号），为进一步完善城乡居民医疗保障制度，健全多层次医疗保障体系，有效提高重特大疾病保障水平，经国务院同意，现就开展城乡居民大病保险工作提出指导意见。以探究大病保险制度建制背景和目的为开端，以完善医疗保障体系为立足点。本书发现大病保险制度的设计并没有实现其最初目的，商业保险机构减经办大病保险不能带动社会医疗保险效率的提升。因此建立大病保险制度的意义需要进一步反思。商业保险机构承办范围拓展至基本医疗保险抑或值得探索。

1. 大病保险制度的建制背景与目的

1）大病保险制度的建制背景

大病保险制度建制背景有二：一是"看病难、看病贵"，基本医疗保险对重特大疾病保障能力不足，居民面临很高的灾难性卫生支出风险，"因病致贫、因病返贫"现象突出。2011年年底，我国城镇居民基本医疗保险、新农合和城乡居民医疗保险实际报销比例分别

为52.28%、49.20%和44.87%。

　　二是基本医疗保险基金结余过多、经办效率较低，商业医疗保险发展不足，多层次医疗保障体系不健全。2011年新农合和城镇居民医疗保险社会统筹基金累计结余分别占当年基金总收入的35.7%和83.6%。医疗保险经办机构由于统筹层次低、信息化程度低、人力不足、缺乏激励机制等多种原因，经办效率较低。商业医疗保险在我国尚不发达，政府迫切希望建立起多层次医疗保障机制。

　　为此历年医药卫生体制改革主要政策文件曾多次提出要提高基本医保水平，实施医疗救助、疾病应急救助以及大病保障和救助试点等多种措施，并要求降低基金结余、提高经办效率，促进商业保险发展，探索由商业保险公司经办各类医疗保障项目等。

　　2）大病保险制度的建制目的

　　基于大病保险制度建置相关背景、政策文件、政策制定者解读及指导讲话和专家访谈等相关资料，我们认为大病保险制度的建制目的有二：一是通过充分利用医疗保险基金减轻人民群众医疗保险负担，即降低灾难性卫生支出发生率，减少"因病致贫、因病返贫"的现象的发生，提高重特大疾病的医疗保障水平，降低基本医疗保险基金结余等；二是通过引入商业医疗保险机构改善医疗保险的管理与服务，即转变政府职能，在公共服务领域引入竞争以提高管理和服务效率，由商业保险公司协同医疗保险经办机构监管医疗机构，降低医疗支出，促进商业保险发展，构建多层次医疗保障体系，间接提高医疗保险制度的统筹层次等。

　　2. 对大病保险制度预期效果的反思

　　1）大病保险制度能否带来总体医疗保障水平的提高

　　大病保险制度实行按服务项目付费的后付制，并且可以突破基本医疗保险的目录，这可能推动医疗费用的进一步上涨；同时，大病保险制度可能挤占用于基本医疗服务的资金，从而降低基本医疗服务的保障水平或延缓其提高。因此，大病保险制度虽然能够提高重特大疾病的保障水平，但可能推高医疗费用，并以牺牲多数参保人的利益为代价，来补偿少数人的高额医疗费用。

　　2）大病保险制度降低基本医疗保险基金结余

　　短期内，大病保险从总基金中划拨5%～10%，客观上缩减了基金当年和累计结余的整体规模。但长期看，由于未解决地方医疗保险经办机构的激励机制问题，划拨大病保险基金可能会以维持甚至缩小基本医疗保险服务项目或报销水平为代价。据报道，为实现总体基金平衡，安徽省提高省、市级医院的起付线，将新农合基金节省下来的两亿元用于大病保险制度。如果不改变地方政府或经办机构对基金结余的激励机制，大病保险制度不单不能够降低结余，还可能阻碍基本医疗保障水平的提高，阻碍"保基本"的方针的达成。

　　3）大病保险制度通过引入商业保险机构未提高医疗保险的效率

　　大病保险要求通过招标方式确定承办大病保险业务的商业保险公司，旨在通过商业保险公司激烈竞争来降低管理成本。然而截止到2017年6月底，仅有9家保险公司在全国21个省的84个地区开展城乡居民大病保险业务。目前，符合采购范围的保险公司有三十多家，但一些地方却出现了流标，不得不二次竞标。由于很难赚到钱，只有少部分大型保险公司为响应政策参与竞标，小公司很少参与竞标。大病保险没有核保环节，运行受到诸多因素影响，风险管控难度较大。此外社会医疗保险信息系统平台在各地并不统一。保险公司需要与多个统筹单位系统对接，系统开发维护成本高，效率低下。因此，在目前的制度设计下，引入商业保险公司既没有增进竞争又没有提高医疗保险的管理服务效率。

4）大病保险制度无法依靠商业保险监管降低医疗费用增长

《六部门关于开展城乡居民大病保险工作的指导意见》要求"商业保险公司要与基本医疗保险协同推进支付方式改革，按照诊疗规范和临床路径，规范医疗行为，控制医疗费用"。但是商业保险公司仅承办大病保险业务，主要监管住院部门，而当前医院收入的相当部分来自门诊，即使商业保险公司的监管能降低医院住院部门的医疗费用，如果医疗费用从住院部门转向门诊部门，将不会降低医院的总费用。

此外，商业保险公司监管医疗机构从而降低医疗费用增长还面临一系列不确定性。一是商业保险公司需要对接社保系统和医院的医疗系统，但由于涉及到医院的利益很难顺利对接。二是保险公司缺乏监管医疗机构的法定权利。在太仓，医保中心给商业保险公司的工作人员发放了社保社会医疗保险协查证，要求商保公司协助监督医疗机构诊疗行为。这种行为缺乏相应的立法依据，发生纠纷时难以协调。三是因为商业保险公司监控医疗费用而导致不良医疗后果的责任归属问题难以厘清。太仓和湛江均实施全方位、全流程监管医疗机构，在监管不合理费用时，可能会影响医生的正常治疗方案，若因此导致不良医疗后果，很难划分责任归属。

5）大病保险制度无法促进商业保险发展和多层次医疗保障体系的构建

我国商业医疗保险支出由2000年的28亿元（占卫生总费用的0.61%）猛增至2011年的691.7亿元，增长了23.7倍。如果大病保险按照人均40元的水平筹资，2014年，商业医疗保险经办的大病保险基金将超过400亿元，市场规模将急剧扩大。但是在绝大部分OECD国家，私人医疗保险占比10%，以至于不应该被认为是医疗保障的一个支柱。我国商业保险公司仅是经办大病保险，而非通过市场营销扩大市场容量，提供的产品也被认为是基本医疗保障的延伸和补充，而不是传统的商业医疗保险品种。因此，很难认为商业医疗保险因经办大病保险制度而使得市场结构有实质性突破。

6）大病保险制度无法提高医疗保险的统筹层次

我国医疗保险信息系统平台在各地不统一，商业保险公司虽然实行全国统筹核算，但却无法统筹地区间社会医疗保险系统，也就无法提高统筹层次。同时，各地往往要求，商业保险公司承办大病保险的盈利过高部分予以返还基金，难以实现地区间大病保险基金的调剂。由于大病保险制度采用的是平均标准，提高到统筹层次，实际上提高了贫困地区的居民获得补偿的门槛，容易出现劫贫济富。因此，大病保险制度的性质决定了其本身最需要因地制宜，但也会加剧医疗保险制度的碎片化。

3. 大病保险制度的未来之路

1）大病保险制度的替代性政策组合

基于以上分析，需要重新思考：大病保险制度是否是减轻民众就医负担的最优政策选择？在减轻民众重大疾病医疗负担方面，可能的替代性政策组合包括以下3点。

（1）降低总体医疗费用增长速度，这能够增加基金中可用于高额医疗费用补偿的资金量。强化公共卫生、预防教育和慢病控制；建立有效的行业协会监督机制、医生声誉机制，规范医院和医生行为；将基本医疗保险按项目付费的支付方式转变为多元化的支付方式，以经济手段激励和约束医院和医生行为。

（2）提高基本医疗保险保障水平。

提高基本医疗保障最高支付限额，降低灾难性卫生支出的发生率；强制提高统筹层次，政策向低收入地区居民倾斜，降低其医疗负担；强制实行首诊、转诊和分级医疗制度，提高基层医疗服务的数量、质量和报销水平，引导卫生资源向基层流动。

（3）加强基本医疗保险与医疗救助制度和慈善捐赠的衔接，同时提高医疗救助基金的总量。2012年，我国城乡医疗救助总支出仅为203.8亿元，无法有效救助高额医疗费用支出家庭。

2）大病保险制度的未来发展

（1）仅仅依靠大病保险制度不能解决因病致贫和体制机制创新问题。

在体制机制创新方面，商业保险公司承办大病保险制度并未改变医疗保险制度的支付方式，也未改变医疗保险经办机构的激励机制，也未能有效降低因病致贫问题，即对医、患、保之间的三方互动关系及相互间的激励约束机制并无实质性改变。

（2）仅仅依靠大病保险制度不能解决医疗保障体系的关键问题。

大病保险制度的目的包括间接提高医疗保险统筹层次，构建多层次医疗保障体系，优化医保对医疗机构的监管等，而这些是健全医疗保障体系的关键问题。事实上，这些问题无法尽在大病保险制度框架内解决。寄希望于商业保险公司监控医疗的设想也存在极大风险，容易引发各方的矛盾冲突。对医疗机构的监管涉及多方面的制度性问题，绝非引入商业保险公司承办即可化解。

（3）通过精细化管理手段防范道德风险可以提高大病保险运行效率。

欲维持大病保险制度的健康运行，需要实行更加精细化的管理。如果根据地区发展情况设定适度的起付线标准、规定各地的基金结余率、制定大病保险支付目录等，可以减少大病保险制度利益各方的道德风险，从而提高制度的运行效率。但是，亦需要防范相关措施的其他负面影响。

（4）可以探索商业保险公司承办更大范围的基本医疗保险业务。

大病保险制度设计本身是其效果不明显的根本原因，与经办主体无关。作为体制机制创新的一个重要环节，可以允许商业保险公司经办全部医疗保险事务，试点多元化保险人制度。

复习思考题

1. 什么是医疗保险？什么是医疗保险的特殊性？
2. 简述医疗保险的功能与作用。
3. 简述医疗保险服务与一般医疗服务的区别。
4. 简述中国医疗保障体系的构成。
5. 如何实现未来医保制度的改革？

第6章 生育保险

【学习目标】

通过本章的学习，了解生育社会保险的概念和特点；了解生育社会保险的意义和作用；熟悉生育保险基金筹集原则，掌握我国生育保险待遇的相关政策规定；掌握我国生育保险制度的最新政策解读。

【案例导读】

生活中我们经常碰到有关生育保险的这种案例[①]

刘先生今年45岁，孩子都20岁了，最近在一家出租车公司当上了司机，单位要他每月交35元购买生育保险，这合理吗？

陈小姐今年29岁，和男朋友感情稳定，准备后年结婚，但上个月她发现自己怀孕了，想把孩子生下来，她能享受到政策福利吗？

李女士目前在武汉工作，想在生孩子时回老家襄樊，到时能享受"异地生育保险"吗？

流产3次的李小姐，由于个人体质不好，生产时想找家最好的医院，但是理想的医院并不是定点医院，能报销吗？

在社会保险体系中，生育保险就其基金规模而言是"小险"，就其支付期限而言是一个"短险"，就其保护标的而言则是"重险"。生育保险肩负着保障劳动力简单再生产和扩大再生产正常进行的重要使命，因其"一手托两命"的特性受到各国政府的普遍重视。随着我国生育保险制度改革不断深入与完善，并用法律形式将其定型化，以保证生育保险制度的强制性和有效性。

6.1　生育保险概述

6.1.1　生育保险基础理论

当代西方生育理论主要有三效应理论、儿童价值理论和子女成本与效益比较理论。这

---

① 李丞北.社会保险学.北京：中国金融出版社，2014.

三种理论各有其特点。

1. 三效应理论

三效应理论是美国芝加哥流派的代表人物贝克尔于20世纪60年代提出的。"三效应"是指收入效应、物价效应和替代效应。贝克尔认为生育水平受"三效应"的制约。当收入效应大于抚养孩子的成本时，生育率提高，反之，当收入效应小于抚养孩子的成本时，生育率下降；当物价上涨，抚养孩子的成本上升，生育率下降，反之则上升；当抚养孩子的机会成本提高时，高档商品、耐用品、旅游等的发展使替代效应得到强化。人们宁愿把收入用于高档商品、耐用品以及旅游等项目的消费上，也不愿生养孩子，从而导致生育水平呈下降趋势。贝克尔认为，当代西方发达国家虽说收入效应提高，但随着物价上涨以及机会成本的提高使替代效应增强，必然导致生育率的不断下降。

2. 儿童价值理论

儿童价值理论认为，儿童和商品一样，也有价值。而且还可分为正价值和负价值。儿童的正价值主要有五个：①经济利益，即子女给父母和家庭带来的经济收入和晚年生活的保障。②感情利益，即子女出生后能给父母带来感情上的某种满足，使家庭在心理上得到收益。③家庭和家族的延续，即子女是婚姻带来的成果，延续了家族的"香火"。④父母与子女交互影响的利益，即父母把子女成长引为自豪和骄傲，从子女身上看到自身的价值。⑤自我丰富与发展，即父母通过抚育子女发现自己的能力而感到满足，从而实现了自己做父母的价值。

儿童的负价值也有五个：①抚育成本，即抚育儿童的种种花费。②感情代价，即子女在出生前和出生后给父母带来的担忧以及紧张的心情。③机会成本，即母亲因怀孕、生育、抚育子女，不得不暂时中断工作或放弃工作，由此而损失了一笔可观的经济收入。④体力消耗，即父母因子女问世而过度疲劳，以至于影响了身体健康。⑤家庭代价，父母为了子女付出了情感，从而影响了与其他家庭成员的感情交流。如母亲因子女的出生而把感情倾注在子女身上，而忽视夫妻之间的感情交流。

儿童价值理论认为，如果儿童商品的正价值超过其负价值，社会的生育率就会上升；如果儿童商品的负价值大于其正价值时，生育率便趋于下降。在西方国家，儿童商品的正价值正趋于弱化，而负价值却有日趋加大的倾向，因此，西方国家的生育率正呈日趋下降的趋势。

3. 子女成本与效益比较理论

子女成本与效益比较理论是美国经济学家H. 莱宾斯坦在20世纪60年代首先提出来的，并流行于欧美各国。莱宾斯坦是最早运用经济学的理论和方法研究孩子生养的成本和效用的西方学者。他使用边际孩子效用分析模型，即阐述导致边际孩子效用递减的决定因素，又说明孩子成本效用的变化和父母对孩子需求以至于实际生育率之间的关系。

在西方经济学中，最早给孩子生养成本下定义的是莱宾斯坦。他认为父母生育孩子的成本，一般是指从母亲怀孕起，到把孩子抚养成为生活自立者为止的各种直接的费用和支出以及父母为抚育子女所花费的时间。其中，直接花在子女身上的用现金或实物支付的抚养费用和支出称为直接成本，它主要包括：①新生婴儿的分娩费用；②出生后的衣、食、住、行的费用；③孩子接受教育、医疗服务和参加文化娱乐活动的费用。而父母因生养孩子减少自身工作、休闲或接受教育的时间称为间接成本。由于失去时间这一稀缺资源也就意味着不得不放弃各种赚取收入、余暇休闲的机会，所以又把与时间有关的间接成本称为机会成本。

生养孩子的过程不仅体现父母为之付出的成本，而且它还为父母和家庭带来一定的效用和收益。根据莱宾斯坦的定义，生养孩子至少有四种正面效用：①消费效用，生育和抚养孩子的过程实际上也是对"消费品"进行消费和享用的过程，父母从生养孩子中领受精神上的快乐和亲情上的满足。②收入效用，即子女作为生产手段给家庭带来的经济效益。③保障效用，年老生活保险的资源一般来自社会保障系统或家庭代际关系网络。在社会保险事业落后的发展中国家，子女替代社会保障体系为老年父母提供晚年经济生活保障的效用尤为重要，"养儿防老"是生育过程中最具功利色彩的一种表现。④家庭效用，通过对孩子的生育、教育培养等投入来产生一定的效用，主要体现在家业的继承，家庭在社区里的地位的保持，甚至整个家族社会势力和经济实力的进一步扩充和壮大等方面。该效用通常是许多家庭纵向或代际关系、谋求家族发展连续性的传统父母的家庭层次上的生育动机需求。

莱宾斯坦认为，当孩子带给家庭的正面效用大于生养孩子所花费的成本时，生育率就比较高，反之，生育率下降。但莱宾斯坦同时也认为，生养孩子也存在着边际效用递减的现象。

同时莱宾斯坦运用经济分析模型说明了家庭收入和孩子成本效用与父母生育期望之间的关系。他认为，随着经济的发展，家庭收入的增加，不论抚养孩子的成本是随着家庭收入的上升而增加或下降，还是保持不变，父母期望孩子的人数或父母对孩子的需求都会减少。

以上所介绍的西方生育理论从动态的角度研究了一些发达国家人口出生率变动的经济原因，虽然都有各自的局限性，但对于我们认识人口生育率的变动规律，预测生育社会保险发展趋势及其改革却是极有裨益的。

6.1.2　生育保险的概念与特点

1．生育保险的概念

生育保险是指国家针对女性职业者生育行为的生理特点，通过社会保险立法或法规，对怀孕和分娩而无法从事正常的生产活动、中断经济来源的女职工给予医疗保健服务、生活保障和物质帮助的一项社会保障制度，其宗旨是通过向职业妇女提供生育津贴、医疗服务和产假，帮助她们恢复劳动能力，重返工作岗位。

凡是与用人单位建立了劳动关系的职工，包括男职工，都应当参加生育保险。

2．生育保险的特点

生育保险与其他保险项目相比，有其自身的特点。

（1）享受的对象主要是女性劳动者。在我国，达到法定结婚年龄，正式登记结婚，并符合国家计划生育规定的女职工生育时，才能享受生育保险待遇。我国《中华人民共和国劳动法》等相关法律法规对女职工产假及配偶陪产假均作出了规定。按照《女职工劳动保护特别规定》，女职工生育享受产假98天，大多数地方根据《中华人民共和国人口与计划生育法》，给予按政策生育的女职工30天至3个月不等的生育奖励假，给予其配偶7天至1个月不等的配偶陪产假。目前，国家从法律层面已经明确了配偶陪产假分担抚养责任，鼓励用人单位满足男女职工产假需要，有利于鼓励广大家庭按政策生育，有利于全面两孩政策的实施。例如，由广东省第十三届人民代表大会常务委员会第三次会议于2018年5月31日通过，现予公布的《广东省人口与计划生育条例》第三十条的规定："符合法律、法规规定生育子女的夫妻，女方享受八十日的奖励假，男方享受十五日的陪产假。在规定假期内照发工资，不影响福利待遇和全勤评奖。"

（2）生育保险的给付项目较多。在国外，生育保险的给付项目包括生育假期、生育收入补偿、生育医疗保健和子女补助金等项目。在我国，生育保险的给付项目主要包括产假、生育津贴（产假工资）、医疗护理，此外还配合国家的人口控制政策，对实行晚婚、晚育的生育妇女制定一些奖励政策。

（3）待遇给付标准较高。妇女生育履行着繁衍人类的重要天职，为了保证新一代劳动力有较高的先天素质，同时又要保护妇女的身体健康，大多数国家的生育保险待遇的给付标准比较高，生育期间的补偿高于养老保险、医疗保险等，妇女生育所得补偿一般相当于被保险人生育前基本工资的100%，这不仅弥补了女职工的收入损失，并维持了女职工自身的劳动力再生产，保障了新一代劳动力的健康成长。另外，在我国，职工个人不缴纳生育保险费，而是由参保单位按照其工资总额的一定比例缴纳。

（4）生育保险实行"产前与产后都应享受"的原则。怀孕女职工在分娩前后都享有休假时间，以保证其身体健康，在临分娩前一段时间，女职工已经不能工作或不宜工作；分娩以后，需要一段时间休假，恢复健康和照顾婴儿；生育保险的保险事故是正常生理活动引发的，所引起的暂时不能参加劳动，一般属于正常的生理改变，与疾病等引起的病理变化不同，与失业、老年等社会风险造成的经济收入中断也不同。

（5）待遇享受条件各国不一致。有些国家要求享受者有参保记录、工作年限、本国公民身份等方面的要求。我国生育保险要求享受对象必须是合法婚姻者，即必须符合法定结婚年龄、按婚姻法规定办理了合法手续，并符合国家计划生育政策等。

（6）无论女职工妊娠结果如何，均可以按照规定得到补偿。也就是说无论胎儿存活与否，产妇均可享受有关待遇，包括流产、引产以及胎儿和产妇发生意外等情况，都能享受生育保险待遇。

6.1.3　建立生育保险的原则

生育保险是社会保险的重要组成部分，它既要遵循社会保险的一般原则，同时又要体现生育保险的特殊性，其内容如下。

1. 强制性原则

由于生育保险对国家社会的作用有其特殊性，因此生育保险的实施范围和待遇水平必须由国家法律、法规进行规定，并通过国家强制力加以实施。只有这样才能保证生育保险制度的实施，避免逆向选择，真正做到生育保险的广覆盖。

2. 普遍性原则

生育保险要遵循保险的"大数法则"，参加保险的人数越多，建立的生育保险基金也越多，承担风险的能力也就越大。

　　3. 互济性原则

　　生育保险在整个社会范围内通过企业单位缴纳生育保险费，建立生育保险基金。生育保险基金实行互助共济、社会统筹，均衡社会负担，为企业单位参与市场竞争创造公平的环境条件。

　　4. 权利与义务相等原则

　　生育津贴需要资金的支持，医疗服务需要购买。因此，参加单位和职工有参保的义务，同时也有享受待遇的权利。

　　5. 基本保障原则

　　生育保险的保险范围要与社会经济发展水平相适应，以保障生育期间的基本生活和基本医疗服务为原则，缴纳的保险费一般只能维持基本生活和基本医疗费用的支出。

　　6. 公平和效率相结合原则

　　在生育保险中，公平性主要体现在待遇方面，而效率则体现在使用基金方面。

6.1.4　生育保险的作用

　　生育保险是为了维护女职工的基本权益，减少和解决女职工在孕产期以及流产期间因特定的生理特点造成的困难，使她们在生育和流产期间得到必要的经济收入和医疗照顾，保障职工及婴儿的正常生活，使职工尽快恢复身体健康并回到工作岗位。生育保险的主要作用体现在以下几个方面。

　　1. 生育保险是对妇女生育价值的认可有利于社会劳动力的再生产

　　妇女生育是社会发展的需要，她们为社会劳动力再生产付出了努力，应当得到社会的补偿。因此，对妇女生育权益进行保护，被大多数国家接受和在政策上给予支持。建立生育保险不仅是为了保证女职工的身体健康，而且也是为了保护后代。同时，生育保险对于优生优育，保证新生儿能够拥有健康的体魄和正常的智力，为社会劳动力素质的提高提供了物质基础。

　　2. 生育保险有利于女职工的身体健康和劳动力能力的恢复

　　女职工在生育期间离开工作岗位，不能正常工作。国家通过制定相关政策保障她们离开工作岗位期间享受有关待遇，在生活保障和健康保障两方面为孕妇的顺利分娩创造了有利条件。向女职工提供医疗服务能够保证女职工在生育期间得到及时的检查、治疗和保护，获得基本的生活保障，可以使她们的身体迅速的恢复，保证生育女职工劳动力再生产的正常进行。

　　3. 生育保险有利于提高人口素质和促进计划生育的推行

　　生育保险为妇女提供了医疗服务项目，对于在孕期出现异常现象的妇女，进行重点保护和治疗，以达到保护胎儿正常生长、提高人口质量的作用。在我国，人类自身的再生产与物质的再生产、人口增长与经济发展的矛盾十分突出。而实行生育保险不仅有利于女职工的生育权益得到应有的尊重和保护，而且提高了生育质量，促进计划生育和优生优育。在我国由于享受生育保险的对象只限于符合国家计划生育政策规定生育的女职工，所以生育保险区别于我国的人口政策，可促进计划生育政策的推行。

4. 生育保险有利于促进企业的公平竞争从而促进女性平等就业

生育保险不分男女职工的性别比例，而是按照本企业职工工资总额的一定比例缴纳生育保险费，均衡了企业的生育费用负担，从而促进了企业公平竞争。处于生育期的女性劳动者依法享受有薪假期，所需基本生活和医疗保健费用由生育保险基金承担，解除了妇女劳动者的后顾之忧，有利于克服劳动力市场的性别歧视现象，对于促进女性平等就业，男女同工同酬起着十分积极的作用。

6.2 生育保险基金的筹集与管理

6.2.1 生育保险基金的筹集原则

生育保险基金是国家依据法律法规，通过社会力量，在劳动者因生育造成劳动力中断时，为保障他们的基本生活和医疗服务，而建立的一种专项基金。也可以说，它是国家宏观调控的一种手段，通过资金再分配和利益调整，达到促进生产力的发展和维护社会稳定的目的。生育保险基金的来源是由参加统筹的单位缴纳，职工个人不缴纳生育保险费。生育保险和国家计划生育政策相关联，因此，具有一定的可预见性。生育保险基金的统筹则是指在一定的范围内，对生育保险基金的各种来源做出安排，并对生育保险基金进行管理和运营，实现增值保值、收支平衡。

我国人力资源和社会保障部起草了《生育保险办法（征求意见稿）》从2012年11月20日起面向社会公开征求意见，《生育保险办法（征求意见稿）》明确：生育保险费用实行社会统筹，职工个人不缴纳生育保险费。社会保险经办机构根据"以支定收、收支基本平衡"的原则筹集和使用生育保险基金。用人单位按照本单位职工工资总额的一定比例缴纳生育保险费，缴费比例一般不超过0.5%，具体缴费比例由各统筹地区根据当地实际情况测算后提出，报省、自治区、直辖市批准后实施。超过工资总额0.5%的，应当报人力资源社会保障部备案。2016年5月1日起各地要继续贯彻落实国务院2015年关于降低生育保险费率0.5个百分点的决定和有关政策规定，确保政策实施到位。

1. 以支定收，收支基本平衡的原则

生育保险基金平衡的一个重要方面是生育保险基金支出，其主要内容有生育医疗保健费用和生育津贴支出。前者是指被保险人在生育期间发生的相关医疗费用、护理费用和其规定的支出；后者主要是指被保险人因生育而停止工作所损失的工资收入，生育津贴在短期内基本不变，在长期内可能随着社会平均工资收入的上升而增加。生育保险基金平衡的另一个重要方面是生育保险基金收入。根据基金的支出状况，测算合理的缴费率，从而确定收入水平，使收支基本平衡。

2. 不强调基金积累

生育保险基金主要采用现收现付制，生育保险基金实行社会统筹，通过社会再分配手段用于调剂，生育保险基金不计入个人账户。因此，生育保险基金在"以支定收，收支基本平衡"的原则下，不强调基金的积累。

3. 制定合理的缴费率

根据生育保险基金支出的精算估计，可以确定生育保险基金年收入水平和长期收入规模，再根据缴费工资总额，确定年缴费比例及长期缴费比例。生育保险基金一般由各地社会保险经办机构负责征缴、管理和支付保险待遇，并进行长期规划预测管理；同级财政、审计以及社会保险监督机构负责监督生育保险基金的运行。

4. 基本保障原则

生育保险费由用人单位缴纳，职工个人不缴纳生育保险费。生育保险主要是对处于生育期的妇女因为无法劳动、中断经济来源给予的医疗保健服务和生活保障。如果保障水平过高，用人单位缴费率就会相应的提高，加重了用人单位的负担，不利企业的公平竞争，从而阻碍了经济的发展。因此，生育保险基金的筹集应本着基本保障的原则。

6.2.2　生育保险基金的筹集方法

生育保险是社会保险的一个组成部分,基金来源应遵循社会保险的"大数法则"，集合社会的力量，在较大的社会范围内筹集。覆盖的人数和单位越多，越能发挥抗风险作用；统筹的面越广，保险费率才能逐步降低。我国是发展中国家，经济实力和发达国家相比还有很大的差距。在制定生育保险基金有关政策过程中，根据我国现阶段经济发展水平和各方面经济承受能力等因素，综合考虑生育保险基金筹集的策略，以适应现有的生产力发展环境。

从个人是否缴纳生育保险费以及与生育保险待遇享受资格相联系来讲，生育保险基金的筹集模式有以下几种。

（1）个人投保制。女职工需缴纳一定期限和一定金额的生育保险费，才能享受生育保险待遇。一般只要求女职工生育之前一段时间投保，即女职工受孕之后实行投保，大多数国家要求在分娩之前10个月。

（2）单位投保制。女职工个人不缴纳生育保险费，而是由所在单位缴纳。目前我国的生育保险筹资基本属于单位投保制，这种模式又分下列3种：①财政预算拨款模式，主要是国家党政机关、事业等单位。②社会统筹模式，主要是城镇企业单位实行。统筹基金筹集的具体方法由企业按照职工工资总额的一定比例向社会保险机构缴纳和按照人均绝对额征缴两种。我国一些没有参加社会统筹的企业，由用人单位承担女职工的生育津贴和生育医疗费用。③定额支付模式，用人单位按照每人每月固定的绝对额缴纳生育保险费。此办法主要在山西、河北等少部分地区实行，是生育保险开展早期的办法。

（3）非投保制。一些国家实行的是单位和个人不需要投保，就可以享受政府举办的生育保险待遇。这些国家基本上是把生育保险作为一种社会福利来办。如澳大利亚、新西兰政府规定，只要符合国家公民资格和财产调查手续的妇女，一般都能享受生育保险待遇。

6.2.3　生育保险缴费率测算

我国生育保险缴费率按照以下原则进行测算：①测算时要考虑生育医疗费和生育津贴两方面的支付范围和标准；②分开测算生育医疗费与生育津贴；③生育保险支付医疗费用应结合基本医疗保险规定的范围进行支付；④测算时对于风险储备金和管理费用可以不予

考虑；⑤在定额支付标准情况下，应分别测算各种生育服务的人次平均费及容许范围。

在生育保险基金缴费率的测算过程中主要考虑以下几方面的因素：一是计划生育指标；二是上年度生育职工月平均工资；三是医疗消费支出及增幅度；四是流产概率、计划生育手术概率及所造成的费支出等。

《企业职工生育保险试行办法》第四条规定："生育保险根据以支定收，收支基本平衡的原则筹集资金，由企业按照其工资总额的一定比例向社会保险经办机构缴纳生育保险费，建立生育保险基金。生育保险费的提取比例由当地人民政府根据计划内生育人数和生育津贴、生育医疗费等项费用确定，并可根据费用支出情况适时调整，但最高不得超过工资总额的百分之一。企业缴纳的生育保险费作为期间费用处理，列入企业管理费用。职工个人不缴纳生育保险费。"

社保机构征收地区，采取委托收款方式的，通过"收入户存款"开户银行收费，也可以采取支票、现金、电汇、本票等方式收费，并开具专用收款凭证。社保机构财务管理部门每月与银行对账结算，并将到账情况反馈给征缴部门。征缴部门每月定期根据财务管理部门反馈的信息生成《生育保险费实缴清单》。税务代征的地区，社保机构按月将《生育保险缴费核定汇总表》及《生育保险缴费核定明细表》传给税务机关，作为其征收依据。税务机关收款后，每月在规定时间内向社保机构反馈到账信息，传送《生育保险费实缴清单》及相关收款凭证，社保机构财务管理部门做入账处理。

社保机构征缴部门根据财务管理部门传送的《生育保险费实缴清单》，向申报后未足额或未及时缴纳生育保险费的参保单位发出《社会保险费催缴通知单》，每月根据《生育保险费实缴清单》，登记应缴、实缴、当期欠费等台账。

具体测算步骤以某市2017年生育保险费用的测算为例：

某市2016年参加生育保险社会统筹的企业有221家，在职职工人数为67 380人，工资总额为446 325 120元；2013年实际生育人数为780人，共支付生育医疗费786 000元。2017年下达的计划生育指标数为720人。

计算2017年生育保险基金筹资比例。

（1）生育津贴的计算方法是：生育津贴按上年度职工月平均工资计算。上年度职工月平均工资的计算方法是：用企业职工工资总额除以职工总数，其商是职工人均年工资额；再除以12个月，其商是上年度职工月工资额。

$$（446 325 120 / 67 380）/ 12 = 552（元）$$

根据《女职工劳动保护规定》产假为90天（大致为3个月），人均支付津贴为：职工月工资数乘以3个月，得出支付生育津贴的总数。

$$552 \times 3 = 1 656（元）$$

（2）人均生育费用计算：上年生育费支付总额除以上年实际生育人数，得出上年人均生育费用。

$$786 000 / 780 = 1 008（元）$$

（3）2016年人均支付的生育保险费为生育津贴和生育费用两项之和。

$$1 656 + 1 008 = 2 664（元）$$

根据2017年的计划生育指标数和2016年人均支付的生育保险费，测算2017年所需筹集的生育保险基金总额。用2016年人均支付生育保险费乘以2017年计划生育指标数，得出2017年预计生育保险基金花费总数。

$$2\,664 \times 720 = 1\,918\,080\,（元）$$

根据计算出来的2017年所需筹集生育保险基金的总额，除以该地区职工工资总额，再乘以100%，计算出2017年生育保险基金的提取比例。

$$（1\,918\,080 / 446\,325\,120）\times 100\% = 0.4\%$$

计算说明：

（1）上述计算只是介绍生育保险提取比例的思路和方法，在实际测算时，务必根据当地的实际情况进行调整；

（2）生育保险费率的计算受参保单位工资总额、职工工资、生育医疗费和计划生育手术费等因素影响，特别是要将流产和计划生育手术费用考虑进去；

（3）生育保险费率不应该是一成不变的，应根据实际情况做适当调整。如出现基金不足或积累过多的情况时，要分析原因，定期调整基金提取比率。

6.2.4 生育保险基金的管理

生育保险基金的管理关系到整个生育保险制度的正常运行和职工的切身利益。生育保险基金的筹集和使用实行财务预决算制度，由社会保险经办机构做出年度报告，并接受同级财政、审计监督，市（县）社会监督机构定期监督生育保险基金管理工作。对违反生育保险基金管理的处理：企业虚报、冒领生育津贴或生育医疗费的，社会保险经办机构应追回全部虚报、冒领金额，并由劳动行政部门给予处罚；企业欠付或拖付职工生育津贴、生育医疗费的，由劳动行政部门责令企业限期支付，对职工造成损害的，企业应承担赔偿责任；劳动行政部门或社会保险经办机构工作人员滥用职权、玩忽职守、徇私舞弊、贪污、挪用生育保险基金，构成犯罪的，依法追究刑事责任；不构成犯罪的，给予行政策处分。根据生育保险基金的特性，我国对生育保险基金的管理采取了一系列行之有效的办法。

1. 依法缴纳生育保险费

生育保险基金由劳动部门所属社会保险经办机构负责收缴、支付和管理。企业必须按期缴纳生育保险费，对逾期不缴纳的，按月加收千分之二的滞纳金，滞纳金转入生育保险基金。滞纳金由营业外收入列支，纳税时进行调整。基金应存入社会保险经办机构在银行开设的生育保险基金专户，银行应按照城乡居民个人储蓄同期存款利率计算利息，所得利息转入生育保险基金。

2. 生育保险基金实行专款专用

生育保险基金是保证生育保险制度顺利实施而设的专用资金，是保障劳动者在生育时期仍然享有经济支持的具体表现形式，有严格的适用范围，要保证专款专用：一是只能用于《中华人民共和国社会保险法》规定的参保人；二是只能用于参保人生育相关的支出；三是只能用于《中华人民共和国社会保险法》中规定标准的相关项目。

3. 政府部门管理生育保险基金

生育保险基金管理机构多是政府部门或是政府特别授权的专门机构。这是社会保险制度性质所决定的，主要体现政府在这一领域承担的法律责任，任何个人或私营机构，都不能筹建生育保险基金。社会保险和商业保险有着本质的区别，社会保险不以营利为目的，发挥维护社会稳定和安全的作用。

4. 建立完善的生育保险基金审计和监管制度

完善生育保险基金的审计与基金的监管要从五个方面入手：一是将生育保险基金纳入财政专户管理，专款专用，不得挤占挪用；二是建立健全社会保险经办机构预决算制度、财务会计制度和审计制度；三是社会保险经办机构的事业经费不能从基金中提取，由各地财政预算解决；四是各级人力资源社会保障部门和财政部门要加强对基金的监管、审计，要定期对社会保险经办机构的基金收支情况和管理情况进行审计；五是统筹地区要设立由政府有关部门代表、用人单位代表、医疗机构代表、工会代表和有关专家参加的生育保险基金监管组织，加大社会监督力度。

5. 生育保险基金的动作与计划生育政策衔接

国家在人口发展的宏观调控中，每次人口政策的调整，都会对生育保险产生不同程度的影响，这是其他险种不具备的特点。主要原因是生育保险待遇的享受者要符合国家计划生育政策，在生育保险基金筹集的测算依据中，计划生育指标数占很大的比重，直接关系到基金筹集的数额。另外，计划生育工作的质量，也会直接影响生育保险基金支出。例如在推广避孕长效措施较好的地区，就降低了人工流产等计划生育手术费用的支出，减少了生育保险基金的负担。因此，国家计划生育政策的落实与生育保险基金动作有密切的关系。

6.3　生育保险待遇

6.3.1　产假

产假是为了妇女怀孕、生育和产后照顾婴儿而设立的休假。无论是从保护妇女的健康出发，还是从保护新生儿的安全并能得到母亲精心照顾出发，都应该对生育妇女给予足够长的产假。

按照1952年国际劳工组织通过的《生育保护公约（1952年修订）》（第103号公约）规定，产假至少为12周即84天，并建议在产前和产后分开享受。该组织通过的《保护生育建议书》提议，产假应延长至14周。2000年6月15日通过的国际劳工组织《2000年保护生育公约（修订）》（国际劳工组织第183号公约）规定"妇女须有权利享受不少于14周的产假"，大多数国家都接受了这项建议。

各个国家对于产假的规定不同：德国规定产假为32周，其中产前6周、产后8周为带薪休假；英国规定产假为9个月，其中有6个月为带薪产假；日本规定产前6周和产后8周为带薪休假，另外还可以额外申请1年育儿假；新加坡强制性全薪产假为8周，非强制性半薪产假为16周。

我国的产假包括正常产产假、难产产假、多胞胎生育产假。在20世纪80年代以前，产假规定为56天。1988年公布《女职工劳动保护规定》后，对原有规定作了很大修改。规定正常产假为90天，其中产前15天，产后75天。难产的，增加15天。多胞胎生育，每多生育一个婴儿增加15天。女职工怀孕不满4个月流产时，根据医疗部门的证明给予15～30天的产假；满4个月以上流产时，给予42天假期。部分地区还采取了对符合计划生育条件的职工给予奖励产假的政策，假期可延长到24周。2012年4月18日，由国务院公布的《女职工劳动保护特别规定》遵循产假最少为14周的国际公约，将产假调整为98天，其中产前可以休假15天，产后假83天；难产的，应增加产假15天；生育多胞胎的，每多生育1个婴儿，可增加产假15天；女职工怀孕未满4个月流产的，享受15天产假；怀孕满4个月流产的，享受42天产假。

6.3.2　生育津贴

1．生育津贴的概念

生育津贴是对职业妇女因生育而暂时离开工作岗位、中断工资收入时按国家规定以现金形式发放的一种保险待遇。国际上又称生育现金补助。

生育津贴随着工业化生产的发展和妇女就业人数的增加而被广泛实施。1919年国际劳工组织制定的《生育保护公约》第一次对生育津贴作出了通用性的规范。该公约对各国生育津贴标准的规定明确了一条原则："属于与收入相关的社会保险制度，津贴不应低于原收入的2/3。支付的津贴应当和维持产假期间的生活相适应"。1952年国际劳工组织《保护生育建议书》提议，生育津贴应等于妇女生育之前的收入。这一原则至今仍然有效，大部分国家接受了这项建议。

生育津贴的受益人是生育的职业妇女。有的国家还包括男职工之妻和其他受益人，如芬兰、丹麦、挪威、瑞典等国规定，产妇返回工作岗位后，生育津贴可支付给在家看护婴儿的有职业的父亲。德国的生育津贴为产前6周、产后8周的保护期内的妇女，可领取相当于分娩前3个月净工资的工资数额，产后可以享受6个月的休假期，休假期间享受一定量的现金补贴。在英国，产妇每产下一个婴儿，可领取每周25英镑的津贴，共领取18周，低收入家庭的新生婴儿则可得到500英镑的津贴，政府负担每个产妇的平均医疗费。日本的生育保险最低保障额为24万日元。儿童补贴第一胎、第二胎每月为5 000日元，第三胎之后每月补贴1万日元，补贴年限至小学三年级毕业前。新加坡每个小孩的育儿津贴折合台币约每月7 500元。生第一个孩子后，可以少交15%的税，每多生一个孩子，还可以再少交5%的税。生到第三个小孩，还可以分配到国宅。

我国的生育津贴原称为产假工资。1994年原劳动部为了与国际通用术语相衔接，在颁布的《企业职工生育保险试行办法》中，将产假工资改名为生育津贴。

2．生育津贴的给付

1）申领生育保险待遇的条件

（1）参加生育保险。

申领生育保险待遇的女职工应该参加了生育保险，即其所在的企业应该办理了生育保险的登记，且为其按时、足额缴纳了生育保险费。

（2）符合计划生育规定。

申领生育保险待遇的女职工应该符合计划生育规定，根据2015年12月27日第十二届全国人民代表大会常务委员会第十八次会议修改的《中华人民共和国人口与计划生育法》第十八条规定："国家提倡一对夫妻生育两个子女。符合法律、法规条件的，可以要求安排再生育子女。具体办法由省、自治区、直辖市人民代表大会或者常务委员会规定。少数民族也要实行计划生育，具体办法由省、自治区、直辖市人民代表大会或者其常务委员会规定。夫妻双方户籍所在地的省、自治区、直辖市之间关于再生育子女的规定不一致的，按照有利于当事人的原则适用。"因此，女职工由于计划外生育行为发生的费用，由职工自己负担。

（3）申请人建立合法、有效的婚姻关系。

公民有生育的权利，也有依法实行计划生育的义务，符合计划生育规定的前提是申领人已经建立合法、有效的婚姻关系，即符合《中华人民共和国婚姻法》的规定，达到法定婚龄男女双方自愿建立婚姻关系，并依法办理结婚登记，且双方没有禁止结婚的情形，如直系血亲和三代以内的旁系血亲，以及患有医学上认为不应当结婚的疾病。

（4）符合生育保险的就医规定，药品、诊疗和医疗服务设施的规定。

职工生育、实施计划生育手术应当按照所在地社会保险经办机构确定的基本医疗或生育保险就医的规定，到具有助产、计划生育手术资质的定点医疗机构就医。

职工生育、实施计划生育手术也应该按照当地社会保障行政主管部门确定的生育保险部分医疗费支付项目和标准，报销生育医疗、护理费用。对于超过规定的支付项目或者超过规定标准的医疗费用，应该由申领人自己承担。

2）申领生育保险待遇的程序

申领生育保险待遇是指符合参加生育保险的生育者或其所在企业，在其生育或流产后，依法向社会保险经办机构申请支付生育津贴、医疗服务费用等的步骤。根据《企业职工生育保险试行办法》第七条规定："女职工生育或流产后，由本人或所在企业持当地计划生育部门签发的计划生育证明，婴儿出生、死亡或流产证明，到当地社会保险经办机构办理手续，领取生育津贴和报销生育医疗费。"

社会保险经办机构应当自受理申请之日起20日内，对生育妇女享受生育生活津贴、生育医疗费补贴的条件进行审核。对符合条件的，核定其享受期限和标准，并予以一次性计发；对不符合条件的，应当书面告知。一般而言，社会保险经办机构在进行审核时，主要是对于生育者本人是否符合相应的条件以及相应的保险待遇标准进行审核，对于下列生育、计划生育手术医疗费用，生育保险基金不予支付：①不符合国家或者本市计划生育规定的；②不符合所在地基本医疗或生育保险就医规定的；③不符合所在地基本医疗或生育保险药品目录、诊疗项目和医疗服务设施项目规定的；④按照规定应当由个人负担的费用，等等。

3. 生育津贴的具体支付

我国女职工产假期间的生育津贴，对已经参加生育保险的，按照用人单位上年度职工月平均工资的标准由生育保险基金支付；对未参加生育保险的，按照女职工产假前工资的标准由用人单位支付。支付期限为产假期限98天；难产增加15天生育津贴；多胞胎生育，每多生育一个婴儿增加15天生育津贴。部分地区对晚婚晚育的职业妇女实行适当延长生育津贴支付期限的鼓励政策。还有的地区对参加生育保险的企业男职工的配偶给予一次性津贴补助。生育保险待遇标准主要采取两种方式：一是生育津贴按照本企业上年度职工月平均工资计发，医疗费用采取实报实销；二是生育津贴和医疗费合并，按照顺产、难产、流产等档次，规定绝对额拨付。从部分地区出台的法律、法规来看，正常生产支付的费用一般在400～1 000元；难产为800～3 000元；流产为100～800元。享受条件是生育女职工必须符合国家计划生育政策。如上海市规定：从业妇女的月生育津贴标准为本人生产或者流产当月城镇养老保险费缴费基数；个人缴纳城镇养老保险费不满一年的，月生育津贴标准按本市企业职工最低月工资标准发给，并规定特殊情况的可以增加生育津贴；难产的，增加半个月的生育津贴；符合计划生育晚育条件的，增加半个月的生育生活津贴；多胞胎生育的，每多生育一个婴儿，增加半个月的生育生活津贴。

6.3.3　生育医疗服务

生育医疗服务是为妇女生育提供的医疗帮助。它是由医疗单位对怀孕、分娩和产后妇女提供咨询、体检、接生和必需的治疗等。各国的生育保险提供的医疗服务项目不同，一般是根据本国的经济实力和社会保险基金的承受能力制定的。大多数国家提供从怀孕到产后的医疗保健及治疗，部分发达国家还为新生儿提供特殊护理、用品和食品。

我国生育医疗服务包括的项目有：孕期检查费、接生费、手术费、住院费和药品费。孕期检查费是指女职工在产期保健过程中，定期到医疗机构进行身体检查的相关费用。接生费是指女职工分娩时，医生或助产人员协助产妇娩出新生儿过程中所发生的费用。手术费是指分娩过程中实施会阴切开术和剖宫手术所发生的费用。住院费是指产妇在分娩期间住院的床位费。药品费是指从女职工怀孕到女职工分娩后出院，医院根据产妇需要给予的药物护理、治疗所发生的费用。其所需费用，在开展生育保险社会统筹的地区，由生育保险基金支付；在尚未开展生育保险社会统筹的地区，由女职工所在单位支付。其中，药品费的报销范围是国家规定的治疗药品。

6.4　我国生育保险制度现行政策解读

6.4.1　我国生育保险制度的建立与沿革

1. 生育保险制度的初步建立与发展（1949—1965年）

建国初期的生育保险制度是新中国劳动保险体系的一部分。1951年2月26日，《中华人民共和国劳动保险条例》的颁布，标志着我国建国初期的生育保险制度建立起来了。《中华人民共和国劳动保险条例》是我国第一部全国统一的劳动保险法规，确立了包括生育保险在内的多种保险项目。根据全国经济形势的变化以及《中华人民共和国劳动保险条例》的实施情况，1953年1月，由政务院颁布了《中华人民共和国劳动保险条例实施细则修正草案》。《中华人民共和国劳动保险条例》最初的覆盖范围是：职工人数为100人以上的厂矿及其附属单位。在其后的修订中，覆盖范围不断扩大至工、矿、交通事业的基本建设单位和国营建筑公司以及商业、外贸、金融、地质、国有农牧场等13个产业部门。生育保险金完全由企业负担，按月缴纳该企业全部职工工资总额的3%作为劳动保险金。保险待遇主要包括三个方面：①产假及生育。正常产假56天；怀孕不满7个月流产时，可以给假20～30天；难产或双生时，增加产假14天。产假期间，工资照发。②生育补助。女职工或男职工之妻生育时，由劳动保险基金支付生育补助5市尺红布，按当地零售价给付。多生子女时补助加倍。③医疗服务。女职工怀孕，在该企业医疗所、医院或特约医院检查或分娩时，其费用均由企业承担。

2. 生育保险制度的停滞和倒退（1966—1977年）

处于"文化大革命"期间的生育保险制度也遭受到了严重破坏，在这段时期内处于停滞乃至倒退状态，但仍然在艰难的运转。新中国成立以来的各项生育保险法规和制度实际上被废止，使生育保险无章可循。专门管理企业职工劳动保险业务的各级工会组织被解散，负责劳动保险行政管理的劳动部、卫生部和人事部长期处于瘫痪状态，生育保险工作无人管理。1969年2月，财政部颁布《关于国营企业财务工作中几项制度的改革意见（草案）》，规定国营企业停止提取劳动保险金。这一规定否定了《中华人民共和国劳动保险条例》中的有关规定，取消了社会保险金的社会统筹，从而使社会性的生育保险转变成了实质上的企业保险。生育保险失去了社会性和互济性是"文革"对生育保险制度造成的最大破坏。从此生育保险金的统筹调剂工作停止，生育保险的互济功能无法发挥，各企业只对本企业的职工负责。男女性别比例不同使各类企业生育保险费用负担不均衡。

3. 生育保险制度的恢复和探索（1978—1991年）

随着"文化大革命"的结束，我国社会经济建设重新步入正轨。1988年7月21日，国家颁布了《女职工劳动保护规定》，统一了企业和机关事业单位中有关生育保险待遇的规定。1988年9月，颁布了《劳动部关于女职工生育待遇若干问题的通知》。此时，生育保险覆盖中国境内一切国家机关、人民团体、企业、事业单位的女职工。产假由原来的56天增加至90天；难产的增加15天；多胞胎生育，每多生育一个婴儿增加15天；怀孕不满4个月流产时，给假15～30天；满4个月的，给假42天。产假期间，工资照发。

此时的生育保险仍然没有体现出显著的社会统筹性，因此全国各地都在积极探索解决这一问题的生育保险制度。

4. 生育保险制度的改革和完善（1992年至今）

这段时期，国家相继出台多种相关法律来推进生育保险制度的改革。1992年4月，通过《中华人民共和国妇女权益保障法》规定，妇女在孕期、产期、哺乳期受特殊保护。国家要推行生育保险制度，建立健全与生育相关的其他保障制度。1994年12月劳动部颁布了《企业职工生育保险试行办法》，对企业职工生育保险的基本原则、实施范围、待遇标准、基金管理、监督机制等作出了明确规定。此后，我国有31个省（区、市）已经出台了生育保险方面的地方性法规、地方政府规章或者其他规范性文件，对本省（区、市）生育保险制度作出了具体安排。其中有19个省份已将机关、事业单位和企业等用人单位全部纳入生育保险覆盖范围。截至2012年9月，全国生育保险参保人数已达1.5亿人。2012年4月，国务院颁布《女职工劳动保护特别规定》，将我国的产假提高至98天，达到国际劳工组织《保护生育建议书》的标准。对于怀孕期间的女职工所产生的医疗费用，《女职工劳动保护特别规定》明确了"按照生育保险规定的项目和标准，对已经参加生育保险的，由生育保险基金支付；对未参加生育保险的，由用人单位支付"。并且对哺乳期女职工作出了详尽的规定：对哺乳未满1周岁婴儿的女职工，用人单位不得延长劳动时间或者安排夜班劳动；用人单位应当在每天的劳动时间内为哺乳期女职工安排1小时哺乳时间；女职工生育多胞胎的，每多哺乳1个婴儿每天增加1小时哺乳时间。人力资源和社会保障部《生育保险办法（征求意见稿）》从2012年11月20日起面向社会公开征求意见，对生育保险适用范围、生育保险基金的筹集和使用、生育保险待遇、生育保险经办管理和监督、相关法律责任等内容都作了具体规定，意味着我国生育保险制度的进一步完善。2016年5月1日起各地要继续贯彻落实国务院2015年关于降低生育保险费率0.5个百分点的决定和有关政策规定，确保政策实施到位。生育保险和基本医疗保险合并实施工作，待国务院制定出台相关规定后统一组织实施。2017年2月24日，人力资源和社会保障部举行生育保险和基本医疗保险合并实施试点工作会议，计划于2017年6月底前在12个试点地区启动两险合并工作。人力资源和社会保障部强调，两险合并并不是简地将生育保险并入医保，而是要保留各自功能，实现一体化运行管理。

【知识链接】

生育保险制度与女工劳动保护制度的区别[①]

女工劳动保护制度包括对普通女工的保护，生育保险制度没有对普通女工的保护只有对孕产妇的保障。女工劳动保护经费由各企业自己负担，生育保险费用由各企业分担。

女工劳动保护制度与生育保险制度都有对孕产妇的保障。中国女工劳动保护制度对孕产妇的保护内容有：产前产后工时减免，如女工孕期检查、产后哺乳时间计作劳动时间；孕期工作量减免，如不上夜班、减轻工作量不减工资等；母婴保护设施，如哺乳室；还有女性就业保障，即保障女工不会因为怀孕生育而遭受解雇。

这些项目可以包括在广义的生育保障制度之内。但由于实施产前检查时间津贴、产后哺乳时间津贴、哺乳室建设费等并不由"生育保险基金"支付，而是由企业支付，被看作企业女职工福利，因此将它们列入"女工劳动保护制度"。"产前检查费"由"生育保险基金"支付，因此归入"生育保险制度"。

6.4.2　我国生育保险制度改革的主要内容

1. 扩大生育保险的覆盖范围

生育保险覆盖范围狭窄是我国生育保险制度的主要问题之一，使得很多处在生育期的女性得不到生育保险的保护，从而影响妇女平等就业权的实现。因此，建立覆盖全体妇女劳动者的生育保险制度成为我国生育保险制度改革的重要目标。但是，我国处于社会主义建设的初级阶段，经济发展水平不高，在这种情况下，要在短时间内建立起覆盖所有女性劳动者的生育保险制度显然是不现实的。因此，在保证生育保险对象范围不缩小、保险水平不断提高的情况下，将全体妇女逐步纳入到生育保险的覆盖范围，从而达到提高我国人口整体素质的目的。2012年起草的《生育保险办法（征求意见稿）》将生育保险的覆盖范围扩大到"中华人民共和国境内的国家机关、企业、事业单位、有雇工的个体经济组织以及其他社会组织及其职工或者雇工"。《生育保险办法（征求意见稿）》明确了生育保险的覆盖范围不再仅限当地城镇职工，明确了生育保险将实现各类职工人群的全覆盖。但是，《生育保险办法（征求意见稿）》仍然没有把女性农业劳动者纳入到体系中；对于男性职工的陪产假、育儿假、生育补助没有明确的规定。这些都将成为未来生育保险制度改革的新内容。

2. 建立在全国范围内统筹的生育保险基金

生育保险基金的统筹范围反映了其保障的广度和深度，是生育保险社会化程度的一个标志。它一般包括：①企业内统筹。以劳动者所在的用人单位范围内筹集生育保险基金并实现生育保险基金的管理和运营，例如生育保险的企业保险模式。②地域范围内统筹。即在县、地级市、省或全国范围内实现统筹。生育保险根据社会保险的"大数法则"，在较大的社会范围内筹集生育保险基金，有利于实现生育保险的互助互济，将发生在少数人和少数单位的风险，转由多数单位共同分担，从而降低生育保险基金的风险，实现对因生育而暂时丧失劳动能力的女职工提供物质帮助，保证她们的基本生活，维护其合法权益；同时，也可以缓解企业之间因男女职工比例不同所造成的生育费用负担畸轻畸重的矛盾，为企业公平地参与市场竞争创造条件。《生育保险办法（征求意见稿）》第二章第八条规定，生育保险基金实行地（市）级统筹，逐步实行省级统筹。因此，在生育保险制度改革过程中，尽量提高生育保险的社会化程度和基金的社会统筹层次。生育保险基金从原来的县市统筹过渡到地级市以上统筹，逐步实现省级统筹，未来的趋势是实现在全国范围内的统筹。

3. 生育保险待遇与国际标准接轨

生育保险的待遇水平应该与我国的经济发展水平相适应。待遇过高，社会负担过重，阻碍经济发展；待遇过低，起不到保障效果，引发社会矛盾。同时，也应该借鉴国际上通行的比较成熟的生育保险待遇水平，与国际标准接轨。国外，生育保险待遇主要包括产假、生育补助金、生育津贴、医疗保健等内容。从其现行待遇标准来看，大多数国家都已经达到或超过国际《生育保护公约》的规定，生育待遇标准优厚。国际劳工组织通过的生育保护的国际公约和建议书，都明确要求生育津贴应当足以维持产妇和婴儿的生活和健康需要。在此基础上，随着经济的发展，我国正在逐步改善和提高生育保险待遇和水平。

1919年，国际劳工组织制定的《生育保护公约》规定：生育津贴不应低于原收入的2/3。1952年，国际劳工组织《保护生育建议书》提议，生育津贴应等于妇女之前的收入。2012年4月18日，国务院第200次常务会议通过的《女职工劳动保护特别规定》中规定："女职工产假期间的生育津贴，对已经参加生育保险的，按照用人单位上年度职工月平均工资的标准由生育保险基金支付；对未参加生育保险的，按照女职工产假前工资的标准由用人单位支付。"国际公约规定产假不应低于14周，我国《女职工劳动保护特别规定》将原来的产假90天调整为98天。可见，生育保险待遇与国际标准接轨是我国当前甚至是未来生育保险制度改革的重要内容之一。

4. 降低生育保险缴费率

原《企业职工生育保险试行办法》规定企业缴费一般不应超过企业工资总额的1%。2001年全国平均缴费率仅为0.7%，而当年全国生育保险保费收入共计14亿元，而支出仅为10亿元，累计滚存21亿元，超收率达40%，这说明1%的缴费率标准偏高，有下调的空间。

据1997年年底27个省市统计数字显示，结余率最高的这几年来是青海省，达89%。结余率超过50%的有8个省，占统计省市的35%。1997年年底基金滚存结余达7.5亿元。基金结余上涨的趋势，将严重影响生育保险改革工作健康有序的发展。一些地方对费用收缴不进行科学测算与预测，也不遵守"以支定收，收支基本平衡"的原则，主观认为保费越多越好，导致企业负担过重，本来1%的费率上限标准就已偏高，而一些地方的费率则已超过1%，高的甚至达2%以上，致使一些企业抵制缴费，损害了企业参保的积极性。因此，2012年起草的《生育保险办法（征求意见稿）》将生育保险的缴费率降低为不超过本单位职工工资总额的0.5%。由此可见，降低用人单位的缴费率已是大势所趋，成为生育保险制度改革的重要内容之一。

6.4.3　我国生育保险制度现行政策解读

1. 生育保险的适用范围

生育保险是社会保险的重要组成部分，目前的《企业职工生育保险试行办法》仅适用于城镇企业及其职工。按照社会保险法的立法精神和《社会保障"十二五"规划纲要》关于加快建立覆盖城乡居民的社会保障体系的要求，《生育保险办法（征求意见稿）》将生育保险的覆盖范围确定为国家机关、企业、事业单位、有雇工的个体经济组织以及其他社会组织等各类用人单位及其职工，这将有利于生育保险制度的统一，有利于体现社会保障的公平性。

2. 生育保险的缴费基数

《生育保险办法（征求意见稿）》规定：用人单位按照本单位工资总额的一定比例缴纳生育保险费，职工个人不缴费。这样规定主要考虑：一是符合《中华人民共和国社会保险法》第五十三条规定；二是与养老、医疗等其他社会保险项目的规定一致，有利于落实社会保险法第五十九条中关于"社会保险费实行统一征收"的规定；三是以单位工资总额作为缴费基数，表明单位无论招用男、女职工，都要依法参加生育保险，体现了生育不单是女职工个人的事情而是一个家庭乃至社会责任的理念，特别是在女性就业比男性更为困难的背景下，通过建立生育保险制度实现风险共担，有利于均衡用人单位之间的生育成本负担，有利于消除就业性别歧视，保障妇女平等就业的权利。

3. 生育保险筹资原则及缴费比例

《生育保险办法（征求意见稿）》规定：生育保险基金按照"以支定收、收支平衡"的原则筹集和使用。根据近二十年各地生育保险基金的收支情况及生育保险支出占工资总额的比例情况，规定用人单位按照本单位职工工资总额的一定比例缴纳生育保险费，缴费比例一般不超过0.5%，比原来规定的1%左右大幅度降低，具体缴费比例由各统筹地区根据当地实际情况测算后提出，报省、自治区、直辖市批准后实施；为有效控制用人单位的缴费负担，《生育保险办法（征求意见稿）》同时规定，缴费比例超过0.5%的，应当报人力资源社会保障部备案。

4. 生育保险待遇和标准

《生育保险办法（征求意见稿）》规定：生育保险待遇包括生育医疗费用和生育津贴。参加生育保险的人员在协议医疗服务机构发生的生育医疗费用，符合生育保险药品目录、诊疗项目及医疗服务设施标准的，由生育保险基金支付，即个人不需要支付费用；对于急诊、抢救的，可在非协议医疗服务机构就医。规定生育津贴是职工按照国家规定享受产假或者计划生育手术休假期间获得的工资性补偿，按照社会保险法的规定，明确了生育津贴以职工所在用人单位上年度职工月平均工资为标准计发。考虑到公共卫生服务已包含了部分孕产妇检查项目，明确按照国家规定由公共卫生服务项目或者基本医疗保险基金等支付的生育医疗费用，生育保险基金不再支付。2014年4月28日开始施行的《女职工劳动保护特别规定》中将女职工生育享受产假从90天上升为98天；难产的，增加产假15天；生育多胞胎的，每多生育一个婴儿，增加产假15天；女职工怀孕未满4个月流产的，享受15天产假；怀孕满4个月流产的，享受42天产假。对怀孕期女职工规定了较为详细的保护措施：用人单位不得因女职工怀孕、生育、哺乳降低其工资、予以辞退、与其解除劳动或者聘用合同；女职工在孕期不能适应原劳动的，用人单位应当根据医疗机构的证明，予以减轻劳动量或者安排其他能够适应的劳动；对怀孕7个月以上的女职工，用人单位不得延长劳动时间或者安排夜班劳动，并应当在劳动时间内安排一定的休息时间。女职工产假期间的生育津贴，对已经参加生育保险的，按照用人单位上年度职工月平均工资的标准由生育保险基金支付；对未参加生育保险的，按照女职工产假前工资的标准由用人单位支付。女职工生育或者流产的医疗费用，按照生育保险规定的项目和标准，对已经参加生育保险的，由生育保险基金支付；对未参加生育保险的，由用人单位支付。

5. 明确生育保险的管理和监督

为了规范生育保险服务提供者的行为，保障职工享受生育保险的权利，生育保险协议医疗服务机构应当遵守生育保险有关规定，严格履行服务协议，及时为参加生育保险人员提供合理、必要的医疗服务。为了保证生育医疗费的及时支付、方便参保人员，《生育保险办法（征求意见稿）》规定应当由生育保险基金支付的生育医疗费用，由经办机构与协议医疗服务机构直接结算。为了加强生育保险基金的行政监督，《生育保险办法（征求意见稿）》规定社会保险行政部门对生育保险基金收支、管理情况进行监督检查。《生育保险办法（征求意见稿）》还明确规定检查结果应当定期向社会公布，接受社会的监督。

6. 明确相关法律责任

《生育保险办法（征求意见稿）》规定：因用人单位不依法为职工缴纳生育保险费，造成职工不能享受生育保险待遇的，由用人单位支付其生育保险待遇。同时规定，用人单位未依法为职工缴纳生育保险费的，按照《中华人民共和国社会保险法》第六十三条、第八十六条等有关规定处理。对骗取生育保险基金和生育保险待遇的用人单位、协议医疗服务机构等单位或者个人，规定了相应的法律责任。

复习思考题

1. 生育保险的概念及特点是什么？
2. 生育保险具有什么作用？
3. 生育保险具有什么功能？
4. 生育保险相关待遇有哪些？
5. 请简述我国生育保险改革的主要内容。

第7章 失业保险

【学习目标】

通过本章学习主要了解失业和失业保险的概念、类型及我国失业保险制度的建立与发展，熟悉我国失业保险制度的现状、问题，掌握失业保险制度的内容及完善。

【案例导读】

失业是社会现代化大生产，特别是市场经济条件下不可避免的一种社会经济现象。随着社会主义市场经济的不断发展，我国的失业问题也将会日益凸显。因此，建立和完善我国的失业保险制度，使失业者的基本生活和再就业得以保障，是保证经济健康发展和社会稳定的重要条件，是建立完善的社会主义市场经济运行机制的重要组成部分。据《人民日报》报道，2013年，全国共有417万人领取了不同期限的失业保险金，比上年增加27万人，月人均失业保险金水平767元。[①]

2016年年末全国参加失业保险人数为18 089万人，比上年末增加763万人。其中，参加失业保险的农民工人数为4 659万人，比上年末增加440万人。年末全国领取失业保险金人数为230万人，比上年末增加4万人。全年共为484万名失业人员发放了不同期限的失业保险金，比上年增加27万人。全年共为76万名劳动合同期满未续订或提前解除劳动合同的农民合同制工人支付了一次性生活补助。全年共向46万户企业发放稳岗补贴259亿元，惠及职工4 833万人。

全年失业保险基金收入1 229亿元，比上年下降10.2%，支出976亿元，比上年增长32.6%。年末失业保险基金累计结存5 333亿元。

资料来源：http://www.mohrss.gov.cn/ghcws/BHCSWgongzuodongtai/201705/t20170531_271737.html.

---

① 人民日报. 2017-06-25（15）.

7.1　失业保险概述

7.1.1　失业的概念和类型

1. 失业的含义及失业率

1）失业的概念及特点

失业有广义和狭义之分。广义的失业是指劳动者和生产资料相分离的一种状态，在这种分离的状态下，劳动者的主观能动性和潜能无法发挥。狭义的失业，通常是指具有劳动能力的处在法定劳动年龄阶段并有就业愿望的劳动者，失去或没有得到有报酬的工作岗位的社会现象。

所谓有劳动能力，是指失业人员具有从事正常社会劳动的行为能力。在法定劳动年龄内的人员，若不具备相应的劳动能力，也不能视为失业人员，如精神病人、完全伤残不能从事任何社会性劳动的人员等。目前无工作并以某种方式寻找工作，是指失业人员有工作要求，但受客观因素的制约尚未实现就业。对那些目前虽无工作，但没有工作要求的人不能视为失业人员。这部分人自愿放弃就业权利，已经退出了劳动力的队伍，不属于劳动力，也就不存在失业问题。

2003年，我国劳动和社会保障部对"就业"与"失业"的概念作了界定。按照当时新的标准，"就业"与"失业"的一般概念如下。

（1）就业人员。在法定劳动年龄内（男16～60岁，女16～55岁），从事一定的社会经济活动，并取得合法劳动报酬或经营收入的人员。

其中，劳动报酬达到和超过当地最低工资标准的，为充分就业；劳动时间少于法定工作时间，且劳动报酬低于当地最低工资标准、高于城市居民最低生活保障标准，本人愿意从事更多工作的，为不充分就业。

（2）失业人员。在法定劳动年龄内，有工作能力、无业且要求就业而未能就业的人员。其中，虽然从事一定的社会劳动，但劳动报酬低于当地城市居民最低生活保障标准的，视同失业。因此，失业者必须满足三个基本条件：本人当前具备劳动能力，没有工作，有工作愿望并且在积极寻找工作。

2）失业率的概念

失业率是就业形势的表征，根据失业率判断就业形势是否严峻，比估算劳动力供需状况更接近实际。

通常失业率有三种表现形式：失业率、城镇登记失业率和调查失业率。

（1）失业率。失业率是指失业人数与失业人数和就业人数之和的百分比，它是衡量一个国家宏观经济中失业状况的最基本的指标。计算公式为：

失业率=［失业人数/（失业人数+就业人数）］×100%

（2）城镇登记失业率。城镇登记失业率是指城镇登记失业人数与城镇登记失业人数和城镇登记就业人数之和的百分比。计算公式为：

城镇登记失业率=［城镇登记失业人数/（城镇登记失业人数+城镇登记就业人数）］×100%

城镇登记失业人员是指有非农业户口，在一定的劳动年龄内，有劳动能力，无业而要求就业，并在当地就业服务机构进行求职登记的人员。

（3）调查失业率。调查失业率是通过劳动力情况抽样调查所取得的就业与失业汇总数据进行计算的，具体是指调查失业人数与调查失业人数和调查就业人数之和的百分比。计算公式为：

调查失业率=［调查失业人数/（调查失业人数+调查就业人数）］×100%

国际劳工组织的报告显示，全球2017年失业人数为2.05亿，全球失业率为6.1%，处于历史高位。其中，年轻人失业现象严重。2017年美国公布失业率推至15年来最高位，达9.5%；法国10.6%；德国8.1%；英国7.7%；日本5.6%；西班牙的失业率更是从2016年的16.1%上升到2017年的18.7%。

我国目前公布的失业率实际上是城镇登记失业率，截止到2016年年末，我国的城镇登记失业率为4.3%。这个失业率的定义很明确，只包括城镇地区并且经过登记的失业人员，要求失业人员具备三个条件：有劳动能力、愿意就业、按规定进行了失业登记。

目前我国公布的城镇登记失业率的局限性在于未能全面反映没有登记的失业人员的状况，也没有包括农村的劳动力和农村进城务工的劳动力，但反映了劳动力市场上就业最困难的群体的状况，包括两部分人群：一是失业人员中再就业最困难的群体，他们需要政府提供就业帮助；二是需要政府提供失业期间社保保障的人员，登记失业人员中一半左右需要领取失业保险金。

西方国家公布的失业率是既包括城镇又包括农村的全社会失业率。西方国家公布的失业率是调查失业率，调查失业率比登记失业率更具真实性。

2. 失业的类型

按照不同的划分标准，失业一般有以下几种分类。

（1）按照就业意愿的不同，失业可分为自愿性失业和非自愿性失业。

自愿性失业是指劳动者自动放弃就业机会，而没有找到新的工作岗位的情况。非自愿性失业是指劳动者愿意接受现有的货币工资水平却仍找不到工作的情况。

（2）按照失业的程度,失业可分为完全性失业和部分性失业（不充分就业）。

完全性失业是指失业者有劳动能力但找不到合适的工作岗位。部分性失业或不充分就业是指有劳动能力的人，虽然有工作，但工作报酬达不到法定的工资标准，工作时间达不到正常工作时间的1/3。

（3）按照失业的表现形式，失业可分为显性失业（公开失业）和隐性失业（潜在失业或在职失业）。显性失业（公开失业）是指劳动力人口有劳动能力和就业愿望但却得不到满足的情形，一般表现为劳动者没有工作，以失业人员到职业介绍机构进行求职登记为准，用失业率来反映。隐性失业（潜在失业或在职失业）从形式上看，一方面隐性失业者一般都有自己的工作单位或劳动岗位，被政府或企业视为就业者；另一方面他们的劳动能力并没有得到充分发挥，劳动愿望没有得到最大的满足，从而经常处于失业或半失业的闲置状态，造成实际生产率低于潜在的生产率，是一种劳动力资源未被充分利用的情况。

（4）按照不同的失业原因，失业可分为摩擦性失业、季节性失业、技术性失业、结构性失业、周期性失业、等待性失业和制度性失业。摩擦性失业是指在劳动力流动过程中，由于信息不对称、时间滞差、信息成本和流动成本等原因引起的失业。这种失业主要是由劳动力市场自身的缺陷造成的，它反映了劳动力市场经常的动态性变化，表明劳动者经常处于流动之中。季节性失业是指由于季节变化或由于消费者季节购买的习惯等原因引起的失业，这种失业具有规律性、行业性以及失业持续期的预知性等特点。技术性失业是指由于技术进步、管理改善、生产方法改进等原因造成的失业。结构性失业是指由于经济结构如产业结构、产品结构、地区结构的变动，引起了劳动力需求结构的变动，从而产生的部分劳动者成为失业者的情况。

一般来说，技术性失业是结构性失业的先导，结构性失业是技术性失业的最大表现。周期性失业是指由于周期性的经济波动而引发的失业现象。经济危机周期性地发生时，失业率也会周期性达到高潮。等待性失业是指求职者因有更高的工作期望而产生的一种失业类型。失业者只有"等待"到期望的工资水平可以满足时，才愿意就业。制度性失业是指由于某种特殊的经济制度安排或制度变革所导致的失业。

一些行业劳动力资源需求大于供给，劳动力短缺，而另一些行业劳动力资源则供大于求，劳动力富余，求职的劳动者与需方提供的岗位之间存在时间差，这就会造成失业。

7.1.2　失业保险的概念及特征

1. 失业保险的概念

失业保险是指国家通过立法强制实行的，由社会集中建立基金，对因失业而暂时中断生活来源的劳动者提供物质帮助及再就业服务的社会保险制度。失业保险制度是现代人力资源开发和利用的重要环节。各国对于失业保险制度的建立及其作用都非常重视。这一概念包括以下含义。

（1）失业保险制度是国家对法定范围内的劳动者，强制实施的一种社会保障制度。

（2）享受失业保险待遇不是以劳动者丧失劳动能力为前提，而是以职工就业后因社会经济原因失去工作，中断收入为前提条件。

（3）失业保险不是单纯的提供经济救济和物质帮助，更重要的是通过就业服务，为失业者创造条件，以便重新就业。

失业保险制度的救济功能是在社会范围内进行的，国家以立法形式向全社会各类企业筹集资金，形成失业保险基金，通过社会公共机构的管理，给失业者以较统一的救济，除发放一定的救济金，还提供再就业服务，比如转业培训，职业介绍，组织生产自救等，实施社会化的组织管理，稳定社会秩序。失业保险是社会保障体系的重要组成部分，是社会保险的主要项目之一。它实施的对象是具有劳动能力，但因某种原因而暂时性丧失劳动机会的劳动者。

2. 失业保险制度的特征

失业保险与其他社会保险项目一样，都是政府行为，都侧重于保障基本生活需求，并以货币为主要帮助形式。不同之处在于失业保险具有保障生活和促进再就业的双重功能，与劳动力市场相互关联的密切程度明显高于其他社会保险项目。失业保险具有以下几个方面的特征。

（1）普遍性。或称社会性，它主要是为了保障有工资收入的劳动者失业后的基本生活而建立的，其覆盖范围包括劳动力队伍中的大部分成员。因此，在确定适用范围时，参保单位应不分部门和行业，不分所有制性质，其职工应不分用工形式，不分家居城镇、农村，解除或终止劳动关系后，只要本人符合条件，都有享受失业保险待遇的权利。如目前我国失业保险的适用范围是《中华人民共和国社会保险法》所规定的城镇所有企业事业单位及其职工，充分体现了普遍性原则。

（2）强制性。它是通过国家制定法律、法规来强制实施的。按照规定，在失业保险制度覆盖范围内的单位及其职工必须参加失业保险并履行缴费义务。根据有关规定，不履行缴费义务的单位和个人都应当承担相应的法律责任。

（3）互济性。失业保险基金主要来源于社会筹集，由单位、个人和国家三方共同负担，缴费比例、缴费方式相对稳定，筹集的失业保险费，不分来源渠道，不分缴费单位的性质，全部并入失业保险基金，在统筹地区内统一调度使用以发挥互济功能。

（4）双重性。失业保险具有社会救济与促进再就业两种职能，既是对失业者的救济，又是对失业劳动力的管理，帮助其再就业，并且未来失业保险的发展方向就是失业者的就业保障，这才能从根本上解决失业者的救济问题。

（5）非营利性。失业保险是一项非营利的事业。政府统筹管理失业基金，不仅考虑失业保险管理基金的投放和使用，还考虑基金的保值增值。

3. 失业保险制度的功能

从经济学的意义上看，失业是由于商品经济发展中的矛盾所决定的客观存在的劳动危险。劳动者的就业或失业状况，是由一个国家中的市场、社会对劳动力的需求所决定的。由于多种原因，劳动力供求会不断地、暂时地发生矛盾，导致一部分劳动者被排除在劳动队伍之外，而使劳动者及其家庭面临着严重的经济困难。

因此，要想发展市场经济、适应社会化大生产的客观要求、推进劳动制度的改革，就必须建立和完善失业保险制度，它在保障生活和促进就业等方面发挥着重要的功能。

1）失业保险可保障失业职工的基本生活

这是失业保险制度的基本功能。要体现这一基本功能，首先要求失业保险应覆盖所有由于非自愿原因而失去工作的绝大部分人员；其次，要求制定的失业救济金的标准要满足失业职工本人的基本生活费用的需要，以及保证依靠失业职工赡养的家属维持最基本生活费用的需要。此外，还应尽量为那些有特殊困难的职工，特别是参加工作时间较长、年龄较大、赡养人口较多的失业职工提供必须支付的其他费用。

2）失业保险可促进失业职工再就业

失业保险工作是以救济为手段，以促进失业职工再就业为根本目的的一项工作。从失业职工本人的角度来说，可以通过领取失业救济金使基本生活得到保证，进而可以安心参加转业训练，获得重新就业所需要的技能条件。从政府部门的角度来说，通过把失业保险基金用于组织失业职工开展转业训练和扶植失业职工进行生产自救，支付帮助失业职工再就业确需支付的其他费用，从而达到促进和实现失业职工再就业的目的。

3）失业保险可以促进和保证社会稳定

由于失业救济能有效地保证失业职工的基本生活，因而可以有效地防止"饥饿出盗

贼"；而且由于失业保险具有促进再就业的功能，因而可以解除职工对劳动制度改革的后顾之忧，增强人们对改革的信心和希望

4）失业保险可以维护和实现劳动者基本社会权利

我国《中华人民共和国劳动法》明确规定，失业是依法享受社会保险的情形之一。劳动者在失业情况下，有权从社会保险基金中获得帮助和补偿。

7.2 我国失业保险制度的建立与发展

7.2.1 失业保险制度的建立

新中国成立初期，我国曾实行过短暂的失业救济制度。1950年，政务院发布《救济失业工人暂行办法》，保障了旧中国遗留的400多万失业人员的基本生活，并很快解决了就业问题。但在计划经济体制下，由于实行统包统配的劳动就业制度，失业救济制度被逐步取消。20世纪80年代中期，企业改革不断冲破计划经济体制的束缚，在劳动管理方面，迫切要求改变制约企业发展的统包统配的固定工制度，逐步推行劳动合同制度。为此，国务院决定对国营企业新招工人实行劳动合同制度，并允许企业辞退违纪职工。同时，一些企业因经营不善、缺乏竞争活力难以维持生存，甚至破产或濒临破产，职工失业成为不可避免的现象。为适应国有企业经营机制的转换和劳动制度的重大改革，保障职工失业后的基本生活，建立失业保险制度被提到改革的重要议事日程。

7.2.2 我国失业保险制度的发展

我国失业保险制度的发展历程可以划分为三个阶段。

第一阶段，1986年7月至1993年4月。这一阶段是确立失业保险制度基本框架的阶段，也是失业保险初步发挥作用的时期。1986年7月，国务院颁布《国营企业职工待业保险暂行规定》。其要点，一是保障失业人员基本生活和促进再就业相结合；二是基金主要由企业承担，社会筹集，统筹使用；三是兼顾需要和可能，合理确定失业保险待遇的项目、期限和标准；四是政府通过法规和政策，组织实施失业保险工作，并在必要时提供财政补贴；五是建立分工明确、协调有序的失业保险管理体系。从客观上看，这一时期，企业改革特别是国营企业改革力度不大，职工失业现象不突出，享受失业保险待遇的人数有限。此外，社会各界特别是企业职工对失业保险也不够了解，失业保险自身在覆盖范围、缴费方式等方面也不尽完善。

第二阶段，1993年4月至1999年1月。这是失业保险制度进入补充发展的阶段，也是其作用进一步发挥的时期。1992年，我国的改革进程进一步加快，为了解决国有企业改革与发展问题，国务院制定了《全民所有制工业企业转换经营机制条例》，1993年2月2日劳动部印发《劳动部关于实施〈全民所有制工业企业转换经营机制条例〉的意见》的通知加大了落实国有企业经营和用人自主权的力度。为了配合企业各项改革措施的实施，在总结失业保险几年实践经验的基础上，1993年4月，国务院颁布了《国有企业职工待业保险规定》，对

原有的失业保险制度作了部分调整。一是扩大了失业保险覆盖范围，将保障对象从原来的宣告破产企业的职工，濒临破产企业法定整顿期间被精减的职工，企业终止、解除劳动合同的工人和企业辞退的职工等四种人员扩大到撤销和解散企业的职工，停产整顿企业被精减的职工，企业辞退、除名或者开除的职工，宣告破产企业的职工等七类九种人员，并规定企业化管理的事业单位也依照执行。二是将基金省级统筹调整为市、县统筹，并在省和自治区建立调剂金。三是明确失业保险应当与就业服务工作紧密结合，同时授权省级人民政府，可以批准从失业保险基金中支出为解决失业人员生活困难和促进再就业确需支付的其他费用。四是将缴费基数由企业标准工资总额改为工资总额，并对费率规定了一个幅度，还相应改变了失业保险待遇的计发办法。五是制定了罚则，加大了执行力度。

这一阶段，失业保险在社会生活中的重要作用日益突出，主要表现在三方面。

（1）有效地保障了失业人员的基本生活。通过给付失业保险待遇，保障了失业人员的基本生活，帮助他们渡过了难关。1996—1998年，使用失业保险基金救助的人员每年都在300万人次以上，对维护社会稳定发挥了积极作用。

（2）促进了失业人员再就业。按照有关规定，从失业保险基金中支出部分资金，用于失业人员开展生产自救、转业训练、职业介绍活动，帮助其中半数以上人员重新走上了就业岗位，实现了再就业。

（3）支持了国有企业改革。实施失业保险制度，保障了从国有企业走向社会的失业人员的基本生活，减轻了企业的压力，推动了企业改革措施的顺利出台和实施。许多地方还运用基金支持"关、停、并、转"企业妥善分流安置富余人员。1998年以来，各地认真按照财政预算安排1／3、企业负担1／3、社会筹集（主要从失业保险基金中调剂）1／3的"三三制"原则，筹集资金用于国有企业再就业服务中心，保障下岗职工的基本生活和代缴社会保险费，推动了国有企业改革的深化。

但从总体上看，失业保险制度建设与建立社会主义市场经济体制、深化国有企业改革的要求相比，还存在较大差距。一是适用范围窄，只在国有企业和企业化管理的事业单位实行，非国有经济的从业人员和大部分事业单位职工还没有纳入失业保险；二是基金承受能力较弱，由于覆盖范围窄，又仅限于用人单位单方缴费，收缴的失业保险费数额有限；三是统筹层次不高，失业保险基金主要实行市县统筹，只有部分地区建立了调剂金制度，失业保险社会互济的功能没有得到充分发挥。

第三阶段，1999年1月至今。这一时期是失业保险制度走向基本完善的阶段，也是失业保险工作走向法制化和规范化的重要时期。

随着经济体制改革的逐步深化，国有企业的冗员问题日益暴露出来。与此同时，我国实行以公有制为主体、多种所有制经济共同发展的基本经济制度，非公有制经济迅速发展，但大多数职工都没有参加失业保险，其基本权益得不到保障，同时也使国有企业职工对向非公有经济流动有顾虑。在国有企业改革和经济结构调整力度加大、国有企业富余人员需要大量分流的情况下，失业保险覆盖范围窄、统筹层次低、基金承受能力弱的问题越来越突出。

为进一步改革和完善失业保险制度，1999年1月，国务院颁布了《失业保险条例》。该条例充分体现了社会主义市场经济对失业保险的要求，总结吸收了我国失业保险建立和发展的实践经验，借鉴了国外有益做法，对原有制度大胆突破，在许多方面作了重大调整，为形成具有中国特色的失业保险制度打下了坚实的基础。

7.3 我国失业保险制度的内容及完善

7.3.1 我国失业保险制度的主要内容

我国现行的失业保险制度的法律依据主要是《中华人民共和国社会保险法》，已由中华人民共和国第十一届全国人民代表大会常务委员会第十七次会议于2010年10月28日通过，现予公布，自2011年7月1日起施行。

1. 失业保险的覆盖范围

我国《中华人民共和国社会保险法》第四十四条规定：职工应当参加失业保险，由用人单位和职工按照国家规定共同缴纳失业保险费。

2. 失业保险的享受对象

《中华人民共和国社会保险法》第四十五条规定，失业人员符合下列条件的，从失业保险基金中领取失业保险金：

（1）失业前用人单位和本人已经缴纳失业保险费满一年的；

（2）非因本人意愿中断就业的；

（3）已经进行失业登记，并有求职要求的。

以上失业人员在领取失业保险金期间，按照规定同时享受其他失业保险待遇。

《中华人民共和国社会保险法》第五十一条规定，失业人员在领取失业保险金期间有下列情形之一的，停止领取失业保险金，并同时停止享受其他失业保险待遇：

（1）重新就业的；

（2）应征服兵役的；

（3）移居境外的；

（4）享受基本养老保险待遇的；

（5）无正当理由，拒不接受当地人民政府指定部门或者机构介绍的适当工作或者提供的培训的。

3. 失业保险基金的筹集和使用

我国失业保险基金由参保单位、职工和国家共同承担。参保单位和个人分别按其缴费基数的2%和1%缴纳失业保险费。目前我国失业保险基金的支出项目，包括失业保险金支出、医疗补助金支出、丧葬抚恤补助支出、国有企业下岗职工基本生活保障支出，以及农民合同制工人劳动合同期满未续订或者提前解除劳动合同的一次性生活补助支出等保障支出、职业培训补贴和职业介绍补贴等促进就业支出等。

4. 失业保险基金的构成

失业保险基金的构成是：城镇企业事业单位及其职工缴纳的失业保险费；失业保险基金的利息；财政补贴；依法纳入失业保险基金的其他资金。

5. 失业保险金的给付期限

《中华人民共和国社会保险法》第四十七条规定：失业保险金的标准，由省、自治区、直辖市人民政府确定，不得低于城市居民最低生活保障标准。失业人员失业后领取失业保险金的期限，依据其缴费时间长短的不同而有所不同。《中华人民共和国社会保险法》第四十六条规定：失业人员失业前用人单位和本人累计缴费满一年不足五年的，领取失业保险金的期限最长为十二个月；累计缴费满五年不足十年的，领取失业保险金的期限最长为十八个月；累计缴费十年以上的，领取失业保险金的期限最长为二十四个月。重新就业后，再次失业的，缴费时间重新计算，领取失业保险金的期限与前次失业应当领取而尚未领取的失业保险金的期限合并计算，最长不超过二十四个月。失业人员在领取失业保险金期间或期满后，如生活仍困难，可享受城市居民最低生活保障待遇。

6. 其他失业保险待遇标准

《中华人民共和国社会保险法》第四十八条规定：失业人员在领取失业保险金期间，参加职工基本医疗保险，享受基本医疗保险待遇。失业人员应当缴纳的基本医疗保险费从失业保险基金中支付，个人不缴纳基本医疗保险费。

《中华人民共和国社会保险法》第四十九条规定：失业人员在领取失业保险金期间死亡的，参照当地对在职职工死亡的规定，向其遗属发给一次性丧葬补助金和抚恤金。所需资金从失业保险基金中支付。个人死亡同时符合领取基本养老保险丧葬补助金、工伤保险丧葬补助金和失业保险丧葬补助金条件的，其遗属只能选择领取其中的一项。

7. 促进再就业

在保障失业人员基本生活的同时，国家积极探索失业保险对促进再就业的有效办法。加强失业保险服务和就业服务的有机衔接；及时进行失业登记，积极提供就业信息，全面开展就业指导和职业介绍，帮助失业人员在技能、心理方面提高竞争就业的能力；增加失业保险基金对职业介绍、职业培训的投入；通过直接组织培训和政府补贴等形式，广泛开展技能培训，增强失业人员的再就业能力。

7.3.2 完善我国失业保险制度的措施

失业保险是社会保障制度的一个重要组成部分，主要功能是保障下岗失业人员的基本生活。随着我国经济体制改革的加快，在新的形势下，其作用显得愈发重要，然而，由于存在制度和管理上的不完善，导致其未能充分发挥应有的作用。因此，加快建立运营有效的失业保险制度势在必行。完善现行的失业保险制度可以采取以下措施。

1. 适当扩大我国失业保险制度的适用范围

鉴于我国各种经济成分并存的现实，尤其是乡镇企业的迅猛发展以及城乡劳动力的流动，应适当扩大失业保险的适用对象，将失业保险的适用范围扩充到乡镇企业及城市的农民劳务工，或借鉴国外失业保险在立法技巧上采用适用范围除外做法，将适用范围适当扩大。这也是在建立健全我国失业保险制度时必然需要解决的一个现实问题。市场经济的进一步发展必然要求一个统一的社会保障制度，必然呼唤一个统一的失业保险规范，以确保劳动力生产要素在地区、企业、城乡之间合理、自由流动。中国长期形成的城乡二元结构的社会经济形态不能不说是城乡社会保障一体化进程中的障碍。我国目前颁布的条例仅仅将失业保险的适用范围扩充到城镇劳动者，而把乡镇劳动者以及城市农民劳务者排除在外，这在一定程度上可以说是规避这个障碍，造成了现行失业保险制度应急性有余而前瞻性不足。合理确定给付条件，严格审核领取资格。失业保险的对象不是一般劳动者，而是一些具有劳动能力却因暂时失去职业，而丧失生活来源的人。也就是说，作为失业保险的失业给付受给者，有着严格的资格条件。一般地，只有具备以下资格者才能有享受失业保险金的权利：失业者必须是非自愿失业者；失业者必须处于劳动年龄阶段，且有劳动能力；必须提供足以证明其为非就业人员并积极要求就业的证据；失业前工作过一段时间或有过一定的投保经历。由此表明，凡无充分理由自动离职者，或因个人过失被解雇者，或失业未在劳动部门登记者以及无故拒绝接受劳动部门分配、介绍工作者，均不能享受失业保险的相关待遇。

2. 强化失业保险制度的促进再就业功能

强化失业保险制度的促进再就业功能，加强对失业者的再就业培训，缓解就业压力。失业保险有两大功能，生活保障和促进再就业，这两大功能是相互依存共同发展的，前者为后者提供基础和保障，若没有后者，前者也就失去了意义，而且我国的国情和财力状况也决定了我国的失业保险制度不可能搞单纯的失业救济。只有强化失业保险制度的促进再就业功能，适当加大转业训练、生产自救、职业介绍等就业服务的投入，才能降低失业救济的成本，这也是解决失业问题的根本所在。一方面企业应多从自身挖掘潜力，尽量减少失业，另一方面政府要对接受失业人员的企业实行一些优惠政策，而失业保险机构也可以采取一些资助措施，充分发挥失业保险的促进再就业功能。失业保险机构可帮助就业压力大的企业挖掘潜力，尽量提供更多的就业机会；资助企业接受就业困难的群体，如高龄劳动者、残疾人等。鼓励企业对职工进行内部转业培训。1998年国务院规定，凡是有下岗职工的国有企业，都要建立再就业服务中心或类似机构，负责组织本企业下岗职工参加职业指导和再就业培训，引导和帮助他们实现再就业。这样从外部劳动力市场与内部劳动力市场两方面加强人力投资，提高劳动者素质，从而减少失业风险。失业保险主要是解决失业与重新就业之间的短期生活困难问题。我们不能把失业者特别是年轻的失业者长期养起来，关键是要让他们掌握一技之能，通过培训重新就业。这客观上要求调整现有的失业保险制度，通过改革现有的失业保险费的筹集、发放办法，通过调整失业保险金中用于技术培训、转岗训练的费用比例的办法，从以往简单的生活保险转化为促进失业人员的再就业，由消极保险转化为积极的失业保险，以避免单靠救济导致职工不求进取甚至主动失业的现象，从而使职工重新走上新的工作岗位，缓解失业压力，促进社会稳定。进一步培育和发展劳动力市场，完善就业服务体系，推进市场导向就业机制的形成。建立和完善机制、运行规范、服务周到、监督有力的劳动力市场，实现劳动力市场建设的科学化、规范化和现代化。发挥劳动力市场信息网络的作用，促进劳动力供求信息交流，促进劳动者通过劳动力市场实现就业和再就业。健全劳动力市场价格形成机制，发挥市场机制在劳动力资源配置、工资形成和劳动力流动中的基础性调节作用。

3. 加强失业保险立法,增强失业保险制度实施的规范性和权威性

在依法治国的时代，加强立法是解决问题的根本制度保障。目前，我国现行的失业保险制度的法律依据主要是《中华人民共和国社会保险法》，已由中华人民共和国第十一届全国人民代表大会常务委员会第十七次会议于2010年10月28日通过，现予公布，自2011年7月

1日起施行。

4. 加强对失业保险基金的管理、营运和调节

失业保险基金收缴、支付及营运要规范化、制度化，做到公开、透明、安全，并使失业保障基金通过投资运作实现保值增值。应建立一个功能齐全、覆盖面广、规范透明的失业保障信息网络。加大执法力度，进一步加快失业保障立法进程，将失业保障基金的管理纳入规范化、制度化、法制化的轨道。积极探索我国建立预防高失业率风险基金，按国际惯例，基金应从国家财政、社会捐助等方面来筹集，以应对社会高失业率风险。

5. 多渠道筹集社会保障资金，扩大失业保险费来源

进一步扩大社会保险的覆盖面，让广大失业人员不论是城镇的还是农村的都逐步加入到失业保险网络中来，以确保资金来源。加强社会保险费的征缴管理。可开征社会保障税，用征税的形式筹集社会保障基金，以确保基金有稳定可靠的来源，并加强管理，防止基金的流失、浪费，而且还要运作好基金，让其保值、增值。中央和地方各级财政都应提高失业保障支出占财政支出的比重，从而增加社会保障基金的总量。可利用股市变现部分国有资产，通过转让非上市公司的国有资本和国有土地出让等方式，筹集和补充社会保障资金。

6. 探索失业保险的费率制度创新

费率制度设计是失业保险制度中的关键环节，包括失业保险基金的收缴费率和失业救济金的支付费率。我国现行失业保险费率按城镇企业事业单位工资总额的2%，职工按本人工资的1%的标准缴纳，这种制度忽视了企业之间、行业之间的差异，忽视了宏观经济对失业的影响，不利于激励失业者缩短职业搜寻时间，尽快实现再就业。应将失业保险单一费率制转变为与风险失业率挂钩的行业差别费率制，把各行业失业保险费用征缴的比率与该行业的失业风险程度结合起来，失业风险高的行业，交纳的失业保险金的比率相应提高。实行与整体失业率挂钩的分段费率制，当整体失业率较高时，维持较低的费率有利于降低雇工单位的劳动力成本，保持一定的雇用水平；而当整体失业率较低时，调高收缴费率能为经济收缩阶段积累更多的资金，以应付大规模失业的可能。实行与通货膨胀率挂钩的累进费率制，将失业保险基金的收缴费率与通货膨胀率结合起来，有效地保证失业保险基金作用的发挥。或者说，我国应实行行业差别费率制（即在各行业不同失业率的基础上，将对各行业失业保险费用征缴的比率与该行业的失业风险程度结合起来，实行不同的失业保险金缴纳比率的制度）和分段费率制（即以宏观经济的不同景气阶段决定的，实行失业保险缴纳比率同经济景气与否相关联，经济景气时费率较高，经济不景气时费率较低的制度），使失业保险基金的筹集更有合理性。

提高失业保险基金统筹层次。目前我国失业保险基金只是在直辖市区和设区的市实行全市统筹，省、自治区建立失业保险调剂金，统筹层次低，调剂范围小，会导致因各地失业率不同而出现失业保险或严重紧缺或大量储备的现象，不利于发挥失业保险的保障功能。因此，应提高失业保险基金的统筹层次，在省、自治区、直辖市一级进行统筹，在中央建立失业保险调剂金以扩大失业保险基金的调剂范围和社会化程度。

7. 加快适应农村经济结构调整和城镇化进程

加快适应农村经济结构调整和城镇化进程的形式，做好农村劳动力开发就业工作，多

渠道解决农业剩余劳动力就业问题。积极做好农村劳动力开发就业试点工作，探索城乡统筹就业的新途径，加强农村劳动力的职业培训。发展乡镇劳动服务机构，实行"就业本土化"。

做好下岗职工基本生活保障与失业保险的衔接工作，有效实施下岗与失业并轨。在我国，政府选择让国有企业职工下岗而非直接失业的政策，这是从我国国情直接出发的选择。但这一制度一开始就明确了是一种过渡性制度，提供的最长期限是三年，最终要与失业保险并轨。并轨的关键在于老职工贡献的补偿，因此应当明确补偿的对象范围、补偿标准、补偿办法、补偿方式。同时，各级政府应为下岗职工提供优惠条件，采取各种渠道解决再就业和基本生活，通过下岗与失业并轨，逐步取消下岗人员特殊保障形式，向失业保险过渡并与其他保障制度衔接。

加快养老保险制度改革，保证下岗职工的未来生活安全。下岗职工未来的养老保险问题如何与现行体制接轨，是一个必须解决的问题，虽然政府已承诺，下岗职工过去的工龄视为缴费年限，在他们达到退休年龄后可给予相应的养老金。但事实上，他们一旦解除与企业的劳动关系就很难进入现行的养老及医疗保险体系。为此，必须加快养老及医疗等方面的社会保险改革，扩大保险覆盖面，尽可能保证下岗职工在解除与企业的劳动关系后，只要能够再就业，就基本能够进入法制化的养老及医疗保险体系。

适当缩短给付期限，重新确定期限依据。我国现行的制度规定，领取失业保险金的期限最长为两年。这恐怕是世界上最长的领取期限之一了。德国为12个月，阿根廷为16个月，巴西仅为4个月，就连瑞典这种高福利的国家，最长的失业保险金发放期限不过300天。美国的一项研究表明，如果美国在1976年就停止失业保险福利计划，那么失业者当年的失业时间将从4.3个月下降到2.8个月，可见，过长的期限不利于敦促失业者积极求职。过长的失业保险期限可能使失业者丧失迅速就业的心理冲动，降低了失业者的职业搜寻成本，延长了失业者的职业搜寻期限，不利于提高失业保险基金的使用效率。在市场经济条件下，高技能劳动者的失业实际是其搜寻待遇高、自我价值大的新职业的必要投资，这种投资越多，就越能找到满意的工作。这是因为劳动力市场的信息是不充分的，劳动者为了获得满意的工作，必须不断地在劳动力市场上搜寻。

还有很多，比如：提高政府的管理水平；劳动者要多参加人力资本投资，提高文化素质，增强自身的技能和职业转换能力，做好应付失业的技术准备；全面推行雇主补偿制度；失业人员生活保障由社会救济体系承担；就业指导、培训及相关服务由政府职能部门及社会公益组织承担；建立基本生活保障制度；积极拓宽就业渠道，解决就业难题，积极创造大量不同类型的（正规与非正规）就业岗位，使经济增长能够促进就业增长。为此，需要实施就业密集型或劳动密集型行动计划，并与现有公共投资、公共工程计划相衔接；促进积极的劳动力市场，提高失业人员再就业能力和就业竞争能力，促进劳动力自由流动，打破户籍制度，提供就业服务信息，监测劳动力市场关键指标；加快调整正规就业结构，进一步减少传统正规就业比例，扩大新兴正规就业规模，积极促进非正规就业发展，鼓励自我就业、自主就业、家庭就业、社区就业，促进小企业发展，帮助传统产业或企业转型。建立广覆盖、低水平、灵活性较高的失业保险制度，对暂时下岗职工失业者实行有效的、必要的和基本的保护，扩大失业基本保障的覆盖范围，从国有企业到非国有企业，从正规部门扩大到非正规部门。适当提高失业保险标准，同时，还需要进一步扩大在岗职工医疗保险（大病统筹）、工伤保险覆盖率。

复习思考题

1. 失业的概念应如何表述？
2. 失业保险的概念和特征是什么？
3. 改革开放后，我国失业保险制度经历了哪三个阶段？
4. 简述我国失业保险制度存在的问题。
5. 如何完善我国的失业保险制度？

第8章 工伤保险

【学习目标】

通过本章学习，了解工伤保险的概念、特点及其形成发展；理解工伤保险的原则；掌握工伤的范围、工伤的认定；熟悉国内外工伤保险的基本情况。

【案例导读】

2015年1月5日，我国人社部、住建部、国家安全总局、全国总工会联合召开视频会议，动员部署《关于进一步做好建筑业工伤保险工作的意见》（以下简称《意见》）的实施工作。

《意见》明确，建筑施工企业对相对稳定的职工，应按用人单位参加工伤保险，以工资总额为基数缴纳工伤保险费；如果不能按用人单位参保，建筑项目使用的建筑业职工特别是农民工，应按项目参加工伤保险，按项目工程总造价的一定比例计算、缴纳工伤保险费。建设单位要把工伤保险费单独列支，并在项目开工前由施工总承包单位一次性代缴本项目工伤保险费，覆盖项目使用的所有职工。

建设单位在办理施工许可手续时，应当提交建设项目工伤保险参保证明，作为保证工程安全施工的具体措施之一；安全施工措施未落实的项目，各地住建部门不予核发施工许可证。

根据《意见》，建筑业职工遭遇工伤事故后，各地社保行政部门和劳动能力鉴定机构将优化流程，简化手续，缩短认定、鉴定时间。

《意见》指出，要落实工伤保险基金先行支付政策。未参加工伤保险的建设施工项目，职工遭遇工伤事故，由职工所在单位支付工伤保险待遇，施工总承包单位、建设单位承担连带责任。用人单位和施工总承包单位、建设单位不支付的，由工伤保险基金先行支付，用人单位和施工总承包单位、建设单位应当偿还；不偿还的，由社会保险经办机构依法追偿。

资料来源：摘自《中国劳动社会保障报》2015年1月6日。

生产工具的革新是推动人类进步的动力。18世纪工业革命之后，大机器生产取代了手工作坊，从而大大提高了人类的生产力，创造了以往人类任何时期都无法企及的社会财富。但是，大机器的使用也产生了一些高风险的行业，如制造业、采矿业、建筑业等，工业社会在不断创造社会财富的同时，也带来了一次次的工伤事故，这些极大地威胁着劳动者的生命和健康。自20世纪以来，新技术、新材料、新能源的使用又出现了新的职业风险。事实证明：工伤事故是现代工业文明的副产品。因此，为了减少工伤事故的发生以及尽可能消除工伤事故所带来的危害，各国政府都纷纷采取了一些相应的对策措施，其中最主要的就是工伤保险制度。

8.1　工伤风险概述

8.1.1　工伤的概念与伤亡事故分类

1. 工伤的概念

工伤一词比较早期的正式提法出自1921年国际劳工大会的公约中，即"由于工作直接或间接引起的事故为工伤"，当时它不包括职业病。随着时间的推移，职业病的存在不得不受到重视，各国又逐步把职业病纳入到了"工伤"的范畴。第13次国际劳动统计会议所使用的定义是：雇佣事故指由雇佣引起或在雇佣过程中发生的事故（工业事故和上下班事故）。雇佣伤害是指雇佣事故导致的所有伤害和所有职业病。1964年，第48届国际劳工大会也规定了工伤补偿应将职业病和上下班交通事故包括在内。

工伤是指职工在生产岗位上，从事与生产劳动有关或由于劳动条件、作业环境所引起的人身伤害事故和职业病。工伤所造成的直接后果是伤害到职工生命健康，并由此造成职工及家庭成员的精神痛苦和经济损失，也就是说劳动者的生命健康权、生存权和劳动权力受到影响、损害甚至被剥夺了。劳动者在其单位工作、劳动，必然形成劳动者和用人单位之间相互的劳动关系，在劳动过程中，用人单位除支付劳动者工资待遇外，如果不幸发生了事故，造成劳动者的伤残、死亡或患职业病，此时，劳动者就自然具有享受工伤保险的权利。劳动者的这种权利是由国家宪法和劳动法给予根本保障的。

2. 伤亡事故分类

伤亡事故是指在企业生产经营活动中发生的，与企业管理、工作环境、劳动条件、生产设备等有关的，违反劳动者意愿的人身伤害、急性中毒。伤亡事故包括：由于生产过程中存在的危险因素的影响，突然使人体组织受到损伤或使某些器官失去正常机能，以及导致负伤人员立即中断工作的一切事故。伤亡事故分为轻伤事故、重伤事故、死亡事故、重大伤亡事故、特大伤亡事故和特别重大伤亡事故。轻伤事故是指造成职工肢体伤残，或某些器官功能性或器质性轻度损伤，伤害后果不太严重的事故，表现为劳动能力的轻度或暂时丧失。重伤事故是指一次事故中造成职工肢体残废或视觉、听觉等器官受到严重损伤，一般能引起人体长期存在功能障碍，或劳动能力有重大损失的伤害。死亡事故是指直接造成1~2名职工死亡的事故。重大伤亡事故是指造成3~9名职工死亡的事故。特大伤亡事故是指造成职工死亡人数为10人以上的事故。特别重大死亡事故是指符合以下情况之一的事故：①民航客机发生的机毁人亡（死亡40人及其以上）事故。②专机或外国民航客机在中国境内发生的机毁人亡事故。③铁路、水运、矿山、水利、电力事故造成一次死亡50人及其以上，或者一次造成直接经济损失1 000万元及其以上的事故。④公路和其他发生一次死亡30人及其以上或直接经济损失在500万元及其以上的事故（航空、航天器科研过程中发生的事故除外）。⑤一次造成职工和居民100人以上的急性中毒事故。⑥其他性质特别严重、产生重大影响的事故。

8.1.2　工伤的范围和工伤的认定

1. 工伤的范围

工伤的范围最初只限于因工作原因直接造成的伤害。随着职业伤害的增多，工伤的范围也在不断扩大。除了因工作原因直接造成的伤害算作工伤外，某些因工作原因间接造成的伤害，如上下班途中发生的事故等，也列入了工伤的范围。例如，国际劳工组织1964年第121号建议书《工伤事故津贴建议书》第五条规定：每一会员国均应在规定的条件下将下列事故视为工伤事故。

（1）不管什么原因，凡工作时间内在工作地点或工作地点附近，或在工人因工作需要而去的其他任何地方发生的事故。

（2）上班前和下班后的一段合理时间内，当事人在搬运、清洗、准备、整理、维修、堆放或收拾其工具和工作服时发生的事故。

（3）工人往返于工作地点和下列地方的直接途中发生的事故：①主要住宅或别墅；②通常用餐的地方；③通常领取工资的地方。

此外，许多国家还把参与红十字会活动或营救、消防、治安、民防等公益活动中所发生的事故也列为工伤。中国对工伤事故范围的界定，基本上涉及了上述几个方面的内容，但也不完全一致。

2. 工伤的认定

工伤认定是劳动行政部门依据法律的授权对职工因事故伤害（或者患职业病）是否属于工伤或者视同工伤给予定性的行政确认行为。根据我国2010年12月20日修改的《工伤保险条例》第十四条规定，职工有下列情形之一的，应当认定为工伤：①在工作时间和工作场所内，因工作原因受到事故伤害的；②工作时间前后在工作场所内，从事与工作有关的预备性或者收尾性工作受到事故伤害的；③在工作时间和工作场所内，因履行工作职责受到暴力等意外伤害的；④患职业病的；⑤因工外出期间，由于工作原因受到伤害或者发生事故下落不明的；⑥在上下班途中，受到非本人主要责任的交通事故或者城市轨道交通、客运轮渡、火车事故伤害的；⑦法律、行政法规规定应当认定为工伤的其他情形。

【知识链接】

"上下班途中"工伤认定的法律沿革

我国关于职工"上下班途中"工伤认定的立法始于1996年10月1日起试行《企业职工工伤保险试行办法》第八条第（九）项规定，职工"在上下班的规定时间和必经路线上，发生无本人责任或者非本人主要责任的道路交通机动车事故的"应当认定为工伤。由于规定了"时间"和"必经路线"，因此在实际操作过程中，使工伤认定难以确定，存在许多争议。为了解决上述法律的不足，2003年颁布了《工伤保险条例》，该条例规定"上下班途中，受到机动车事故伤害的"应当认定为工伤，在实践过程中，即使职工在交通事故中负全责也能够被认定为工伤。随着上下班工伤认定类案件的日益复杂化，2011年1月1日，新修订的《工伤保险条例》开始施行，其对职工上下班途中的规定为"在上下班途中，受到非本人主要责任的交通事故或者城市轨道交通、客运渡轮、火车事故伤害的"应当认定为工伤。

修改后的《工伤保险条例》扩大了认定范围，将机动车扩大到城市轨道交通、客运渡轮、火车等。修改后的《工伤保险条例》对于责任问题加以限制，规定"非本人主要责任"才可以认定为工伤，是对人们行为的正确引导，规范职工的行为，防止职工违反交通规则，使工伤事故的认定更具有规范性和科学性。从我国法律关于"上下班途中"的法律沿革可以看到工伤认定越发公平的特点。

资料来源：摘自《太原城市职业技术学院学报》第127期。

《工伤保险条例》第十五条规定，职工有下列情形之一的，视同工伤：

（1）在工作时间和工作岗位，突发疾病死亡或者在48小时之内经抢救无效死亡的；

（2）在抢险救灾等维护国家利益、公共利益活动中受到伤害的；

（3）职工原在军队服役，因战、因公负伤致残，已取得革命伤残军人证，到用人单位后旧伤复发的。

职工有前款第（1）项、第（2）项情形的，按照本条例的有关规定享受工伤保险待遇；职工有前款第（3）项情形的，按照本条例的有关规定享受除一次性伤残补助金以外的工伤保险待遇。

《工伤保险条例》第十六条规定，职工符合本条例第十四条、第十五条的规定，但是有下列情形之一的，不得认定为工伤或者视同工伤：

（1）故意犯罪的；

（2）醉酒或者吸毒的；

（3）自残或者自杀的。

职工发生事故伤害或者按照职业病防治法规定被诊断、鉴定为职业病，所在单位应当自事故伤害发生之日或者被诊断、鉴定为职业病之日起30日内，向统筹地区社会保险行政部门提出工伤认定申请。遇有特殊情况，经报社会保险行政部门同意，申请时限可以适当延长。

用人单位未按前款规定提出工伤认定申请的，工伤职工或者其近亲属、工会组织在事故伤害发生之日或者被诊断、鉴定为职业病之日起1年内，可以直接向用人单位所在地统筹地区社会保险行政部门提出工伤认定申请。

8.2 职业病

8.2.1 职业病的概述

1. 职业病的概念与特点

人类自开始生产活动以来，就出现了因接触生产环境和劳动过程中有害因素而产生的疾病。追溯国内外历史，最早发现的职业病都与采石开矿和冶炼生产有关。随着工业的兴起和发展，生产或工作环境中使人类产生疾病的有害因素的种类和数量也在不断增加。因此，职业病的发生，常与社会经济生产的发展密切相关。近年来，我国各种形式的职业危害日趋严重，因而职业病的发病率也呈上升趋势。

职业病是指劳动者在劳动过程中接触职业性有害因素所导致的疾病。它同劳动者所从事的特定职业密切联系，与劳动卫生相对应，属于职业性有害因素对劳动者健康的慢性伤害。因此，世界上实行工伤保险的国家通常把职业病列入工伤的范围，对因工作原因接触职业性有害因素所导致的职业病患者，提供医疗救治、经济补偿、职业康复等帮助和服务，以帮助他们尽快恢复。

与其他职业伤害相比，职业病有以下特点。

（1）职业病的起因是由于劳动者在职业性活动中或长期受到来自化学的、物理的、生物的职业性危害因素的侵蚀，或长期受不良的作业方法、恶劣的作业条件的影响。这些因素及影响可能直接或间接地、个别或共同地发生着作用。

（2）职业病不同于突发的事故或疾病，其病症要经过一个较长的逐渐形成期或潜伏期后才能显现，属于缓发性伤残。

（3）由于职业病多表现为体内生理器官或生理功能的损伤，因而是只见"疾病"，不见"外伤"。

（4）职业病属于不可逆性损伤，很少有痊愈的可能性。换言之，除了促使患者远离致病源自然痊愈之外没有更为积极的治疗方法，因而对职业病预防问题的研究尤为重要。可以通过作业者的重视、作业环境条件的改善和作业方法的改进等管理手段减少患病率。

因此，职业病虽然被列入因工伤残的范围，但它同工伤伤残又是有区别的。

2. 法定职业病的概念与条件

法定职业病是指职工因受职业性有害因素的影响引起的，由国家以法规形式规定并经国家指定的医疗机构确诊的疾病。在各国立法中，职业病有一定的界限，一般属于工伤保险范畴的职业病，指的是法定职业病。法定职业病患者依法享受国家规定的职业病待遇。法定职业病划定范围的大小，世界各国并不完全一致。各个国家主要依据本国经济条件、技术水平和对职业病的认识来确定。根据《中华人民共和国职业病防治法》第一章第二条的规定："本法适用于中华人民共和国领域内的职业病防治活动。本法所称职业病，是指企业、事业单位和个体经济组织等用人单位的劳动者在职业活动中，因接触粉尘、放射性物质和其他有毒、有害因素而引起的疾病。职业病的分类和目录由国务院卫生行政部门会同国务院安全生产监督管理部门、劳动保障行政部门制定、调整并公布。"职业病必须具备四个条件：①患病主体是企业、事业单位或个体经济组织的劳动者；②必须是在从事职业活动的过程中产生的；③必须是因接触粉尘、放射性物质和其他有毒、有害物质等职业病危害因素引起的；④必须是国家公布的职业病分类和目录所列的职业病。

3. 职业病有害因素的概念与分类

职业病有害因素又称职业性有害因素或生产性有害因素，是指能对职工的健康和劳动能力产生有害作用并导致疾病的生产因素，按其来源和性质可分为生产过程中的、劳动过程中的和与作业场所有关的有害因素三种。

（1）生产过程中的职业病有害因素，包括以下几方面。

① 化学因素。目前，引发职业病的最主要的职业性有害因素被公认为化学因素。它包

括生产性毒物和生产性粉尘。生产性毒物可分为窒息性毒物（硫化氢、一氧化碳、氢化物等）、刺激性毒物（光气、氨气、二氧化硫等）、徊液性毒物（苯、苯的硝基化合物等）和神经性毒物（铅、汞、锰、有机磷农药等）。它们主要通过呼吸道（特殊情况下通过消化道或通过皮肤）侵入人体，对人体的组织、器官产生毒物作用，再依毒性的不同对人体的神经系统、血液系统、呼吸系统、消化系统、骨组织等产生作用。除了产生局部刺激和腐蚀作用及中毒现象以外，还可产生致突变作用、致癌作用、致畸作用等。生产性粉尘是指能长期悬浮在空气中的固体微粒，包括无机性粉尘（如石棉、煤、金属性粉尘、水泥等）、有机性粉尘（如烟草、麻、棉、人造纤维等）和混合性粉尘（如金属研磨尘、合金加工尘等）。劳动者在生产过程中被动吸入的这些生产性粉尘随时间的推移在肺内逐渐沉积到一定程度时，会引起以肺组织纤维化为主的病变，即导致尘肺病的发生。

② 物理因素。物理性职业有害因素主要包括：不良的气候条件；异常气压；生产性噪声、振动；电离辐射，如 α 射线、 β 射线、 γ 射线或中子流等；非电离辐射，如紫外线、红外线、微波、高频电磁场等。

③ 生物因素。生物因素主要指病原微生物和致病寄生虫，如炭疽杆菌、布氏杆菌、森林脑炎病毒等。

（2）劳动过程中的职业病有害因素，主要包括劳动时间过长、劳动强度过大、作业安排与劳动者的生理状态不相适应、长时间处于某种不良体位、长时间从事某一单调动作的作业或身体的个别器官和肢体过度紧张等。

（3）与作业场所有关的职业病有害因素，包括以下几个方面。

① 作业场所的设计不符合卫生标准和要求，厂房狭小、厂房建筑及车间布置不合理。

② 缺乏必要的卫生技术设施，如缺少通风换气设施、采暖设施、防尘防毒设施、防暑降温设施、防噪防振设施、防射线设施等。

③ 安全防护设施不完善，使用个人防护用具方法不当或防护用具本身有缺陷等。

上述各种职业性有害因素对人体产生不良影响并显现病状，是要满足一定条件的。如有害因素的强度（数量）、人体接触有害因素的时间和程度，个体因素及环境因素等。当职业性有害因素作用于人体并造成人体功能性或器质性病变时所导致的疾病即为职业病。

8.2.2　法定职业病的种类

2013年12月23日，国家卫生计生委等四部门对我国职业病的种类进行了调整，发布了新的《职业病分类和目录》。修订后的《职业病分类和目录》由原来的115种职业病调整为132种（含4项开放性条款）。其中新增18种，对2项开放性条款进行了整合。

1. 职业性尘肺病及其他呼吸系统疾病

1）尘肺病

主要包括：矽肺、煤工尘肺、石墨尘肺、炭黑尘肺、石棉肺、滑石尘肺、水泥尘肺、云母尘肺、陶工尘肺、铝尘肺、电焊工尘肺、铸工尘肺、根据《尘肺病诊断标准》和《尘肺病理诊断标准》可以诊断的其他尘肺病。

2）其他呼吸系统疾病

主要包括：过敏性肺炎、棉尘病、哮喘、金属及其化合物粉尘肺沉着病（锡、铁、锑、钡及其化合物等）、刺激性化学物所致慢性阻塞性肺疾病、硬金属肺病。

2. 职业性皮肤病

包括：接触性皮炎、光接触性皮炎、电光性皮炎、黑变病、痤疮、溃疡、化学性皮肤灼伤、白斑、根据《职业性皮肤病的诊断总则》可以诊断的其他职业性皮肤病。

3. 职业性眼病

包括化学性眼部灼伤、电光性眼炎、白内障（含辐射性白内障、三硝基甲苯白内障）。

4. 职业性耳鼻喉口腔疾病

包括噪声聋、铬鼻病、牙酸蚀病、爆震聋。

5. 职业性化学中毒

包括铅及其化合物中毒（不包括四乙基铅）、汞及其化合物中毒、锰及其化合物中毒、镉及其化合物中毒、铍病、铊及其化合物中毒、钡及其化合物中毒、钒及其化合物中毒、磷及其化合物中毒、砷及其化合物中毒、铀及其化合物中毒、砷化氢中毒、氯气中毒、二氧化硫中毒、光气中毒、氨中毒、偏二甲基肼中毒、氮氧化合物中毒、一氧化碳中毒、二硫化碳中毒、硫化氢中毒、磷化氢、磷化锌、磷化铝中毒、氟及其无机化合物中毒、氰及腈类化合物中毒、四乙基铅中毒、有机锡中毒、羰基镍中毒、苯中毒、甲苯中毒、二甲苯中毒、正己烷中毒、汽油中毒、一甲胺中毒、有机氟聚合物单体及其热裂解物中毒、二氯乙烷中毒、四氯化碳中毒、氯乙烯中毒、三氯乙烯中毒、氯丙烯中毒、氯丁二烯中毒、苯的氨基及硝基化合物（不包括三硝基甲苯）中毒、三硝基甲苯中毒、甲醇中毒、酚中毒、五氯酚（钠）中毒、甲醛中毒、硫酸二甲酯中毒、丙烯酰胺中毒、二甲基甲酰胺中毒、有机磷中毒、氨基甲酸酯类中毒、杀虫脒中毒、溴甲烷中毒、拟除虫菊酯类中毒、铟及其化合物中毒、溴丙烷中毒、碘甲烷中毒、氯乙酸中毒、环氧乙烷中毒、上述条目未提及的与职业有害因素接触之间存在直接因果联系的其他化学中毒。

6. 物理因素所致职业病

包括中暑、减压病、高原病、航空病、手臂振动病、激光所致眼（角膜、晶状体、视网膜）损伤、冻伤。

7. 职业性放射性疾病

包括外照射急性放射病、外照射亚急性放射病、外照射慢性放射病、内照射放射病、放射性皮肤疾病、放射性肿瘤（含矿工高氡暴露所致肺癌）、放射性骨损伤、放射性甲状腺疾病、放射性性腺疾病、放射性复合伤、根据《职业性放射性疾病诊断标准（总则）》可以诊断的其他放射性损伤。

8. 职业性传染病

包括炭疽、森林脑炎、布鲁氏菌病、艾滋病（限于医疗卫生人员及人民警察）、莱姆病。

9. 职业性肿瘤

包括石棉所致肺癌、间皮瘤、联苯胺所致膀胱癌、苯所致白血病、氯甲醚或双氯甲醚所致肺癌、砷及其化合物所致肺癌或皮肤癌、氯乙烯所致肝血管肉瘤、焦炉逸散物所致肺癌、六价铬化合物所致肺癌、毛沸石所致肺癌、胸膜间皮瘤、煤焦油或煤焦油沥青或石油沥青所致皮肤癌、β-萘胺所致膀胱癌。

10. 其他职业病

包括金属烟热、滑囊炎（限于井下工人）、股静脉血栓综合征或股动脉闭塞症或淋巴管闭塞症（限于刮研作业人员）。

8.3 工伤保险概述

8.3.1 工伤保险的概念、性质与特点

1. 工伤保险的概念

工伤保险是指劳动者在从事生产劳动或与之相关的工作时，发生意外伤害，包括事故伤残、职业病以及因这两种情况造成死亡时，由政府向劳动者本人或其供养直系亲属提供物质帮助的一项社会保险制度。工伤保险制度是国家和社会对劳动者职业伤害（包括工业事故和职业病）的医疗救治、收入补偿、职业康复和死亡者遗属抚恤的综合性政策制度。随着社会的发展，现代意义上的工伤保险还包括通过预防促进企业安全生产，减少事故发生；通过康复工作，使受伤害者尽快恢复劳动能力，促进受害者与社会的整合。预防、补偿和恢复成为工伤保险的三大支柱。

2. 工伤保险的性质

1）工伤保险实行"无过失补偿"制

当发生工伤事故后，无论属于谁的责任，企业（雇主）均应依法给予劳动者经济补偿。因为在现今的生产条件下，伤亡事故是难以避免的，事故责任往往也是难以分得清楚的。发生了工伤事故，已经给受伤害者造成很大痛苦，甚至失去生命，雇主自应无条件补偿损失。原先实行的雇主责任制，例如，1884年英国《雇主责任制法》规定，工人受伤后需在诉讼胜利的条件下，雇主才负责补偿，而胜诉的条件是：①工人本身无任何疏忽责任；②与受伤者共同工作的其他工人也无任何疏忽责任；③工人受伤原因已经超出他受到危险威胁之外。这些条件显然是苛刻的，理所当然的遭到工人们的反对。1884年7月16日，德国公布了世界上第一个《工人灾害赔偿保险法》，并史无前例地规定企业主无论对于工伤事故有无责任，均应该赔偿工人损失。从此，"无过失补偿"（无责任赔偿），便成了工伤保险的首要原则，而为世界各国所借鉴、所采用。

所谓"无责任赔偿"，并不是不追究事故责任，恰恰相反必须认真组织调查，分析事故原因，总结经验教训，提出改进措施，避免再次发生类似事故，并查清事故责任者，必要时给予处分。但是，这与单方面首先追究工人责任是有根本区别的，那样做也是不公平的。工伤保险争议案多，技术性强，处理一项事故，不仅费事、费时，而且要有技术专家参加调查，做出结论鉴定。由于工伤事故争议案多，许多发达国家都设有专门法庭，受理工伤事故案件。在处理工伤事故案件时，由雇主、雇员和社会保险机构三方代表及其律师出庭申诉，最后由法院判决，不服时，还可以层层上诉，直到解决问题为止。

2）工伤保险与人身意外保险的区别

（1）发生工伤后，劳动者个人不必缴纳任何费用，按规定从国家、社会和企业（或雇

主）得到必要的补偿；人身意外伤害保险是以营利为目的，由商业保险公司与投保人双方契约形式确定各自的权利和义务，契约到期，保险责任即自行终止。

（2）工伤保险是以劳动者及其供养的直系亲属为对象，人身意外伤害保险是以全体公民为对象，自愿投保，遵循契约自由原则。

（3）工伤保险的待遇是在劳动者为社会尽劳动义务而发生工伤后发放的，待遇水平以保障受伤害者及其家属的基本生活水平为准；人身意外伤害赔偿则采取"多投多保，少投少保，不投不保"的原则。

（4）工伤保险的被保险人与保险人（用人单位）之间是劳动关系；而人身意外伤害保险的保险人（保险公司）与被保险人之间则是一种"等价交换"的关系。

（5）工伤保险属于社会保险法调整范畴；人身意外伤害保险则属于经济合同法调整范畴。

（6）工伤保险是一种政府行为，由国家授权的劳动部门和社会保险经办机构管理；人身意外伤害保险是一种商业行为，属于金融系统的商业保险公司管理。

正确区分工伤保险与人身意外伤害保险的关系，发挥两者之间的相互补充的作用，才能够更好地为社会服务，更好地保护受伤害者的利益。

3. 工伤保险的特点

1）具有强制性

工伤保险是宪法确立的劳动者的一项基本权利，为保证劳动者这一权利的实现，国家必须通过建立法规强制实施。法规所规定范围内的用人单位及职工，都应该参加工伤保险，缴纳保险费。工伤具有突发性，多属意外事故；同时工伤也有不可逆转性，其造成的损失往往难以挽回，对个人也带来终身痛苦，于企业不利，对国家不利，因而工伤保险应该是强制性的。

2）具有社会性

工伤保险是世界上历史最悠久、实施范围最广的社会保障制度。1987年有141个国家实行社会保险，有96%的国家有工伤保险。其对象包括社会上不同地区、行业及不同经济成份的劳动者。因此保险金领取的人数众多，对整个政治生活、社会生活、经济生活都会产生广泛影响。政府部门可通过对社会经济生活的一定干预，在发生劳动风险与未发生劳动风险之间进行收入再分配，切实达到保障劳动者基本生活的目的。

3）具有互济性

工伤保险可以通过统筹的基金来分散劳动风险，这是社会保险的基本办法。因工伤人员在社会上分布不均，必须依靠社会力量进行保险，解决企业和地区之间承受的不同压力。我们是社会主义国家，这样操作，更体现了互济性，对企业和劳动者双方形成保护机制，在较大范围内分散风险。

4）具有福利性

工伤社会保险基金属劳动者所有，是保障职工安全健康的基础，要专款专用，国家不征税，由国家财政提供担保，应当由隶属于政府部门的非营利性质的事业单位经办，为受保人服务。

4．工伤保险的功能

（1）工伤保险作为社会保障的一个组成部分，是国家通过立法强制实施的，是国家对劳动者履行的社会责任，也是劳动者应该享受的基本权利。工伤保险的实施是人类文明和社会发展的标志和成果。

（2）工伤保险因其保障了工伤职工医疗及其基本生活、伤残抚恤和遗属抚恤，在一定程度上解除了职工和家属的后顾之忧，从而体现了国家和社会对职工的尊重，有利于提高他们的工作积极性。

（3）建立工伤保险有利于促进安全生产，保护和发展生产力，工伤社会保险与生产单位改善劳动条件、进行安全教育、提高医疗健康水平、开展社会服务等工作紧密相连，对于提高企业和职工的安全生产，防治或减少工伤、职业病，保护职工的身体健康至关重要。

（4）工伤保险保障了受伤职工的合法权益，有利于妥善处理事故和恢复生产，维护正常的生产、生活秩序，维护社会安定。

8.3.2　工伤保险的发展历程

工伤保险制度，它不是工业化的产物，因为劳动自古以来就是人类的谋生手段，劳动创造财富，推动人类社会的发展。但是，劳动事故和劳动伤害几乎也伴随着生产劳动而来，因此工伤保险制度应运而生。工伤保险制度的发展大致经历了以下几个阶段。

1．工伤民事索赔阶段

在手工作坊式的生产条件时期，对因工而发生的伤亡，其事故的预防、处理和赔偿都是公民在私下解决的。

在资本主义前期，工人受到职业伤害的一切后果由本人承担。英国著名的经济学家亚当·斯密在他的"风险承担理论"中曾这样认为，给工人规定的工资标准中，已经包含了对岗位危险性的补偿，而工人自愿与雇主签订合同，那就意味着他们是自愿接受了风险，接受了补偿这种风险的收入。因而，工人理应负担其在工作过程中因发生工伤事故而遭受的损失。这一理论风行于早期资本主义时代，成为雇主推卸工伤责任的理论依据。

在欧洲工业化早期，随着资本主义经济的蓬勃发展，大机器导致的工伤事故日益增多，事故程度也日益增强，与此同时，工人运动蓬勃发展。劳动伤害，特别是恶性工伤事故和急性中毒事故的增多，往往引发工人运动。政府为了减少工人运动，稳定社会生产和发展，开始实行"雇主过失赔偿原则"。但是这种赔偿是根据民事法典中的"归责原则"规定的，受伤工人必须提出证据证明自己受伤是他人的过失才能获得赔偿。由于种种条件的限制，按照民法规定和程序很难使受害者获得应有的赔偿。

2．雇主责任制阶段

19世纪末，法国、德国、英国等普遍认同了无过错责任原则和职业危险原则，即凡是利用机器或雇员体力从事经济活动的雇主或机构，就有可能造成雇员受到职业方面的危害；意外事故无论是由于雇主的疏忽还是由于受伤害者的同事的粗心，甚至根本不存在什么过失，雇主都应该进行赔偿；赔偿应该是企业所承担的一部分管理费用。无过错责任原则和职业危险原则应用于工业领域就代表着雇主责任制的开始。

雇主责任制保险有两种情况：一是雇主自保，即受伤害者或遗属直接向雇主索赔，雇主对职业伤害进行赔偿，有些国家是由雇主个人行使的，也有些国家是由雇主群体行使的。二是雇主为雇员的职业伤害风险实行保险。这些雇主只能通过向私人保险公司投保而获得保险。这类保险公司根据各行业或各企业工伤事故的发生率征收不同的伤害保险费。

这种雇主责任制存在着缺陷，当工伤事故发生时，如果雇主因欠债、破产失去赔偿能力时，劳动者就失去了获得赔偿的可能。保险公司介入工伤保险也存在着很大的局限性，在大多数情况下，这些私营保险公司会千方百计拒绝职业危害性很大的企业雇主和工人参加保险，在支付赔偿金时也会想方设法降低标准，尽可能逃避赔付责任。

3. 工伤保险社会化阶段

现代化大生产，新能源、新材料、新工艺、新技术的应用，使劳动者的职业危害性大大增加，而且随着新技术的应用和社会化大生产程度的提高，事故的发生率和严重程度都在提高。原来的雇主责任制保险已远远不适应社会发展的需要。

1884年7月，德国颁布了《工伤保险法》，这是世界上第一部工伤保险法，是专门涉及工业事故和职业病及其预防与补偿问题的法规。德国作出了对因工伤事故而伤亡的工人给予补偿的规定后，欧洲受其影响，西欧和北欧各国纷纷仿效德国，先后建立了工伤保险制度，颁布了相关的法律。美国建立的严格意义上的工伤保险法是1908年联邦政府颁布的《美国联邦雇员伤害赔偿法》，该法推动了各州工伤立法的正式实施。

4. 工伤保险制度的逐步完善和发展阶段

在世界各国，工伤保险制度都是被重视的项目，多数国家注重不断修改完善工伤保险立法。随着社会化程度和技术的不断发展，各国都对原来的工伤保险法律法规做出了相应的调整，逐步完善工伤保险制度。工伤保险制度的发展呈现以下几种趋势：一是工伤保险的覆盖范围在逐步扩大；二是工伤保险制度包括的事故范围在不断扩大；三是在制度的设计方面突出了对受害者迅速康复的追求；四是在对受害者提供补偿的同时，逐步重视预防和职业康复，把预防、补偿和职业康复有机地结合起来。

8.3.3　国际上有关工伤保险制度的概览

1. 英国

英国于1897年颁布了首部工伤保险法规。1946年颁布了《国民工业伤害保险法》，作为当时建立健全的国民保险相关法律的一部分，与国民健康服务、家庭津贴计划和社会救济等项目构成了英国社会保障保护体系。英国现行工伤保险办法颁布于1975年，英国工伤保险事务由卫生与社会保障部的地方办事机构负责具体管理工伤保险费用和工伤保险待遇支付。

英国工伤保险制度覆盖范围广泛，包括所有在英国就业的有劳动合同的职工和学徒。一些难以订立劳动合同的自谋职业者如出租车司机，汽车、轮船驾驶员等，也被工伤保险所覆盖。临时性的工作人员，如家佣，以及一些公共部门的就业人员，如军人等，不在覆盖范围之中。英国工伤保险的特点如下。

（1）英国工伤保险的救济不是工人可以得到的唯一救济，工人在受伤后可以选择接受保险赔偿，也可以进行诉讼。

（2）能够证明雇主对损害有过错的，在接受赔偿后，仍然可以提起诉讼，就补偿不足的部分进行弥补。

（3）政府机构一般不介入到工伤损害的赔偿中，因赔偿产生的责任完全由雇主承担，政府和雇员都不对此承担任何责任。受害人因为伤残或者死亡得到的赔偿与其受损害前的收入有一定的联系。

（4）为永久伤残者提供终身退休金。

（5）英国没有单独的工伤保险基金，工伤保险待遇由社会保险基金支付。

2. 美国

美国的工伤保险制度在发达国家中起步较晚，但是工伤保险却是美国最先建立的社会保险，是美国社会保障制度中的一个重要险种，又称工伤补偿，在规模上仅次于社会保障伤残保险和医疗保险。直到1908年联邦政府才颁布《美国联邦雇员伤害赔偿法》，而后该法推动了各州工伤立法的正式实施，美国和其他国家不同的是工伤保险既可以是强制性的也可能是选择性的。

美国工伤保险对象主要是工薪人员，覆盖了大约工薪阶层的87%。赔付工伤待遇所需费用全部由雇主一方负担，工人和国家不承担费用。雇主逐年投保，保费按工资总数及规定的不同工种的费率计算，并计入企业生产成本。美国工伤保险费率是按行业划分的，与企业所属行业的伤害频率和安全考绩有关。工伤保险费的收取根据支出确定，通常，各企业的工伤保险费参考企业工伤事故率和事故程度确定。

美国的工伤保险分为三种方式：购买私人保险公司工伤保险、购买州基金工伤保险和企业自我保险。美国的工伤制度在其运行过程中体现出一个显著的特点：联合运用私营和公共的保障系统，促进工伤预防。美国没有全国统一的工伤保险立法，联邦政府只负责造船工人、港口工人、公务员和硅肺病的工伤保险，其他领域的工伤保险由各州自行立法。虽然美国法律明确规定了"州立法不能抵触联邦立法"的立法原则，但是这种分散的工伤保险立法模式仍然导致美国各州建立的工伤保险运行模式的不一致。总体而言，美国的工伤保险运行模式体现出联合运用私营和公共保障系统的特点，表现在以下几方面。

（1）作为工伤保险的管理机构，州政府劳工局主要负责确定工伤保险费率、审查工伤保险基金收支情况、处理工伤申请、申诉、仲裁等。

（2）工伤认定主体多元化，扩大救济途径。美国行政机关作出的工伤认定，属于行政行为；当事人不服，可以将该行政机关作为被告提起诉讼，法院审查的对象是该行政决定。但不同的是，在美国，对于行政机关作出的包括工伤认定在内的行政决定，法院具有重新审查并直接作出认定判决的权力。

（3）高度重视工伤康复。美国最开始实施的是将工伤人员与疾病人员合为一体的公共康复，其结果是许多工伤人员未能受到正常的照顾或同等待遇。于是随着需求的增加，导致了私人康复行业的出现和保险康复的发展，形成了私立的职业康复机构与保险公司合作的一种以私营为主的"私人康复企业"型工伤康复模式。

3. 德国

德国是第一个建立现代社会保障制度的国家，其工伤保险制度比较完善。德国于1884年颁布了《工伤补偿法》，1885年成立了工伤保险经办机构——工伤保险同业公会。自建立工伤保险制度起，德国就把工伤保险管理的职能授予了独立于政府之外的同业公会负责。

政府只负责制度法律，并在联邦、州政府劳动与社会福利部门设立工伤保险监督局，负责监督安全法规的实施并追究工伤事故的责任人。1992年修订《职业病法》，1996年联邦会议通过新的《工伤保险法》。

德国的社会工伤保险实行全覆盖政策，所有的雇员和农民，甚至学徒、学生及儿童都被纳入法定工伤保险覆盖范围。不只在工作时间，连上班途中也属保险范围。目前，法定工伤保险已覆盖了德国总人口的近一半。

德国工伤事故保险费由雇主全额承担，实行差别费率。保险费率为雇员平均月收入的1.33%。费率由三个层次的差别费率共同确定：第一层次按行业划分，不同行业可能有不同的行业费率；第二层次是在行业内部确定的企业风险等级表；第三层次是补充风险等级，即对处于同一风险等级的企业，按照其事故发生率和安全生产情况建立起"奖"或"罚"的制度，这一制度使得处于同一风险等级的企业彼此之间缴费相差幅度可达25%。

德国的工伤保险制度将事故预防、工伤康复和工伤补偿结合起来，采取"三位一体"的工作方式。一是事故预防。同业公会每年从工伤保险基金中提取大约15%的资金，用于事故预防。主要预防工作是：依法制定法规，规范安全要求，增加对企业的约束力；为企业提供技术咨询服务；深入企业进行监测检验，督促不符合要求的企业进行整改；进行预防性安全教育和培训工作。二是工伤康复。其中包括医疗康复、疗养、安装假肢、护理和专业培训等。全国共有工伤医院13家，疗养院15家，职业病医院2家。三是工伤补偿。投保者发生工伤事故后，同业公会支付受伤者或患病者伤病补助（相当于工伤前工资水平）、医疗费用、康复费等。除了为工伤职工和遗属提供现金补偿外，同业公会还以实物形式为他们提供服务，所需费用从基金中开支。这些服务有：为伤残者提供社会帮助，如护理服务；对他们的住所进行免费改造，以方便残障者使用；残障者免费取得残疾器具等。

4. 日本

日本对工伤保险的立法首次出现在1911年。后来在1947年、1980年和1986年等多次作了修改，其内容有了很大的变化。

日本的工伤保险并不包括所有的雇员，一些人员是不包括在工伤保险的范围之内的，如雇员人数不到5人的农业、林业和渔业企业的雇员，但可以进行自愿的保险。海关和公共雇员实行特别的制度。

在日本除了综合社会保险制度之外，单就工伤保险规定了一个强制性的保险制度并由政府机构进行管理。而且救济方法不是唯一的，受害人既可以请求工伤补偿，还可以对雇主提起诉讼，请求补偿损失的差额部分。所有的工伤医疗费都可以得到补偿。因工致伤者可以在工伤事故医院或者专门指定的医院免费就医，受伤者也可以自由选择其他的医院就医，然后要求补偿医疗费。暂时丧失劳动能力的劳动者可以得到伤残前工资收入的80%的补贴。对此规定有日工资的上限和下限。永久性丧失劳动能力的劳动者享有永久伤残补贴，是针对那些发生事故一年半以后还没有痊愈正进行恢复治疗的人。补贴的数额根据伤残的程度而不同，并且随着全国工资水平作调整。永久性部分丧失劳动能力的劳动者，也相应的有津贴。对于因工伤亡的劳动者提供丧葬费和遗属津贴。工伤的资金除了雇主缴纳绝大部分以外，国库也负担一部分管理费用。在日本还有私营保险机构提供的工伤保险项目。私营保险机构提供的工伤保险可以分为两类，一是雇主责任保险，是一种强制性的自动责任保险，可能使雇主免除受害人依据侵权法提出的要求其承担民事责任的诉讼。二是补充赔偿保险，覆盖了投保的雇员在劳动合同或以其他的形式明确的补充性赔偿。

5. 韩国

韩国各个社会保险项目均采用分项立法。韩国的工伤保险于1963年首次立法，1964年开始实施。

处于起步期的工伤保险适用范围仅限于雇员在500人以上的矿业、制造业企业，以后多次扩大实施范围。1987年扩大到雇工5人以上的所有企业。

韩国工伤保险实行差别费率。对全国所有行业按照作业危险程度及事故率划分为67类。最低费率为0.4%，最高费率为28.6%，平均费率为1.94%。费率每年调整一次，工伤保险费全部由雇主缴纳，雇员不缴纳。

韩国工伤保险待遇主要包括：伤残待遇、伤残补偿年金、特别费用、工伤医疗、遗属待遇和丧葬费。韩国工伤保险基金一部分用于工伤补偿，另一部分作为备用金，主要用于企业安全生产及事故预防、医疗康复以及企业雇员的劳动保护福利设施。基金结余交给国库储备，以备发生特大事故时使用。韩国劳动部下设的劳动保险局负责工伤保险政策制定。工伤认定由劳动保险局的地方劳动事务所负责。对上下班交通事故分情况界定，如系乘班车途中出事故可算工伤，否则按交通事故处理；医疗事故不算工伤；死亡原因与工作环境有直接联系的，或被认为是过劳死可算工伤，但必须已工作满3年。

6. 新加坡

新加坡在工伤保险方面实行的是工伤补偿制度。新加坡制定工伤补偿法的目的是为遭遇工作事故灾害的人员（不管其有无过错）提供准确、及时和合理的收入补偿、医疗待遇或为其受供养的遗属提供收入待遇。工伤补偿法的覆盖范围是任何与雇主签订了劳动合同或存在学徒关系的劳动者。

新加坡实行雇主责任补偿制，由于工作原因造成事故的，雇主应承担补偿责任。受雇主指派临时为另一雇主工作，发生工伤时由原雇主负责工作补偿责任。每一雇主必须按照保险法为工伤职工支付工伤补偿，不参加工伤保险的雇主必须经劳动部同意。

新加坡工伤补偿法规定下列情况属于工伤。

（1）工人在上下班途中乘雇主驾驶的或代表雇主驾驶的机动力所遭受的交通事故伤害，且该交通车不属于公共交通使用的。

（2）从事雇主同意的工作时，为了避免人身、财产伤害而受伤。

（3）为了雇主的利益，工人违反规章或没有得到雇主同意时遭遇事故。

（4）居住在新加坡并被本地雇主雇用在新加坡以外工作时发生的事故。工伤职工既可以根据工伤补偿法申请工伤待遇，也可以通过民法获得民事损害补偿，只能两者选择其一享受待遇。如果工人发生工伤事故的原因是由于同事行为造成的，受伤害职工可以根据民法起诉这位同事，也可以根据工伤补偿法要求雇主补偿，二者只能选择其一。

8.3.4 我国工伤保险制度的建立与现状

1. 我国工伤保险制度的建立

早在20世纪50年代，我国最初的工伤保险制度建成。工伤保险制度在新中国成立初期一直到社会主义现代化建设阶段，都保护了劳动者的利益，维护了社会安定，促进了生产发展。自工伤保险制度建立开始，至20世纪90年代，工伤保险制度基于各地试点改革，最终进行了全面改革。2003年4月，国务院颁布了《工伤保险条例》，并宣布条例将于2004年1月1日开始实施，条例的颁布标志着工伤保险制度在中国已走上了规范化、法制化的道路，并在此基础上快速发展起来。

1）我国工伤保险制度的初始阶段

1951年《中华人民共和国劳动保险条例》由政务院正式颁布，这是我国第一部全面概括了包括工伤、死亡遗属等社会保险在内的法规，并具有全国统一性。条例对工伤保险的范围、待遇做出了详尽的规定。1953年，政务院颁布修正后的《中华人民共和国劳动保险条例》以及《中华人民共和国劳动保险条例实施细则修正草案》，进一步明确了工伤保险的基本原则、实施范围、工伤范围以及工伤待遇等。根据1953年的《中华人民共和国劳动保险条例》，工伤保险的适用范围具有不分所有制与用工形式的广泛性。既包括国营企业，也包括公私合营、私营及合作社经营的企业；既包括正式职工，也包括学徒、临时工、季节工及试用人员。随着我国工业化的不断推进，职业病现象日益显现。为了使遭受职业病伤害的雇员得到应有的保障，1957年《职业病范围和职业病患者处理办法的规定》由卫生部制定并颁布，规定将14种由职业引起的疾病正式纳入职业病的范畴。这些疾病严重危害工人、职员健康，并使生产受到严重影响，其中包括具有较强职业性的职业中毒、尘肺病等，同时首次将职业病列入受工伤保险保护的范围。

2）我国工伤保险制度的早期改革阶段

1978年党的十一届三中全会以后，社会保险制度的重建工作也被提到议事日程上来。这个时期颁布了一系列规定，例如规定手工作业合作工厂、集体所有制企业、临时工、学徒工等享受劳动保险待遇。1980年国家劳动总局、中华全国总工会作出了《国家劳动总局、中华全国总工会关于整顿与加强劳动保险工作的通知》，强调建立医务劳动鉴定委员会，确定病伤职工的休假、复工、定残工作，以及加强退休、退职、残废职工和因工死亡职工遗属的管理工作，受理职工的申诉等。《中华全国总工会工会疗养院工作条例（试行）》、1982年民政部颁布的《民政部关于军人、机关工作人员因交通事故死亡的抚恤问题的通知》、1983年民政部颁布的《民政部关于革命残废军人伤口复发死亡抚恤办法的通知》、1983年民政部颁布的《民政部关于海关工作人员牺牲、病故、残废抚恤金应由民政部门发给的通知》等，都对伤残、抚恤、疗养等问题作出了规定。另外，1983年劳动人事部对于职业病也有了新的规定。

总之，计划体制时期我国的工伤保险制度在实施范围、工伤医疗和康复待遇、因工伤残待遇、因工死亡待遇、职业病防治政策、机关工作人员因公伤残抚恤政策等方面都作出了详细的规定，形成了以企业工伤保险为主体，职业病防治和民政伤残优抚的"三柱式"保障体系。企事业单位职工、机关干部都有各自的保障政策规定，工伤保险制度在经济建设中起到了积极的保障作用。这些调整措施使工伤保险逐步走上健康发展的道路。

3）我国工伤保险改革试点阶段

1988年社会保险改革方案由劳动部主导进行调整，逐步使工伤保险改革框架得以成型，即对工伤保险待遇进行整理，使工伤保险待遇随物价变化作出及时相应的调整；将一次性抚恤制度如丧葬费、抚恤费适当提高，建立了一次性抚恤制度；工伤保险基金得以初步建立，并逐步实现基金管理模式的社会化；"以支定收，留有储备"是工伤保险基金需要遵守的原则；费率差别得以明确，因情况不同对其定期作出相应调整。最初的试点改革，获得以下成果：扩大了保险覆盖面；职工得到的工伤保险待遇有所调整；实行差别费率，工伤保险基金逐步建立起来；工伤保险事业开始从政府部门实行，逐步将"企业保险"变革成社会保险；工伤保险与工伤预防相结合；政府部门进行立法工作，下级各部门依法执行。

为配合《中华人民共和国劳动法》的贯彻实施，劳动部制定了《企业职工工伤保险试行办法》（以下简称《试行办法》），于1996年10月1日开始实行。该条例扩大了工伤保险的覆盖范围，规定工伤保险应当覆盖所有城镇企业及其职工，有条件的地区可以探索在乡镇企业开展工伤保险的具体办法和措施。同时规定工伤保险执行差别费率和浮动费率，通过工伤保险的奖惩机制促进安全生产和工伤、职业病的预防，工伤保险费率一般不超过工资总额的1%，尽量减轻企业负担。并且国家技术监督局批准并印发了《职工工伤与职业病致残程度鉴定》。《试行办法》的实施，大大保护了劳动者权益，但是还是无法满足迅速发展的社会经济环境的需要，因此，迫切需要制定一部工伤保险法规。

4）我国工伤保险制度的建立阶段

2003年4月，国务院正式颁布我国第一部工伤保险立法——《工伤保险条例》（以下简称《条例》），于2004年1月1日开始实行，标志着我国工伤保险以法律的形式正式建立起来了。《条例》的颁布，使以人为本的原则得以充分体现，大大显示了此次改革对广大劳动者切身利益的保护。长期以来工伤保险领域只有部门规章，缺乏立法。而《条例》的出台和实施，彻底改变了这一局面，使劳动者合法权益得以保障。至此，我国形成了以劳动法为龙头，以《条例》为核心的工伤保险法律体系的新局面。中国一直致力于建立健全有中国特色的较完善的社会保障法律体系，而这一局面的形成为建立该体系奠定了重要的法律基石。

2. 我国工伤保险制度的现状

我国工伤保险制度建设和经办管理已经迈上了新的台阶。2011年1月1日开始实施的新修订的《工伤保险条例》和2011年7月1日开始实施的《中华人民共和国社会保险法》，已经取得实质进展。2011年人力资源社会保障部出台了相关配套制度，2012年大部分省份已制定和下发了新条例实施办法或实施意见。全国工伤预防和工伤康复试点工作取得了新进展。全国各省市参保扩面工作实现"十二五"开门红。2011年全国工伤保险参保人数达到17 689万人，完成了"十二五"五年扩面任务的31%。全国工伤保险基金支撑能力和保障水平进一步得到提高。2011年全国工伤保险基金收入达到451亿元，同比增长58.2%；基金支出283亿元，同比增长47.3%。截至2011年年底，全国享受工伤保险待遇共计162万人，增幅达10.2%。工伤保险基金统筹层次已达到基本目标，全国已有98%的地市实现了市级统筹。全国工伤保险管理服务水平有了新提升。2011年全国共受理工伤认定115万件，为114万工伤职工进行了工伤认定；共受理劳动能力鉴定申请60.5万件，为50.8万工伤职工评定了伤残等级。截至2011年年底，全国共有312万国有企业老工伤人员纳入工伤保险统筹管理，基本上解决了这一历史遗留问题，为维护社会稳定作出积极贡献。

2015年7月22日，人力资源社会保障部、财政部经国务院批准印发了《关于调整工伤保险费率政策的通知》，按照党的十八届三中全会提出的"适时适当降低社会保险费率"的精神，为更好贯彻社会保险法、《工伤保险条例》，使工伤保险费率政策更加科学、合理，适应经济社会发展的需要，经国务院批准，自2015年10月1日起，调整现行工伤保险费率政策。不同工伤风险类别的行业执行不同的工伤保险行业基准费率。各行业工伤风险类别对应的全国工伤保险行业基准费率为，一类至八类分别控制在该行业用人单位职工工资总额的0.2%、0.4%、0.7%、0.9%、1.1%、1.3%、1.6%、1.9%左右。通过费率浮动的办法确定每个行业内的费率档次。一类行业分为三个档次，即在基准费率的基础上，可向上浮动至120%、150%，二类至八类行业分为五个档次，即在基准费率的基础上，可分别向上浮动至120%、150%或向下浮动至80%、50%。各统筹地区人力资源社会保障部门要会同财政部门，按照"以支定收、收支平衡"的原则，合理确定本地区工伤保险行业基准费率具体标准，并征求工会组织、用人单位代表的意见，报统筹地区人民政府批准后实施。基准费率的具体标准可根据统筹地区经济产业结构变动、工伤保险费使用等情况适时调整。

2017年6月22日，《人力资源社会保障部、财政部关于工伤保险基金省级统筹的指导意见》（人社部发〔2017〕60号），工伤保险实行省级统筹，要求在省（区、市）内统一工伤保险参保范围和参保对象，统一工伤保险费率政策和缴费标准，统一工伤认定和劳动能力鉴定办法，统一工伤保险待遇支付标准，统一工伤保险经办流程和信息系统。在基金管理上，有条件的省（区、市）可以实行基金统收统支管理；不具备条件的省（区、市）也可以在省级建立调剂金，由市（地）按照一定的规则和比例上解到省级社保基金财政专户集中管理，用于调剂解决各市（地）工伤保险基金支出缺口。

2017年7月28日，《人力资源社会保障部关于工伤保险待遇调整和确定机制的指导意见》（人社部发〔2017〕58号），对于工伤保险的伤残津贴、供养亲属抚恤金、生活护理费、住院伙食补费、其他待遇等都进行了调整。工伤保险待遇调整和确定与经济发展水平相适应，综合考虑职工工资增长、居民消费价格指数变化、工伤保险基金支付能力、相关社会保障待遇调整情况等因素，兼顾不同地区待遇差别，按照基金省级统筹要求，适度、稳步提升，实现待遇平衡。

我国的工伤保险制度建立虽然取得了可喜的成绩，但是仍然存在不足之处。

1）工伤保险制度立法层次低，相关法律存在诸多问题

我国工伤保险的主要依据为《工伤保险条例》，从法律位阶上看，《工伤保险条例》属于行政法规，其约束力和执行力远远不如全国人大及其党委会制定的法律。《中华人民共和国社会保险法》于2011年7月1日正式实施，而工伤保险法却没有相应出台。同时，我国现行的有关工伤保险的法律主要包括《工伤保险条例》《中华人民共和国职业病防治法》《中华人民共和国安全生产法》《工伤认定办法》《工伤职工劳动能力鉴定管理办法》等。这些法律的颁布实施标志我国在工伤保险立法方面有了很大的突破，但是在实践中还存在很多问题，法律漏洞明显，可操作性不强。

2）当前工伤保险制度预防功能不足

工伤保险的主要功能为：预防、补偿和康复。我国工伤保险制度自建立之初到现在为止，都比较注重发生工伤事故后的补偿，而忽略制度本身的预防功能，这就导致了我国当前工伤保险制度的预防功能严重不足，表现在工伤保险费率设置不够科学细致。工伤保险缴费费率是指工伤保险费的缴纳比例，缴费费率设计得好可以发挥经济杠杆作用，激励用

人单位采用安全设施，促进劳动场所的安全和健康，预防职业伤害的发生。

3）工伤职业康复管理模式尚未统一，缺乏重新就业帮扶政策

由于缺乏统一的模式规定，目前各地在开展工伤康复的探索中各自为政，并由此带来工伤康复在全国的发展表现出极大的不平衡，水平参差不齐。同时，"割地自立"的局面显然与目前社会保障提高统筹层次，扩大地域范围甚至全国统一制度的趋势和改革方向相悖，不利于职工的工伤保险跨地区流转。工伤康复涉及工伤保险部门、医疗康复机构、工伤职工和用人单位四方的关系。如何进一步规范四者之间的权利义务关系，解决工伤保险部门与工伤康复专门机构的定位问题，仍然没有一个有效的途径。在我国，重新就业帮扶政策缺位。要想让工伤职工选择康复，实现重新就业，真正让他们重返社会，就必须让他们在选择康复前对康复后就业前景有足够的信心，这种信心的一个重要来源便是就业支持政策。重新就业帮扶政策的缺位拖住了工伤康复的后腿，不仅影响了职业康复事业的发展，也必然增加工伤保险基金的补偿支出。

4）工伤保险的逆向选择现象大量存在

《工伤保险条例》根据不同行业的工伤风险程度，参照《国民经济行业分类》（GB/T 4754—2011）对行业的划分，由低到高，依次将行业工伤风险类别划分为一类至八类。不同工伤风险类别的行业执行不同的工伤保险行业基准费率。但是在实际操作中，工伤保险的逆向选择大量存在。工伤风险小的企业往往不愿意参保，认为参加工伤保险只会增加企业成本。而一些工伤风险大、职业病危害严重的企业又强烈要求参加，这样工伤保险就成为是大量高风险标的的集合，失去在不同风险程度的企业间分散风险的意义，给工伤保险基金构成严重威胁。

8.4　对我国现行《工伤保险条例》的解读

8.4.1　工伤保险的对象

1996年10月1日实施的《企业职工工伤保险试行办法》明确规定，工伤保险的对象是中华人民共和国境内的企业及其员工。但是，在实施的过程中，并未得到很好的贯彻，相当多的非公企业并未参保；更多的县级企业都是只参加了养老、医疗、失业保险，工伤保险尚未提到日程上来。

为此，2003年颁布的《工伤保险条例》明确规定：中华人民共和国境内的各类企业、有雇工的个体工商户（统称用人单位）应当依照条例规定参加工伤保险，为本单位全部职工或者雇工缴纳工伤保险费。有雇工的个体工商户参加工伤保险的具体步骤和实施办法，由省、自治区、直辖市人民政府规定。

2011年1月1日，新修订的《工伤保险条例》将工伤保险的对象扩大为：中华人民共和国境内的企业、事业单位、社会团体、民办非企业单位、基金会、律师事务所、会计师事务所等组织和有雇工的个体工商户（以下称用人单位）应当依照本条例规定参加工伤保险，为本单位全部职工或者雇工（以下称职工）缴纳工伤保险费。中华人民共和国境内的企业、

事业单位、社会团体、民办非企业单位、基金会、律师事务所、会计师事务所等组织的职工和个体工商户的雇工，均有依照本条例的规定享受工伤保险待遇的权利。

8.4.2 工伤保险的原则与特性

1. 工伤保险的原则

1）无过失补偿原则

无过失补偿原则始于1884年德国的《工人灾害赔偿保险法》，明确规定雇主无论对于工伤事故有无责任，均应依法按标准赔偿工人损失。这是对过去长期以来延续的"雇主过失责任赔偿"原则的一个否定，既能够及时、公平地确保广大劳动者在因工伤残时得到法定的生活保障与经济补偿，又简化了工伤处理中有关待遇给付上的程序，有利于提高企业的工作效率。因此，无过失补偿当前已成为世界各国工伤社会保险普遍通行的重要原则。劳动者在生产工作过程中遭遇工伤事故，无论事故责任属于本人、雇主或是相关第三方，均应依法按照规定的标准给付工伤保险待遇。不能因为保险事故责任的追究与归属，影响待遇给付的时间与额度。同时，雇主不承担直接给付工伤补偿的责任，而是由工伤保险基金支付。

2）损害补偿原则

工伤保险以减免劳动者因执行工作任务而导致伤亡或疾病时遭受的经济上的损失为主要目的。劳动者付出的不仅是经济收入损失，而且是身体与生命的代价。因此，工伤保险在确定给付待遇时应坚持损害补偿原则。即不仅要考虑劳动者维持原来本人及家庭基本生活所需要的收入，同时还要根据伤害程度、伤害性质及职业康复等因素进行适当经济补偿。

3）个人不缴费原则

工伤事故属于职业性伤害，是在生产劳动过程中，职工为社会和企业创造物质财富而付出的血的代价，因而工伤保险待遇具有明显的"劳动力修复与再生产投入"性质，属于企业生产成本的特殊组成部分。因此，个人不必缴费，而由企业负担全部保险费。我国的工伤社会保险无论是由企业直接支付待遇，或是由企业向基金缴费，均不实行分担方式，所有法定费用均由企业承担。

4）严格区别工伤和非工伤的原则

劳动者受伤害，一般可以分为因工和非因工两类。前者是由执行公务或在工作生产过程中，为社会或为集体奉献而受到的职业伤害所致，与工作和职业有直接关系；后者则与职业无关，完全是个人行为所致。意外事故实行无过失补偿原则并非取消因工和非因工的界限。必须严格区分因工和非因工的界限，明确了因工伤事故发生的费用应由工伤保险基金来承担，而且医疗康复待遇、伤残待遇和死亡抚恤待遇均要比因疾病和非因工伤亡待遇优厚。这样有利于对那些为国家或集体做出奉献者进行褒扬抚恤。

5）预防、补偿和康复相结合的原则

为保障工伤职工的合法权益，维护、增进和恢复劳动者的身体健康，必须把经济补偿和医疗康复以及工伤预防有机结合起来。工伤保险最直接的任务是经济补偿，保障伤残职工和遗属的基本生活。同时要做好事故预防和医疗康复，保障职工安全与健康。预防、补偿、康复三者结合起来，形成一条龙的社会化服务体系，是工伤保险发展的必然趋势。这

有利于安全生产和事故防范，可以减少工作场所中工伤事故和职业病的发生。

2．工伤保险的特性

（1）工伤保险对象的范围是在生产劳动过程中的劳动者。由于职业危害无所不在，无时不在，任何人都不能完全避免职业伤害。因此工伤保险作为抗御职业危害的保险制度适用于所有职工，任何职工发生工伤事故或遭受职业疾病，都应毫无例外地获得工伤保险待遇。

（2）工伤保险的责任具有赔偿性。工伤即职业伤害所造成的直接后果是伤害到职工生命健康，并由此造成职工及家庭成员的精神痛苦和经济损失，也就是说劳动者的生命健康权、生存权和劳动权受到影响、损害甚至被剥夺了。因此工伤保险是基于对工伤职工的赔偿责任而设立的一种社会保险制度，其他社会保险是基于对职工生活困难的帮助和补偿责任而设立的。

（3）工伤保险实行差别费率和浮动费率。差别费率是指根据不同行业工伤风险程度确定行业的基准费率，风险程度较高的行业适用较高的基准费率，风险程度较低的行业适用较低的基准费率；然后根据工伤保险基金使用、工伤发生率等情况再在每个行业确定若干费率档次。浮动费率是指在差别费率的基础上，国家根据企业在一定时期内的安全生产状况和工伤保险费用支出情况，使企业费率上下浮动。让安全生产状况好的企业下浮费率，安全生产状况差的企业上浮费率，促使企业积极采取预防措施抓好安全生产、减少工伤事故的发生。

（4）工伤保险不同于养老保险等险种，劳动者不缴纳保险费，全部费用由用人单位负担。即工伤保险的投保人为用人单位。

8.4.3 工伤保险基金

工伤保险基金由用人单位缴纳的工伤保险费、工伤保险基金的利息和依法纳入工伤保险基金的其他资金构成。

工伤保险费根据"以支定收、收支平衡"的原则，确定费率。国家根据不同行业的工伤风险程度确定行业的差别费率，并根据工伤保险费使用、工伤发生率等情况在每个行业内确定若干费率档次。行业差别费率及行业内费率档次由国务院社会保险行政部门制定，报国务院批准后公布施行。统筹地区经办机构根据用人单位工伤保险费使用、工伤发生率等情况，适用所属行业内相应的费率档次确定单位缴费费率。国务院社会保险行政部门应当定期了解全国各统筹地区工伤保险基金收支情况，及时提出调整行业差别费率及行业内费率档次的方案，报国务院批准后公布施行。

根据2015年7月22日，《人力资源和社会保障部、财政部关于调整工伤保险费率政策的通知》（人社部发〔2015〕71号）规定："按照《国民经济行业分类》（GB/T 4754—2011）对行业的划分，根据不同行业的工伤风险程度，由低到高，依次将行业工伤风险类别划分为一类至八类。"见表8-1。不同工伤风险类别的行业执行不同的工伤保险行业基准费率。各行业工伤风险类别对应的全国工伤保险行业基准费率为，一类至八类分别控制在该行业用人单位职工工资总额的0.2%、0.4%、0.7%、0.9%、1.1%、1.3%、1.6%、1.9%左右。通过费率浮动的办法确定每个行业内的费率档次。一类行业分为三个档次，即在基准费率的基础上，可向上浮动至120%、150%，二类至八类行业分为五个档次，即在基准费率的基础上，可分别向上浮动至120%、150%或向下浮动至80%、50%。各统筹地区人力资源社会保障部门要会同财政部门，按照"以支定收、收支平衡"的原则，合理确定本地区工伤保险行业基准费率具体标准，并征求工会组织、用人单位代表的意见，报统筹地区人民政府批准后实施。基准费率的具体标准可根据统筹地区经济产业结构变动、工伤保险费使用等情况适时调整。统筹地区社会保险经办机构根据用人单位工伤保险费使用、工伤发生率、职业病危害程度等因素，确定其工伤保险费率，并可依据上述因素变化情况，每一至三年确定其在所属行业不同费率档次间是否浮动。对符合浮动条件的用人单位，每次可上下浮动一档或两档。统筹地区工伤保险最低费率不低于本地区一类风险行业基准费率。费率浮动的具体办法由统筹地区人力资源社会保障部门同财政部门制定，并征求工会组织、用人单位代表的意见。各统筹地区确定的工伤保险行业基准费率具体标准、费率浮动具体办法，应报省级人力资源社会保障部门和财政部门备案并接受指导。省级人力资源社会保障部门、财政部门应每年将各统筹地区工伤保险行业基准费率标准确定和变化以及浮动费率实施情况汇总报人力资源社会保障部、财政部。

工伤保险行业风险分类如表8-1所示。

表8-1　工伤保险行业风险分类表[①]

行业类别	行业名称
一	软件和信息技术服务业，货币金融服务，资本市场服务，保险业，其他金融业，科技推广和应用服务业，社会工作，广播、电视、电影和影视录音制作业，中国共产党机关，国家机构，人民政协、民主党派，社会保障，群众团体、社会团体和其他成员组织，基层群众自治组织，国际组织
二	批发业，零售业，仓储业，邮政业，住宿业，餐饮业，电信、广播电视和卫星传输服务，互联网和相关服务，房地产业，租赁业，商务服务业，研究和试验发展，专业技术服务业，居民服务业，其他服务业，教育，卫生，新闻和出版业，文化艺术业
三	农副食品加工业，食品制造业，酒、饮料和精制茶制造业，烟草制品业，纺织业，木材加工和木、竹、藤、棕、草制品业，文教、工美、体育和娱乐用品制造业，计算机、通信和其他电子设备制造业，仪器仪表制造业，其他制造业，水的生产和供应业，机动车、电子产品和日用产品修理业，水利管理业，生态保护和环境治理业，公共设施管理业，娱乐业
四	农业，畜牧业，农、林、牧、渔服务业，纺织服装、服饰业，皮革、毛皮、羽毛及其制品和制鞋业，印刷和记录媒介复制业，医药制造业，化学纤维制造业，橡胶和塑料制品业，金属制品业，通用设备制造业，专用设备制造业，汽车制造业，铁路、船舶、航空航天和其他运输设备制造业，电气机械和器材制造业，废弃资源综合利用业，金属制品、机械和设备修理业，电力、热力生产和供应业，燃气生产和供应业，铁路运输业，航空运输业，管道运输业，体育
五	林业，开采辅助活动，家具制造业，造纸和纸制品业，建筑安装业，建筑装饰和其他建筑业，道路运输业，水上运输业，装卸搬运和运输代理业
六	渔业，化学原料和化学制品制造业，非金属矿物制品业，黑色金属冶炼和压延加工业，有色金属冶炼和压延加工业，房屋建筑业，土木工程建筑业
七	石油和天然气开采业，其他采矿业，石油加工、炼焦和核燃料加工业
八	煤炭开采和洗选业，黑色金属矿采选业，有色金属矿采选业，非金属矿采选业

---

① 人社部发〔2015〕71号《关于调整工伤保险费率的通知》及附件《工伤保险行业风险分类表》。

用人单位应当按时缴纳工伤保险费。职工个人不缴纳工伤保险费。用人单位缴纳工伤保险费的数额为本单位职工工资总额乘以单位缴费费率之积。对难以按照工资总额缴纳工伤保险费的行业，其缴纳工伤保险费的具体方式，由国务院社会保险行政部门规定。

工伤保险基金逐步实行省级统筹。跨地区、生产流动性较大的行业，可以采取相对集中的方式异地参加统筹地区的工伤保险。具体办法由国务院社会保险行政部门会同有关行业的主管部门制定。

工伤保险基金存入社会保障基金财政专户，用于本条例规定的工伤保险待遇，劳动能力鉴定，工伤预防的宣传、培训等费用，以及法律、法规规定的用于工伤保险的其他费用的支付。工伤预防费的提取比例、使用和管理的具体方法，由国务院社会保险行政部门会同国务院财政、卫生行政、安全生产监督管理等部门规定。任何单位或者个人不得将工伤保险基金用于投资运营、兴建或者改建办公场所、发放奖金，或者挪作其他用途。

工伤保险基金应当留有一定比例的储备金，用于统筹地区重大事故的工伤保险待遇支付；储备金不足支付的，由统筹地区的人民政府垫付。储备金占基金总额的具体比例和储备金的使用办法，由省、自治区、直辖市人民政府规定。

【知识链接】

工伤医治赔偿流程

劳动者发生工伤后，应该怎么办？记者就此采访了人力资源和社会保障部门，梳理出工伤后医治赔偿的四步流程。

第一步：前往医疗机构治疗

工伤职工因工负伤或者患职业病进行治疗，按规定可以享受工伤医疗待遇，但应当前往签订服务协议的医疗机构就医，其发生的医疗费用，由用人单位先现金垫付，情况紧急时可以先到就近的医疗机构急救，待病情稳定后应转入签订服务协议的医疗服务机构进行治疗。

第二步：申请认定工伤

工伤不同于其他人身伤害，必须符合法定条件并经法定程序才可认定为工伤。工伤认定申请既可由用人单位提出，也可由工伤职工或者其直系亲属、工会组织提出。劳动保障行政部门应当自受理工伤认定申请之日起六十日内做出工伤认定决定，并书面通知申请人和用人单位。

劳动者无法提供劳动合同等证明存在劳动关系的书面证据，导致劳动保障行政部门无法做出工伤认定的，应中止工伤认定程序，由劳动者向有管辖权的劳动仲裁委员会申请劳动仲裁，确认与该用人单位之间存在劳动关系。经过法律程序确认劳动关系后，再恢复工伤认定程序。

第三步：鉴定劳动能力

工伤认定完毕，治疗终结或经治疗伤情相对稳定后存在残疾，影响劳动能力的，工伤职工还应当进行劳动能力鉴定。劳动能力鉴定申请人可以是用人单位、工伤职工或其直系亲属。劳动功能障碍分为十个伤残等级，一级最重，十级最轻。生活自理障碍分为三个等级：部分不能自理，大部分不能自理和完全不能自理。

第四步：审核发放工伤待遇

《工伤保险条例》规定，工伤职工应享有工伤医疗待遇，停工留薪待遇，造成残疾的，应享有一次性伤残补助金、伤残津贴、一次性工伤医疗补助金、生活护理费、残疾辅助器具费等。

以上伤残待遇根据伤残程序不同，工伤职工享有的标准和获得的补偿数额也不同。造成死亡的，应享有一次性伤亡补助金、丧葬补助金和供养亲属抚恤金。鉴定费、交通费、营养费，根据具体实际情况由用人单位承担。

资料来源：摘自《天津工人报》2015年1月9日。

8.4.4　工伤事故赔偿项目

1. 工伤医疗项目

（1）治疗费用。职工治疗工伤应当在签订服务协议的医疗机构就医，情况紧急时可以先到就近的医疗机构急救。治疗工伤所需费用符合工伤保险诊疗项目目录、工伤保险药品目录、工伤保险住院服务标准的，从工伤保险基金支付。工伤保险诊疗项目目录、工伤保险药品目录、工伤保险住院服务标准，由国务院社会保险行政部门会同国务院卫生行政部门、食品药品监督管理部门等规定。

（2）伙食费。职工住院治疗工伤的伙食补助费，以及经医疗机构出具证明，报经办机构同意，工伤职工到统筹地区以外就医所需的交通、食宿费用从工伤保险基金支付，基金支付的具体标准由统筹地区人民政府规定。

（3）康复费用。工伤职工到签订服务协议的医疗机构进行康复的费用，符合规定的，从工伤保险基金支付。

（4）辅助器具费用。工伤职工因日常生活或者就业需要，经劳动能力鉴定委员会确认，可以安装假肢、矫形器、假眼、假牙和配置轮椅等辅助器具，所需费用按照国家规定的标准从工伤保险基金中支付。

2. 停工留薪期内的工资福利

职工因工作遭受事故伤害或者患职业病需要暂停工作接受工伤医疗的，在停工留薪期内，原工资福利待遇不变，由所在单位按月支付。停工留薪期一般不超过12个月。伤情严重或者情况特殊的，经设区的市级劳动能力鉴定委员会确认，可以适当延长，但延长不得超过12个月。工伤职工评定伤残等级后，停发原待遇，按照本章的有关规定享受伤残待遇。工伤职工在停工留薪期满后仍需治疗的，继续享受工伤医疗待遇。生活不能自理的工伤职工在停工留薪期需要护理的，由所在单位负责。

3. 生活护理费

工伤职工已经评定伤残等级并经劳动能力鉴定委员会确认需要生活护理的，从工伤保险基金按月支付生活护理费。生活护理费按照生活完全不能自理、生活大部分不能自理或者生活部分不能自理3个不同等级支付，其标准分别为统筹地区上年度职工月平均工资的

50%、40%或者30%。

4．因工致残赔偿项目

1）一次性伤残补助金

一次性伤残补助金指按照劳动能力鉴定委员会评定的伤残等级，应当按照规定一次性支付给工伤职工的伤残补助费用。

2）伤残津贴

伤残津贴指工伤职工因工致残，并被评定为一至四级伤残，与单位保留劳动关系，退出工作岗位的；被评定为五、六级伤残，保留与用人单位的劳动关系，本来应当由用人单位安排适当工作，但出于某种原因难以安排，而按月支付给工伤职工的津贴。

3）一次性工伤医疗补助金

一次性工伤医疗补助金指工伤职工因工致残被鉴定为五、六级伤残，经职工本人提出，与用人单位解除或者终止劳动关系；工伤职工被鉴定为七至十级伤残，经职工本人提出解除劳动合同或者合同期满，终止劳动合同，而一次性支付给职工的工伤医疗费用，即只有在终止劳动关系时才能享受。

4）一次性伤残就业补助金

一次性伤残就业补助金指对于因工致残被鉴定为伤残程度五级至六级的工伤职工自愿与企业解除劳动合同的，以及因工致残被鉴定为七级至十级的工伤职工在劳动合同期满或者职工本人提出解除劳动合同的，用人单位为帮助工伤职工再次就业一次性发给的补助金，以弥补工伤职工在今后的求职就业中与非工伤人员相比存在一定困难而给本人造成的一定损失。

5．因工死亡赔偿项目

1）丧葬补助金

丧葬补助金指职工因工死亡、伤残职工停工留薪期内因工致死的、一至四级伤残职工在停工留薪期满后死亡的，支付给其直系亲属的丧葬费用补助。

2）一次性伤亡补助金

一次性伤亡补助金指职工因工死亡的情况下，按照规定的标准，对其直系亲属支付的一次性赔偿。

3）供养亲属抚恤金

供养亲属抚恤金指职工因工死亡、伤残职工停工留薪期间因工致死的、一至四级伤残职工在停工留薪期满后死亡的，按照职工本人工资的一定比例发放给该职工生前提供主要生活来源、无劳动能力的亲属的维持基本生活费用的补偿。

8.4.5　工伤伤残赔偿标准

1．职工因工致残被鉴定为一至四级伤残

（1）从工伤保险基金按伤残等级支付一次性伤残补助金，标准为：一级伤残为27个月的本人工资，二级伤残为25个月的本人工资，三级伤残为23个月的本人工资，四级伤残为21个月的本人工资。

（2）从工伤保险基金按月支付伤残津贴，标准为：一级伤残为本人工资的90%，二级伤残为本人工资的85%，三级伤残为本人工资的80%，四级伤残为本人工资的75%。伤残津贴实际金额低于当地最低工资标准的，由工伤保险基金补足差额。

（3）工伤职工达到退休年龄并办理退休手续后，停发伤残津贴，按照国家有关规定享受基本养老保险待遇。基本养老保险待遇低于伤残津贴的，由工伤保险基金补足差额。

职工因工致残被鉴定为一至四级伤残的，由用人单位和职工个人以伤残津贴为基数，缴纳基本医疗保险费。

2. 职工因工致残被鉴定为五级、六级伤残

（1）从工伤保险基金按伤残等级支付一次性伤残补助金，标准为：五级伤残为18个月的本人工资，六级伤残为16个月的本人工资。

（2）保留与用人单位的劳动关系，由用人单位安排适当工作。难以安排工作的，由用人单位按月发给伤残津贴，标准为：五级伤残为本人工资的70%，六级伤残为本人工资的60%，并由用人单位按照规定为其缴纳应缴纳的各项社会保险费。伤残津贴实际金额低于当地最低工资标准的，由用人单位补足差额。

经工伤职工本人提出，该职工可以与用人单位解除或者终止劳动关系，由工伤保险基金支付一次性工伤医疗补助金，由用人单位支付一次性伤残就业补助金。一次性工伤医疗补助金和一次性伤残就业补助金的具体标准由省、自治区、直辖市人民政府规定。

3. 职工因工致残被鉴定为七至十级伤残的

（1）从工伤保险基金按伤残等级支付一次性伤残补助金，标准为：七级伤残为13个月的本人工资，八级伤残为11个月的本人工资，九级伤残为9个月的本人工资，十级伤残为7个月的本人工资。

（2）劳动、聘用合同期满终止，或者职工本人提出解除劳动、聘用合同的，由工伤保险基金支付一次性工伤医疗补助金，由用人单位支付一次性伤残就业补助金。一次性工伤医疗补助金和一次性伤残就业补助金的具体标准由省、自治区、直辖市人民政府规定。

4. 职工因工死亡

其近亲属按照下列规定从工伤保险基金领取丧葬补助金、供养亲属抚恤金和一次性伤亡补助金。

（1）丧葬补助金为6个月的统筹地区上年度职工月平均工资。

（2）供养亲属抚恤金按照职工本人工资的一定比例发给由因工死亡职工生前提供主要生活来源、无劳动能力的亲属。标准为：配偶每月40%，其他亲属每人每月30%，孤寡老人或者孤儿每人每月在上述标准的基础上增加10%。核定的各供养亲属的抚恤金之和不应高于因工死亡职工生前的工资。供养亲属的具体范围由国务院社会保险行政部门规定。

（3）一次性伤亡补助金标准为上一年度全国城镇居民人均可支配收入的20倍。

（4）伤残职工在停工留薪期内因工伤导致死亡的，其近亲属享受本条第一款规定的待遇。

（5）一级至四级伤残职工在停工留薪期满后死亡的，其近亲属可以享受本条第一款第（1）项、第（2）项规定的待遇。

职工工伤与职业病致残等级如表8-2所示。

表8-2　职工工伤与职业病致残等级[①]

等级	分级原则
一级	器官缺失或功能完全丧失，其他器官不能代偿，存在特殊医疗依赖，或完全或大部分或部分生活自理障碍。
二级	器官严重缺损或畸形，有严重功能障碍或并发症，存在特殊医疗依赖，或大部分或部分生活自理障碍。
三级	器官严重缺损或畸形，有严重功能障碍或并发症，存在特殊医疗依赖，或部分生活自理障碍。
四级	器官严重缺损或畸形，有严重功能障碍或并发症，存在特殊医疗依赖，或部分生活自理障碍或无生活自理障碍。
五级	器官大部分缺损或明显畸形，有较重功能障碍或并发症，存在一般医疗依赖，无生活自理障碍。
六级	器官大部分缺损或明显畸形，有中等功能障碍或并发症，存在一般医疗依赖，无生活自理障碍。
七级	器官大部分缺损或畸形，有轻度功能障碍或并发症，存在一般医疗依赖，无生活自理障碍。
八级	器官部分缺损，形态异常，轻度功能障碍，存在一般医疗依赖，无生活自理障碍。
九级	器官部分缺损，形态异常，轻度功能障碍，无医疗依赖或者存在一般医疗依赖，无生活自理障碍。
十级	器官部分缺损，形态异常，无功能障碍，无医疗依赖或者存在一般医疗依赖，无生活自理障碍。

复习思考题

1. 我国现行《工伤保险条例》对工伤是如何认定的？
2. 职业病的特点有哪些？
3. 工伤保险具有哪些原则与特性？
4. 简述工伤致残等级为八级的员工应享受哪些待遇。
5. 请简述美国工伤保险的特点有哪些。

---

① 2015年执行的中华人民共和国国家标准《劳动能力鉴定职工工伤与职业病致残等级》(GB/T 16180—2014)。

第9章 社会保险业务程序管理

【学习目标】

通过本章的学习，掌握缴费核定、费用征集、费用记录处理、待遇审核、待遇支付；掌握个人账户建立、个人账户管理、个人账户转移、个人账户支付、个人账户继承等管理办法的规定；了解规范职工基本养老保险个人账户管理的要求；能够按照规定处理职工在机关事业与企业之间流动的社会保险关系。

9.1 社会保险业务管理程序

9.1.1 社会保险业务管理环节

依据社会保险基金的来源与流向，社会保险业务管理分为缴费核定、费用征集、费用记录处理、待遇审核、待遇支付、基金会计核算与财务管理6个基本环节。社会保险基金从筹集到支付的六个环节形成了社会保险业务管理的程序。各级社会保险基金经办机构应按业务管理的基本环节设置相应的管理岗位。

1. 缴费核定

缴费核定环节的主要工作是：

（1）建立参加社会保险的单位和职工个人（以下简称"单位、职工"）的基本资料档案，作为缴费核定的依据；

（2）核定单位和职工的缴费工资与缴费金额；

（3）负责单位与职工变更后相关业务的处理及未参加社会保险的单位和职工的催办工作；

（4）对单位和职工各类报表项目进行复核；

（5）制订年度社会保险费征集计划。

2. 费用征集

费用征集环节的主要工作是：

（1）依据缴费核定环节提供的单位开户银行、账号、账户名称及应征集数额，办理社会保险费托收业务，同时，定期向机构内有关部门反馈征集信息；

（2）接待来社会保险基金经办机构缴费的单位，办理收款手续并登记；

（3）办理单位缓缴手续及向缓缴期满和未按时足额缴纳社会保险费的单位催收社会保

险费业务；

（4）负责向本机构领导及有关部门提供单位缴费情况，提出加强社会保险费征集工作的建议。

3. 费用记录处理

费用记录处理环节的主要工作是：

（1）根据有关基础资料，建立健全各项基金管理台账和职工养老保险（包括基本养老保险、企业补充养老保险、个人储蓄养老保险，下同）及医疗保险个人账户；

（2）根据社会保险费征集与分配到账情况，登记职工个人账户，按规定的记账利率计算，登记职工个人账户利息，并负责个人账户变更处理；

（3）对单位各类社会保险报表进行统计汇总、分析；

（4）定期公布单位缴费情况和职工个人账户情况。

4. 待遇审核

待遇审核环节的主要工作是：

（1）建立离退休（职）人员、企业工伤职工、育龄女职工生育等情况档案；建立死亡离退休（职）人员和工伤与非工伤职工遗属档案；

（2）审核职工养老保险、医疗保险、工伤保险和生育保险待遇，对离退休（职）人员、工伤职工及其遗属津贴、一次性待遇予以认定并按规定进行调整；

（3）对上述各项待遇进行复核。

5. 待遇支付

待遇支付环节的主要工作是：

（1）填制社会保险待遇支付花名册并确定各项待遇的支付方式；

（2）填制社会保险待遇拨付通知单，办理社会保险待遇支付手续并登记；

（3）协调待遇支付单位间的业务关系；

（4）对各项社会保险待遇落实情况进行跟踪调查与监督。

6. 基金会计核算与财务管理

基金会计核算与财务管理环节的主要工作是：

（1）对各项社会保险费的收支进行审核及会计核算；

（2）定期与银行对账并对实际到账金额予以认定，将对账信息及时通知有关部门；

（3）对各环节社会保险费收支记录予以核对和检查，汇总登记基金账簿；

（4）审核、登记、管理各种结算凭证；

（5）办理基金的存储及有价证券认购等事宜；

（6）编制各项基金的年度预决算草案及报告期会计报表。

9.1.2　业务管理程序

根据社会保险业务管理环节及其工作任务的划分，社会保险基金经办机构的业务管理应按下列程序进行。

1. 缴费核定

（1）及时建立和调整所辖地区单位和职工的基础档案资料。为保证社会保险费收支的准确性，单位和职工基础资料应全面、翔实。

单位基础档案资料主要由以下项目组成：①单位名称；②单位编码；③单位注册地址；④单位现所在地地址；⑤单位邮政编码；⑥单位上级主管部门；⑦单位隶属关系；⑧单位所有制性质；⑨单位所属行业；⑩单位主管社会保险各个项目的负责人及联系电话；⑪单位具体经办社会保险各个项目业务人员名单；⑫单位业务经办人员联系电话；⑬单位的开户银行、账号、账户名称；⑭单位实行基本养老保险基础情况；⑮单位实行企业补充养老保险基础情况；⑯单位实行个人储蓄养老保险基础情况；⑰单位实行医疗保险基础情况；⑱单位实行工伤保险基础情况；⑲单位实行生育保险基础情况；⑳事业单位单位经费来源；其他。

职工基础档案资料主要由以下项目组成：①姓名；②性别；③出生年月日；④社会保障号码；⑤所在单位代码；⑥参加工作时间；⑦用工形式；⑧供养直系亲属情况；⑨参加基本养老保险个人缴费情况；⑩参加医疗保险个人缴费情况；⑪女职工生育情况；⑫参加企业补充养老保险个人缴费情况；⑬参加个人储蓄养老保险缴费情况；⑭异地转移情况；⑮其他。于本缴费年度初根据上年度各单位各项社会保险的缴费和支付情况，制订本年度的各项社会保险费征集计划，并依据情况变化，适时提出调整缴费比例的建议。

单位和职工缴纳各项社会保险费比例按当地政府批准的缴费比例执行。其中，单位工伤保险缴费比例，应根据上一缴费年度各单位工伤保险费缴纳情况及单位工伤事故发生率，按国家及当地有关浮动费率的规定相应调整。经国务院批准实行养老保险行业统筹的部门，单位和职工基本养老保险费的缴纳按财政部批准的比例执行（1998年行业统筹已全部交给地方）。

（2）根据社会保险业务的开展情况，参照单位和职工基础档案资料制定相关报表（原劳动部统一规定的报表除外，下同），在审核单位报送各项社会保险情况表时，应确认其在开户银行账号上结存的资金足够缴纳当月各项社会保险费。

（3）对各单位上报的各类报表，应重点审核单位及职工缴费工资基数、缴费金额以及其他变动项目。

（4）对新建单位及应参加而未参加社会保险的单位和职工，业务人员应及时向其发出《办理社会保险手续通知单》，督促其尽快参加社会保险。

（5）单位补缴单位和职工以往欠款月份的社会保险费时，应审核是否填报《参加社会保险人员社会保险费补缴核定单》。核定单由各地区社会保险基金经办机构制定。业务人员应根据补缴办法，核定单位和职工补缴各月的本金、利息及滞纳金。补缴本金、利息及滞纳金的办法按国家统一规定执行；没有统一规定的，暂按各地区、各部门现行办法执行。

（6）职工在同一统筹范围内流动，业务人员应按规定审核转移其社会保险关系；职工跨统筹范围流动时，业务人员除按规定办理社会保险关系的转移外，还应同时审核转移其养老及医疗保险费，并填写《参加养老保险、医疗保险人员转移情况表》。基本养老保险转移办法按《职工基本养老保险个人账户管理暂行办法》执行；其他社会保险项目的转移，暂按各地区现行规定办理。

2. 费用征集

（1）根据缴费核定环节提供的单位和职工的基础档案资料，整理、掌握单位开户银行、账号、账户名称、联系人、负责人姓名及联系电话等有关情况，并与单位建立业务联系。

（2）依据缴费核定环节提供的社会保险费征集数据，开具委托收款及其他结算凭证，通过银行或直接征集社会保险费；必要时，也可直接到单位征集。

（3）采用支票或现金结算方式征集社会保险费时，在收妥款项的同时，必须开具"社会保险费收款收据"，妥善保存收妥的款项、结算凭证及"社会保险费收款收据"存根，并按要求办理款项和收据交接手续。

（4）及时了解社会保险费征集落实情况，对因单位名称、账号变更或账户存款不足等原因造成的社会保险费欠收，及时填发《社会保险费催缴通知书》，督促其尽快缴齐欠缴的社会保险费，并办理征集手续。

（5）对符合缓缴条件的单位，按规定办理缓缴手续，并要求缓缴单位制订出补缴计划。在缓缴期内，应随时了解该单位生产经营效益情况；缓缴期满，要及时办理欠缴费用的补缴手续。

（6）通知费用记录处理环节，对欠缴及经批准缓缴养老、医疗保险费的单位在其欠缴及缓缴期内暂停记载职工个人账户，也不计算职工缴费年限，待其补齐缴费本金和利息后，及时通知下一环节补记职工个人账户。

（7）向本部门和有关领导报告社会保险费征集情况，提出加强社会保险费征集工作的意见和建议。

3. 费用记录处理

（1）根据缴费核定环节提供的单位和职工基础档案资料，业务人员应及时在计算机中为每个单位和职工建立基础档案库。

（2）根据基础档案库资料及单位和职工缴费情况，及时建立职工参加养老、医疗保险个人账户。

（3）根据其他各业务管理环节提供的统计资料，随时调整单位和职工各项社会保险基金基础数据，并确保数据记录的真实、准确和安全。

（4）根据费用征集提供的数据，将实际征集到的社会保险费按规定分配到各项目下。根据待遇支付环节提供的数据，记载职工养老、医疗保险个人账户的实际支出情况，并按有关规定计算和登记职工养老保险、医疗保险个人账户的本息和职工缴费年限。

（5）对流动职工，随时向缴费核定环节提供职工社会保险基础资料和个人账户有关情况。

（6）整理、汇总、分析社会保险各类统计数据，按要求上报各类统计报表及相关报告。

（7）接待和办理单位及职工对其缴费情况及个人账户记录情况的查询。对缴费记录中出现的差错，经与相关业务管理环节核对后，及时予以调整。

（8）每一缴费年度初向单位和职工公布上一缴费年度单位缴费情况表和职工个人账户情况表，并发放对账单，以接受单位和职工的监督。

4. 待遇审核

（1）制定各项《社会保险待遇审批表》。单位在申报职工享受养老、医疗、工伤、生育保险待遇时，业务人员应指导单位按要求填写《社会保险待遇审批表》，并要求提供相关的证明。

（2）根据单位填报的《社会保险待遇审批表》及有关证明，结合缴费记录处理环节所提供的单位和职工基础档案资料，依据社会保险有关法规和政策，逐项予以审查、核准。

（3）对申请享受医疗保险待遇的人员，需审核其出具的医院有关证明和费用结算手续；对申请享受工伤保险待遇的人员，需审核其出具的当地劳动行政部门认定的工伤通知书及劳动鉴定机构提供的伤残鉴定结论证明；对申请享受生育保险待遇的人员，需审核其出具的生育指标证明及医院证明；对申请享受养老保险待遇人员的审核办法，按国家有关规定执行。

（4）对需一次性支付待遇的人员，需审核单位及职工填写的《社会保险待遇一次性支付审批表》。

（5）根据有关政策、对享受社会保险待遇人员待遇标准的调整予以审核认定。

（6）为确保职工应享受的社会保险待遇准确无误，设专人对审查核准的《社会保险待遇审批表》及相关证明进行复核，认定无误后，方可转入下一个环节办理。

（7）根据各单位所报材料，结合单位和职工基础资料，业务人员应随时建立离退休（职）人员档案、职工医疗保险档案、工伤职工档案、死亡离退休（职）人员及工伤人员遗属档案，并定期调查离退休（职）人员及享受遗属津贴人员现状，定期审核、调整其应享受的待遇标准。

（8）对取得医疗保险定点服务资格的医院、药店等医疗服务机构执行医疗保险政策的有关情况进行监督检查，适时提出改进管理及调整医疗服务机构的意见。

（9）负责接待和办理单位及有关人员关于享受社会保险待遇问题的来信、来访与咨询事宜。

5. 待遇支付

（1）对待遇审核环节提供的单位及其职工享受社会保险待遇的有关资料予以确认，编制享受社会保险待遇人员名册与台账。

（2）根据有关规定，确定享受社会保险待遇人员社会保险待遇的具体支付方式和时间。

（3）及时填制社会保险待遇拨付通知单，按确定的时间办理支付手续，通过银行或其他方式将应支付的社会保险待遇发放给享受对象。

（4）对各项社会保险待遇的支付情况，及时登记并妥善保管有关凭证和资料。

（5）与银行、代办所、社会或单位等承担待遇支付的部门建立并保持经常性的业务联系，适时协调相互间的工作关系，保证社会保险待遇支付渠道的畅通。

（6）对各项社会保险待遇落实情况进行跟踪调查，发现有不落实的问题，配合有关部门及时查明原因，予以纠正，并对纠正情况实施监督。

6. 基金会计核算与财务管理

（1）按照会计制度认真审核、整理原始凭证，并依据审核后的原始凭证及时编制社会保险费收入和支出记账凭证，同时，按规定对各项社会保险费的实际收支进行审核。

（2）定期汇总记账凭证，填制记账凭证科目汇总表，试算平衡后登记总账，并将明细账金额分别与总账进行核对，无误后进行结账。

（3）每月与开户银行对账并编制银行存款余额调节表，及时调整未达账项；对因银行退票等原因造成的社会保险费欠收，及时通知费用征集环节，查明原因，采取措施使社会保险费收缴到位。

（4）根据有关规定按期计算、提取各项费用，并编制凭证。

（5）根据基金实际结存情况，在满足周转需要的前提下，按规定和要求及时办理购买国债或基金存储手续；建立银行定期存款和各种有价证券备查账，掌握银行存款及有价证券的存储时间与金额，按时办理银行存款及有价证券的转存、兑付及保管工作。

（6）定期清理基金应收暂付款和基金应付暂收款，及时收回和偿付。

（7）按照《会计法》的要求，妥善保管、发放、收回、销毁各种结算凭证、账簿以及其他有关财务管理资料。

（8）按上级主管部门的规定和要求，定期编制报送各种会计报表，正确反映基金的收支、结存情况，并适时作出基金筹集、使用、管理等情况的分析报告，提出加强基金会计核算与财务管理的建议。

（9）年终，根据上年预算执行情况和本年度收支预测，分别编制年度预算草案和决算草案，报有关部门审核备案。遇有特殊情况需调整预算时，按要求编制调整方案，并报有关部门核准后执行。

（10）以《会计法》为依据，结合本单位实际制定内部基金财务管理制度，充分发挥会计的反映和监督职能。

9.2　职工基本养老保险个人账户管理暂行办法

9.2.1　个人账户的建立

个人账户用于记录参加基本养老保险社会统筹的职工缴纳的基本养老保险费和从企业缴费中划转记入的基本养老保险费，以及上述两部分的利息金额。个人账户是职工在符合国家规定的退休条件并办理了退休手续后领取基本养老金的主要依据。

个人账户的建立由职工劳动关系所在单位到当地社会保险经办机构办理，由工资发放单位向该社会保险经办机构提供个人的工资收入等基础数据。

各社会保险经办机构按照国家技术监督局发布的社会保障号码（国家标准GB11643—89），为已参加基本养老保险的职工每人建立一个终身不变的个人账户。目前，国家技术监督局尚未公布社会保障号码校验码，在公布之前可暂用职工身份证号码。职工身份证号码因故更改时，个人账户号码不作变动。

个人账户建立时间从各地按社会统筹与个人账户相结合的原则建立个人账户时开始，之后新参加工作的人员从参加工作当月起建立个人账户。

1998年1月1日后才建立个人账户的单位，个人账户储存额除从1998年1月1日起开始按个人缴费工资的11%记账外，对1996年前参加工作的职工还应至少包括1996年、1997两年个人缴费部分累计本息；对1996年、1997年参加工作的职工，个人账户储存额应包括自参加工作之月到1997年底的个人缴费部分累计本息。

个人账户的主要内容包括：姓名、性别、社会保障号码、参加工作时间、视同缴费年限、个人首次缴费时间、当地上年职工平均工资、个人当年缴费工资基数、当年缴费月数、当年记账利息及个人账户储存额情况等。

职工本人一般以上一年度本人月平均工资为个人缴费工资基数（有条件的地区也可以本人上月工资收入为个人缴费工资基数，下同）。月平均工资按国家统计局规定列入工资总额统计的项目计算，包括工龄、奖金、津贴、补贴等收入。本人月平均工资低于当地职工平均工资60%的，按当地职工月平均工资的60%缴费；超过当地职工平均工资300%的，按当地职工月平均工资的300%缴费，超过部分不记入缴费工资基数，也不记入计发养老金的基数。

新招职工（包括研究生、大学生、大中专毕业生等）以起薪当月工资收入作为缴费工资基数；从第二年起，按上一年实发工资的月平均工资作为缴费工资基数。

单位派出的长期脱产学习人员、经批准请长假的职工保留工资关系的，以脱产或请假的上年月平均工资作为缴费工资基数。

单位派到境外、国外工作的职工，按本人出境（国）上年在本单位领取的月平均工资作为缴费工资基数；次年的缴费工资基数按上年本单位平均工资增长率进行调整。

失业后再就业的职工，以再就业起薪当月的工资收入作为缴费工资基数；从第二年起，按上一年实发工资的月平均工资作为缴费工资基数。

以上人员的月平均缴费工资的上限和下限按照国发〔1997〕26号第7条规定执行。

个人账户记入比例为按国发〔1997〕26号第7条确定的个人缴费工资基数的11%，其中，包括个人缴费的全部和社会保险经办机构从企业缴费中划转记入两部分。

9.2.2 个人账户的管理

参加基本养老保险的单位按照各级社会保险经办机构的要求建立、健全职工基本资料，到当地社会保险经办机构办理基本养老保险参保手续，并按要求填报《参加基本养老保险单位登记表》《参加基本养老保险人员缴费情况表》《参加基本养老保险人员增减变化情况表》。

社会保险经办机构根据单位申报情况将数据输入计算机管理，同时，相应建立参保单位缴费台账、职工基本养老保险个人账户，并根据《参加基本养老保险人员增减变化情况表》相应核定调整单位和职工个人缴费工资基数。

对于因某种原因单位或个人不按时足额缴纳基本养老保险费的，视为欠缴。欠缴月份无论全额欠缴还是部分欠缴，均暂不记入个人账户，待单位或个人按规定补齐欠缴金额后方可补记入个人账户。

职工所在企业欠缴养老保险费用期间，职工个人可以继续缴纳养老保险费用，所足额缴纳的费用记入个人账户，并计算为职工实际缴费年限。

出现欠缴情况后，以后缴费采用滚动分配法记账，即缴费先补缴以前欠缴费用及利息后，剩余部分作为当月缴费。

社会保险经办机构在缴费年度结束后，应对职工个人账户进行结算，包括当年缴费额、实际缴费月数、当年利息额、历年缴费累计结转本息储存额等。利息按每年公布的记账利率计算。

至本年底止，个人账户累计储存额有两种计算方法。

方法一：年度计算法，即至本年底止个人账户累计储存额在每个缴费年度结束以后按年度计算（以上年月平均工资为缴费工资基数记账时适用此方法）。其计算公式如下：

至本年底止个人账户累计储存额=［上年底止个人账户累计储存额×（1+本年记账利率）］+［个人账户本年记账金额×（1+本年记账利率×1.083×1/2）］

方法二：月积数法，即至本年底止个人账户累计储存额在一个缴费年度内按月计算（以上月职工工资收入为缴费工资基数记账时适用此方法）。其计算公式如下：

至本年底止个人账户累计储存额=上年底止个人账户累计储存额×（1+本年记账利率）+本年记账额本金+本年记账额利息

其中：本年记账额利息=本年记账月积数×本年记账利率×1/12；

本年记账月积数=∑［n月份记账额×（12−n+1）］（n为本年各记账月份，且1≤n≤12）。

社会保险经办机构在缴费年度结束后，应根据《职工基本养老保险个人账户》的记录，为每个参保职工打印《职工基本养老保险个人账户对账单》发给职工本人，由职工审核签字后，依年粘贴在《职工养老保险手册》中妥善保存。

统一制度之前各地已为职工建立的个人账户储存额，与统一制度后职工个人账户储存额合并计算。

职工由于各种原因而中断工作的，不缴纳基本养老保险费用，也不计算缴纳年限，其个人账户由原经办机构予以保留，个人账户继续计息。职工调动或者中断工作前后个人账户的储存额累计计算，不间断计息。

个人账户储存额不能挪作他用，也不得提前支取（另有规定者除外）。

9.2.3 个人账户的转移

职工在同一统筹范围内流动时，只转移基本养老保险关系和个人账户档案，不转移基金。

职工跨统筹范围流动时，转移办法规定如下。

（1）转移基本养老保险关系和个人账户档案。

（2）对职工转移时已建立个人账户的地区，转移基金额为个人账户中1998年1月1日之前的个人缴费部分累计本息加上从1998年1月1日起记入账户的个人账户全部储存额。

（3）对职工转移时仍未建立个人账户的地区，1998年1月1日之前转移的，1996年之前参加工作的职工，转移基金额为1996年1月1日起至调转月止的职工个人缴费部分累计本息；1996、1997年参加工作的职工，基金转移额为参加工作之月起至1997年底的个人缴费部分累计本息。1998年1月1日之后转移的，转移基金额为1998年之前按前述规定计算的职工个人缴费部分累计本息，加上从1998年1月1日起按职工个人缴费工资基数11%计算的缴费额累计本息。未建立个人账户期间，计算个人缴费部分的利息按中国人民银行一年期定期城乡居民储蓄存款利率计算。

（4）对年中调转职工调转当年的记账额，调出地区只转本金不转当年应记利息；职工调转后，由调入地区对职工调转当年记账额一并计息。

（5）基金转移时，不得从转移额中扣除管理费。

（6）职工转出时，调出地社会保险经办机构应填写《参加基本养老保险人员转移情况表》。

（7）职工转入时，调入地社会保险经办机构应依据转出地区提供的《参加基本养老保险人员转移情况表》和《职工基本养老保险个人账户》等资料，并结合本地基本养老保险办法为职工续建个人账户，做好个人账户关系的前后衔接工作。

9.2.4 个人账户的支付

当单位离退休人员发生变动时单位应填写《离退休人员增减变化情况表》，报社会保险经办机构审核，社会保险经办机构对待遇给付情况应及时进行调整。

按统一的基本养老保险办法办理退休的职工，其基本养老金中的基础养老金、过渡性养老金等由社会统筹基金支付；个人账户养老金由个人支付。

职工退休以后年度调整增加的养老金，按职工退休时个人账户养老金和基础养老金各占基本养老金的比例，分别从个人账户储存额和社会统筹基金中列支。

职工退休后，其个人账户缴费情况停止记录，个人账户在按月支付离退休金（含以后年度调整增加的部分）后的余额部分继续计息。利息计算有以下两种方法。

方法一：年度计算法，即离退休人员个人账户余额生成的利息在每个支付年度结束后按年度计算（支付年度内各月支付的养老金数额相同时适用此方法）。其计算公式如下：

年利息=［（个人账户年初余额−当年支付养老金总额）×本年记账利率］+［当年支付养老金总额×本年记账利率×1.083×1/2］

个人账户年终余额=个人账户年初余额−当年支付养老金总额+年利息

方法二：月积数法，即离退休人员个人账户余额生成的利息在每个支付年度内按月计算（支付年度内各月支付的养老金数额不同时适用此方法）。其计算公式如下：

年利息=个人账户年初余额×本年记账利率−本年度支付月积数×本年记账利率×1/12

本年度支付月积数=∑［n月份支付额×（12−n+1）］（n为本年度各支付月份，且1≤n≤12）。

当职工个人缴费年限（含视同缴费年限）不满十五年而达到法定退休年龄时，退休后不享受基础养老金待遇，其个人账户全部储存额一次性支付给本人，同时终止养老保险关系。出现上述情况时，职工所在单位应及时向社会保险经办机构填报《个人账户一次性支付审批表》。社会保险经办机构核定后封存其个人账户档案。

9.2.5 个人账户的继承

职工在职期间死亡时，其继承额为其死亡时个人账户全部储存额中的个人缴费部分本息。离退休人员死亡时，继承额按如下公式计算：

继承额=离退休人员死亡时个人账户余额×离退休时个人账户中个人缴费本息占个人账户全部储存额的比例

继承额一次性支付给死亡者生前指定的受益人或法定继承人。个人账户的其余部分并入社会统筹基金。个人账户处理完后，应停止缴费或支付记录予以封存。

9.2.6 其他

新安置的军队复员、退伍军人、转业干部及从国家机关、事业单位调入企业人员，其个人账户的建立待国家明确规定后，再按国家规定执行。

9.3 在机关事业单位与企业之间流动社会保险关系处理

为促进职工在机关事业单位与企业之间合理流动，推进市、县、乡机构改革，根据《国务院关于印发完善城镇社会保障体系试点方案的通知》（国发〔2000〕42号）和《中共中央办公厅、国务院办公厅关于市县乡人员编制精简的意见》（中办发〔2000〕30号）的规定，以及《劳动和社会保障部、财政部、人事部、中央机构编制委员会办公室关于职工在机关事业单位与企业之间流动时社会保险关系处理意见的通知》（劳社部发〔2001〕13号）的规定，职工在机关事业单位和企业单位之间流动，要相应转移各项社会保险关系，并执行调入单位的社会保险制度。

9.3.1 养老保险关系的处理

职工由机关事业单位进入企业工作之月起，参加企业职工的基本养老保险，单位和个人按规定缴纳基本养老保险费，建立基本养老保险个人账户，原有的工作年限视同缴费年限，退休时按企业的办法计发基本养老金。其中，公务员及参照和依照公务员制度管理的单位工作人员，在进入企业并按规定参加企业职工基本养老保险后，根据本人在机关（或单位）工作的年限给予一次性补贴，由其原所在单位通过当地社会保险经办机构转入本人的基本养老保险个人账户，所需资金由同级财政安排。补贴的标准为：本人离开机关上年度月平均基本工资 × 在机关工作年限 × 0.3% × 120个月。

职工由企业进入机关事业单位工作之月起，执行机关事业单位的退休养老制度，其原有的连续工龄与进入机关事业单位后的工作年限合并计算，退休时按机关事业单位的办法计发养老金。已建立的个人账户继续由社会保险经办机构管理，退休时，其个人账户储存额每月按1／120计发，并相应抵减按机关事业单位办法计发的养老金。

公务员进入企业工作后再次转入机关事业单位工作的，原给予的一次性补贴的本金和利息要上缴同级财政。其个人账户管理、退休后养老金计发等，比照由企业进入机关事业单位工作职工的相关政策办理。

9.3.2 失业保险关系的处理

职工由机关进入企业、事业单位工作之月起，按规定参加失业保险，其原有的工作年限视同缴费年限。职工由企业、事业单位进入机关工作，原单位及个人缴纳的失业保险费不转移，其失业保险按《人事部关于印发〈国家公务员被辞退后有关问题的暂行办法〉的通知》（人发〔1996〕64号）的规定执行。

9.3.3 医疗保险关系的处理

职工在机关事业单位和企业之间流动，在同一统筹地区内的医疗保险关系不转移，跨统筹地区的基本医疗保险关系及个人账户随同转移。职工流动后，除基本医疗保险之外，其他保障待遇医疗按当地有关政策进行调整。

9.4 《城乡养老保险制度衔接暂行办法》解读

2014年7月1日《城乡养老保险制度衔接暂行办法》（以下简称《暂行办法》）开始正式实施。据统计截至2013年底全国参加养老保险总人数达8.2亿人，其中城镇职工3.22亿人，城乡居民4.98亿人。暂行办法的实施将在城乡养老保险制度之间架起联结的桥梁，促进人口合理流动，加快社会保障城乡统筹的步伐。

9.4.1 办法将重点解决跨制度衔接问题

《暂行办法》重点是为解决跨制度衔接问题：职工养老保险与城乡居保的衔接，流动情形是"多维"的，具体到参保人，可能在同一时点或不同时段，既有地区间的流动，又有制度间的跨越，因而衔接政策的实施难度比单一制度内转续要大很多。

《暂行办法》体现了4条基本原则。

一是公平性原则。每个参保人不论其户籍和身份，都有平等获得国家制度性安排的养老保障的权利。只要符合参保条件，就应积极将其纳入相应制度，为其建立基本养老保险关系。

二是流动性原则。参保的劳动者和居民，无论参保身份怎么变，也无论其跨地区流动还是跨制度转移，都要为其衔接养老保险关系。

三是保障性原则。在各种转移、接续、衔接政策实施和经办管理中，都要保障参保人员在各个阶段已有的养老保险权益得以延续累加，做到不断、不漏。

四是唯一原则。一个参保人在一个时期内，基本养老保险关系应该是唯一的，最终领取的基本养老金应当只有一种。

同时，《暂行办法》规定在参保人员达到法定退休年龄办理衔接手续，在此之前的参保缴费期不需要进行衔接。参保人员达到法定退休年龄后以是否在职工养老保险缴费年限满十五年（含延长缴费至十五年）为界限，实行双向衔接，满十五年的可以从城乡居保转入职工养老保险并享受相应的待遇，不满十五年的可以从职工养老保险转入城乡居保。

此外，参保人员无论如何流动，其个人账户都要随之转移并累加计算基本养老保险待遇；根据唯一性的原则，规定对重复参保缴费予以清退，对重复领取待遇的清退后只保留一种待遇。

9.4.2 "三个15天"办理完毕

衔接办法第一是先归集职保关系再办理制度衔接，也就是参保人员办理城镇职工养老保险和城乡居民养老保险制度衔接手续的，要先进行城镇职工养老保险关系归集，再办理制度衔接手续。

同时，要开具参保凭证；参保缴费凭证上记录的全部缴费年限如果达到15年，参保人就要由居保向职保转移；如果达不到15年，参保人就要由职保向居保转移。

经办规程规定了"三个15天"的经办时限：一是待遇领取地社保机构受理并审核参保人员书面申请及相关资料，对符合制度衔接办法规定条件的，应在15个工作日内，发出联系函。对不符合转移条件的，要作出书面说明。二是转出地社保机构在收到联系函之日起的15个工作日内，要完成对有关信息的核对，并转出信息、基金等相关手续。三是待遇领取地社保机构在收到转出地传来的信息和转移基金后的15个工作日内，要完成包括信息核对、清退重复缴费、合并记录个人账户等手续，并将办结情况告知参保人员。

9.4.3 清退重复缴费、追回重复领取待遇

城镇职工养老保险和城乡居民养老保险制度，覆盖不同的人群。由于城镇职工养老保险是按月缴费，城乡居民养老保险是按年缴费，在同一年度内可能存在同时在两个制度参保缴费的情况。

考虑到城镇职工养老保险待遇水平较高，为更好保护参保人员的权益，《暂行办法》规定，对重复参保缴费时段，保留城镇职工养老保险缴费年限，按月清退城乡居民养老保险重复时段的缴费。

因为重复缴费信息只有在办理制度衔接手续时才能发现，所以要先转后清，由转入地社保机构清退；无论在哪个制度领取待遇，只退还城乡居民养老保险重复缴费时段相应个人缴费和集体补助本金，政府补贴、利息部分与个人账户金额合并计算。

同时，经办规程规定，参保人员同时领取城镇职工养老保险和城乡居民养老保险待遇的，要退还重复领取的待遇。重复领取时段的城乡居民养老保险基础养老金，由参保人员退还给负责发放城乡居民养老保险待遇的社保机构。

参保人员退还了重复领取时段的基础养老金以后，其扣除政府补贴的个人账户余额退还本人。先退还重复领取的待遇，再退还个人账户余额。对重复领取的基础养老金，参保人员不予退还的，从其城乡居民养老保险个人账户余额中抵扣，个人账户余额不足抵扣的，由为参保人员发放城镇职工养老保险待遇的社保机构协助抵扣。

复习思考题

1. 如何做好个人账户的接续和清理工作？
2. 职工由机关事业单位进入企业工作的养老保险关系如何处理？
3. 职工由企业进入机关事业单位工作的养老保险关系如何处理？
4. 城乡养老保险制度如何衔接？

第10章
社会保险财务管理与统计管理

【学习目标】

通过本章学习要了解社会保险财务管理与统计管理的基本内容及方法；熟悉有关社保统计资料的运用；重点掌握社保基金管理的理论、技能与对策方法。

社会保险财务管理是一项综合性管理工作，主要运用价值形式对资金收支活动实施管理。社会保险财务管理与单位内部各方面具有广泛联系，每一个部门都会通过资金的使用与财务部门发生联系。社会保险财务管理能迅速反映社会保险事业的进展情况，社会保险基金的征缴、支付、储备、调节、分配和服务工作，社会保险基金的运营等内容都可以在财务指标中得到反映和体现，因此，社会保险基金管理是实施社会保险制度的核心。可以说，社会保险财务管理是社会保险决策的依据，也是检验社会保险政策正确与否的依据。因此对本章所讲述的内容应该切实掌握。而统计管理也是社会保险中的十分重要的一个工具。对社会保险而言，要了解社会保险结构、规模及影响等状况，只有通过社会保险统计才能做到；对个人而言，要了解自己的社会保险待遇，并进行各种比较，亦必须通过社会保险统计才能做到。

10.1   社会保险财务管理

10.1.1   社会保险财务管理的概念及分类

财务管理是指对各类企业和各种经济组织、行政事业等单位的财务活动进行计划、决策、控制、考核、监督等工作的总称。也是处理财务关系的一项经济管理工作。

按照管理内容的不同，财务管理分为：①以资金收支活动为主要内容的行政和事业单位等非营利组织的财务管理；②以资金活动全过程为内容的企业和其他营利组织的财务管理。在中国，由于对企业资金运动看法不同，因而对企业财务管理有广义、狭义两种理解。广义的企业财务管理包括资金、成本、利润管理；狭义的财务管理则只包括资金、利润管理，不包括资金耗费（成本）管理。

社会保险机构是国家组织和管理社会保险事业的专门机构，是非营利性的事业单位。社会保险机构通过整个管理活动来保证社会保险制度的正确实施，完成社会保险机构的各项计划和事业任务，包括对社会保险事业的决策；贯彻执行国家和地方颁布的有关社会保险的法规、条例；积极开展各项社会保险基金的征缴、支付、储备、调节、分配和服务工作，做好社会保险基金的运营工作；充分发挥社会保险机构管理服务费的效益，以实现社会保险管理的目的。

社会保险财务管理是社会保险机构整个管理活动的一个重要方面，在社会保险管理中占有重要地位。社会保险财务管理是对社会保险机构资金收支活动进行计划、决策、控制、考核、监督等工作的总称。也就是社会保险机构按照国家的方针、政策以及国家和地方政府的法规、条例，根据社会保险资金运动的客观规律，利用价值形式，通过建立社会保险财务制度、编制财务计划、加强经济核算和实行财务检查、开展财务分析等程序合理地组织财务活动、正确处理财务关系的管理工作，为社会主义市场经济体制服务，为实现社会的安定服务。

社会保险财务管理既是一种组织资金运动的管理活动，也是一种财务关系的管理活动。财务关系是资金运动过程中发生的经济关系。在社会保险资金运动过程中，充分体现了社会保险机构与国家、财政、银行、审计、社会保险机构上下级之间、参加社会保险的企业、个人以及社会保险机构内部工作人员间的经济关系——财务关系。

社会保险财务管理的内容必将随着社会保险事业的发展而逐步增加。社会保险财务管理的内容包括基本养老保险基金的管理、个人储蓄性养老保险基金的管理、医疗保险基金的管理、工伤保险基金的管理、生育保险基金的管理等。

10.1.2　社会保险财务管理的意义与任务

1. 社会保险财务管理的意义

（1）社会保险财务管理在社会保险管理过程中占有十分重要的地位。社会保险工作与一般的事业行政管理工作不同，各项社会保险政策的实施，保证社会安定目的的实现，都通过社会保险资金运动来反映和体现。每个社会保险机构都经管着由社会保险基金和管理服务费组成的相当可观的资金，如何做好资金的筹集、支付、储备、调节和分配工作，是社会保险机构面临的一项相当复杂艰巨的任务。因此，必须加强各种社会保险基金和管理服务费的财务计划、决策、控制、考核和监督工作。如果放松社会保险财务管理工作，势必造成社会保险基金的巨大流失，造成铺张浪费，必将严重影响社会保险事业的顺利发展。

（2）社会保险财务管理提供的真实、准确、及时的数据资料和财务分析结果是社会保险决策的基础，也是检验社会保险政策的依据。各社会保险机构发生的一切资金活动，如基本养老保险基金的筹集、划拨、支付、转移等基金的增减，其他各项基金收付活动和管理服务费的收支、使用等，都必须通过社会保险会计核算准确、真实、及时地反映出来；利用财务分析获得的信息是对社会保险基金实行科学管理的基础和依据，否则，社会保险决策就只能建立在对现实情况不甚了解或不全面了解之上，决策的正确性、客观性就很难保证。

（3）社会保险财务管理是正确处理社会保险机构同各方面财务关系的准绳。社会保险资金运动是否合理可通过社会保险财务管理的会计核算、统计核算、业务核算提供的准确、真实的信息，接受财政、银行、审计部门的监督，也接受参加社会保险的企业单位与个人及社会保险机构内部职工的监督。同时，上下级之间发生的缴拨关系以至劳动部汇总社会保险事业全局的情况都离不开社会保险财务活动提供的信息资料。

2．社会保险财务管理的任务

社会保险财务管理的主要任务是参与社会保险机构的财务决策，正确组织财务活动，合理调整财务关系和进行财务监督等。

社会保险财务管理的具体任务有以下四个方面。

（1）正确计算、合理筹集社会保险基金，保证社会保险事业顺利开展。社会保险基金的筹集是社会保险机构的首要任务。首先要正确厘定各项社会保险费率，计算出企业和个人分担保险费的合理比例。既要考虑企业、个人的负担能力，也要考虑各项社会保险费用的实际需要，并通过经济管理手段，确保各项社会保险基金及时、足额地收缴、储备、调节分配和支付，准确、及时、完整地记录各项社会保险基金的收支情况，保证社会保险事业的顺利开展。

（2）正确支付各项社会保险费用，保证参加社会保险的人员及时获得物质帮助，保障其基本生活需要。社会保险的目标就是使劳动者在生、老、病、死、伤、残等暂时或永久丧失劳动能力时，能够按照国家法律及时从社会获得物质帮助，以保证维持其基本生活，促进生产力发展和社会安定。社会保险财务管理通过组织财务活动，及时理清各种资金状况，从而实现社会保险的目的。

（3）编制财务计划，分析财务收支情况，做好预测预报工作。财务工作与会计工作的一个重要区别在于会计核算是记录过去，财务工作则是根据会计核算所提供的信息进行分析、决策和计划未来。因此，正确地编制财务计划并保证其实现是财务工作的一项重要内容。在财务计划实施过程中，要根据财务收支情况，定期进行分析研究和预测预报工作，发生社会保险基金收支不平衡时，及时提出调整提取比例；遇特殊情况入不敷出时，向上级社会保险机构申请调剂金；平时还要按照政策规定向上级社会保险机构缴纳一定比例的社会保险积累金和管理费用。

（4）实行财务监督，维护财经纪律。财务监督是利用货币形式对社会保险资金活动进行控制、调节、监督社会保险资金的合理调剂使用，保护国家财产的安全与完善，防止贪污浪费和乱支乱用现象的发生，保证国家方针、政策、法律、法规和财务制度的贯彻执行，维护财经纪律，以充分发挥社会保险的职能作用。财务监督既要事先控制，也要进行事后监督，如此才能提高管理工作。

3．社会保险财务管理的原则

社会保险财务管理的原则就是合理组织财务活动，正确处理财务关系准则。主要有以下几点。

（1）实行计划指导。社会保险财务活动应服从国家宏观控制的要求，统一纳入国家社会经济发展计划。因此，在社会保险财务管理中，必须牢固地树立全局的观点，服从整体利益，执行国家社会保险计划；应严肃对待统一核定的各项财务指标，各级社会保险机构必须坚决执行上级下达的社会保险任务；应经常检查财务计划执行情况，严格管理社会保险基金，并做到"专户储存，专款专用"；遵守财务制度，维护财经纪律，严格管理社会保险机构管理服务费用。

（2）体现经济核算制要求。经济核算制是管理各项事业的基本制度，社会保险事业同样离不开经济核算制。社会保险财务管理中体现经济核算制要求，就是使社会保险机构在国家统一领导下的同时要进行相对独立的经济运作和管理。经济核算制是运用价值形态实现的，它所确认的经济关系主要是社会保险机构同各方面的财务关系。因此在实现社会保险财务管理中往往要体现经济核算的要求。即按照经济核算制要求和规定的经济责任的权限，处理社会保险机构同各方面的财务关系；按照政府的规定筹集社会保险基金，并合理支付、储备、调节和运营；按照国家和地方政府规定的比例提取管理服务费，并合理地使用，保证节约开支；利用社会保险基金的收入、支出及结果等财务指标反映和考核社会保险的管理活动与管理成果。

10.1.3 社会保险财务管理的方法

各社会保险机构要做好社会保险财务管理工作，完成财务管理任务，在贯彻执行社会保险财务管理原则的同时，还必须要掌握社会保险财务管理方法。

社会保险财务管理方法是反映社会保险财务活动内容，执行社会保险计划和完成社会保险财务管理的手段。社会保险财务管理方法包括一系列专门方法，各种方法之间密切配合，共同发挥作用，构成社会保险财务管理方法体系。

1. 建立健全社会保险财务制度

社会保险财务制度是指组织财务活动、财务关系的原则，进行财务监督的依据，也是社会保险机构中每个工作人员应当遵循的准则。

社会保险财务制度根据"统一领导计划，分级分口管理"的原则，由国家和主管部门统一制定总方针；各级社会保险机构应根据国家的方针、政策、法规和上级的要求，以及财经纪律的约束，具体制定本单位的财务制度。社会保险依据财务制度开展工作，有助于理顺各方面的财务关系，提高社会保险机构的工作效率，圆满完成社会保险事业的各项任务。

社会保险基本的财务制度有以下几种。

（1）社会保险会计制度。

（2）社会保险基金管理制度。

（3）社会保险财会人员岗位责任制。

（4）社会保险机构管理服务费审批制度。

（5）社会保险财产物资管理制度。

（6）社会保险财会档案管理制度。

（7）社会保险审计制度。

2. 编制财务计划和加强完善经济核算

财务计划也就是对财务收支活动的设计，是在一定时期内，根据国家方针、政策制定的所要达到的财务预期目标。

编制和执行财务计划（预算），是贯彻计划指导、管理原则的具体表现，是有效地指导和组织社会保险财务活动的需要，也是实现社会保险目标的重要一环。

社会保险财务计划是根据社会保险工作内容制定的，主要由社会保险基金收支计划等内容组成，通过社会保险基金收支预算等报表来反映。

社会保险财务计划是社会保险计划管理的组成部分，财务计划与综合计划、业务计划等共同构成社会保险计划管理体系。因此，编制财务计划工作应与综合部门、业务部门的工作密切配合。

经济核算制是根据经济实体和事业单位的特点制定的一种管理经济的制度，也是管理经济的方针。社会保险财务计划指标完成情况，要通过各种经济核算工作，全面、系统地反映出来。完善和加强经济核算主要包括以下三个方面。

（1）会计核算。会计核算是利用价值形式，通过复式记账、登记账簿、编制会计报表等方法，连续、全面、系统地反映和监督社会保险各项经济活动。会计核算为社会保险基金的筹集、支付、储备、调节等价值指标提供会计资料和信息，便于计算和考核社会保险经济活动成果，并尽可能提供有关未来社会保险经济活动效果的数据资料。

（2）统计核算。统计核算是利用综合指标分析研究个别典型的和大量的经济现象，运用统计专门方法对核算资料加工整理，从中发现经济活动的内在联系及变动趋势。统计核算着重反映社会保险经济活动的数量指标和质量指标。

社会保险机构利用统计资料可以具体分析参加社会保险的企业户数、企业类型、人数、工资总额、标准工资额、退休金总额、社会保险基金积累额等指标的变化及发展趋势；也可以分析社会保险机构数，社会保险机构内部人员以其中专业人员数量等社会保险事业建设情况；通过平均指标和增长指标反映社会保险活动变化速度及发展情况，以便作为决策者进行决策的信息资料。

（3）业务核算。业务核算是反映社会保险业务的动态方法，通过直接观察和计量来了解业务活动情况。业务核算能够把社会保险业务情况真实地反映出来，用于及时发现业务活动中各种各样的变化并实行有效的管理。

社会保险会计核算、统计核算、业务核算构成社会保险经济核算体系，三者相互配合，相互补充，从不同角度、不同侧面反映社会保险经济活动的全面情况。

3. 实行财务检查和开展财务分析

财务检查是指以国家有关的政策、法规、条例、制度为准绳，以会计核算资料为依据，并采用检查账目、实际清点等一系列方法，对社会保险基金收支的合法性、合理性等进行的检查和监督。

实行财务检查，发挥财务监督职能是社会保险财务管理的重要方法，它是保证正确贯彻执行党和国家的方针政策，维护财经纪律，全面完成财务计划的重要手段。

社会保险财务检查的主要内容有：财务预算（计划）的执行情况；社会保险基金的收入、支出情况；货币资金和财产物资的情况；执行财经纪律的情况等。社会保险财务检查一般采用县（市）自查、地（市）联查、省（区）抽查相结合的办法进行；同时还要接受财政、审计、银行等有关部门的定期或不定期的检查与监督。

社会保险财务检查根据其内容可以有以下三种方法。

（1）财务检查。根据会计核算提供的资料和信息，对社会保险经济活动的合法性、合理性以及财经制度、财经纪律的执行情况进行检查。

（2）财产检查。对社会保险机构的各种财产物资的货币资金和经济往来款项的正确性、合法性进行检查。

（3）专门检查。对社会保险资金活动的某一个方面或某一个问题进行检查。

社会保险财务检查根据其检查时间也有三种方法。

（1）事前检查。对社会保险预算的编制、审核、批准过程中的检查。

（2）日常检查。在社会保险预算执行过程中，对社会保险资金运用和财务收支进行经常性的检查。

（3）事后检查。在社会保险预算执行后或社会保险经济业务发生后，根据一定的需要进行的财务检查。事后检查的目的是发现问题，揭露矛盾，总结经验，改正错误，改善和提高社会保险管理方法和水平。

社会保险财务分析是以实际资料和会计核算信息为依据，结合月份、季度计划和年度预算，以及上年中有关指标，检查社会保险资金活动实际执行结果，剖析社会保险经济活动情况和财务收支情况，以便总结经验，提出改进措施，改善社会保险财务管理工作。

社会保险财务分析的主要内容是：社会保险基金的活动分析；社会保险机构管理服务费活动分析；社会保险经济分析，包括对社会保险活动的企业单位户数、人数、工资总额、退休费用总额变化对社会保险基金的影响等。

10.2　社会保险财务预、决算管理

10.2.1　社会保险财务预算管理

社会保险财务预算是指一定时期（通常是1年）内，根据国家的方针、政策而制定的社会保险机构财务活动所要达到的预期目标。

社会保险财务预算有助于社会保险机构很好地安排利用资金，使得社会保险机构有效地分配资金和资源，用于整个计划的实现与完成。

社会保险财务预算是社会保险机构在计划期间，需要筹集和拨付社会保险基金的依据；是国家和各级政府研究社会保险发展趋势的依据；是明确各部门、各位职员经济责任，加强经济核算，提高管理水平的重要工具。

社会保险财务预算通过"社会保险基金收支预算表"反映社会保险基金的预算，其编制要求如下。

（1）社会保险基金预算首先以上年度财务决算为依据，结合工资、社会保险与社会福利政策、退休人员增减变化和待遇的提高、预计通货膨胀率、平均工资增长率以及影响社会保险的诸多因素进行测算，测算后还要经过对预算的可行性分析，再编制社会保险财务预算。

（2）各级社会保险机构预算的编制为：上级社会保险机构财务预算以下级社会保险机构上报的财务预算为依据，结合上年度决算和预计的各种变化因素及本年度社会保险财务管理目标进行编制。

财务预算确定以后，还必须制定月份、季度财务计划以控制和保证社会保险财务预算的执行；还必须经常将财务实际执行情况与计划进行比较分析研究，查明收入、支出增减变化的原因，及时采取有效措施保证预算总目标的完成；编制社会保险财务预算时还应慎重使用"估计数""大概数""可能数""敷衍数"等数字，不能想当然、拍脑袋而随手拈来。

　　国际劳工局的专家讲述预算时，常将一个社会保险机构的预算分为资金预算、现金预算、收入预算及对人数的预算等四个组成部分，强调成本核算。随着中国市场经济体制的建立和社会保险事业的迅速发展，与国外接轨的社会保险会计、财务方法也必将在社会保险事业中广泛展开。

10.2.2　社会保险财务预算控制

　　社会保险财务预算控制是社会保险财务管理的核心，即各项财务管理工作的中心环节。

　　社会保险财务预算控制程序如下。

　　（1）明确管理目标和经济责任。要实现对社会保险财务工作进行有效的控制和管理，首先要明确社会保险机构的工作目标。社会保险的长远目标应该用很明确的语言确定下来，年度计划也应如此，而财务预算和项目反映的数字及指标正是社会保险机构年度内要达到的部分。在进行社会保险财务预算控制时，除了要明确目标外，还要明确实现目标所需要的方针、政策、方案及措施与对策，保证目标的实现。社会保险机构财务管理目标达到后，应将其分解成若干指标，落实到相应的部门和具体人员。每个人都要根据本部门的管理要求，准备详细计划，明确责任范围，具体落实工作任务，保证分管指标的完成。

　　（2）定期检查目标执行情况。财务管理目标及分解指标落实到相应部门和工作人员之后，要定期对其执行结果与社会保险财务预算进行比较，及时发现存在的差异，分析产生差异的原因，采取相应的补救措施。

　　社会保险财务预算控制可以简化为下面的阶段：确定目标—计算阶段—编制预算—实际活动记录，与财务预算进行比较—报告和评价—采取补救办法—实际活动记录，与财务预算相比较—报告和评价，对上年的评估即对下年的准备。

10.2.3　社会保险财务决算管理

　　社会保险会计制度规定，社会保险机构从每年1月1日起至12月31日止为一个会计年度。每一个会计年度终了时，都必须作出社会保险年度财务决算。

　　社会保险财务决算是社会保险机构运用会计核算效益和信息对全年财务工作进行数字总结和文字说明的一次综合性报告。社会保险财务决算是社会保险机构一年中资金活动情况的总结，也是年度财务预算编制的基础和依据。

　　各级社会保险机构都要组织对会计年度的资金、财产和账务进行全面的核实和整理，并在此基础上编制财务决算报表。上级社会保险机构的决算报表在对下级社会保险的财务决算报表汇总整理以后编制，主要用于对下级工作的指导和整体决策；用于管理和总体效益的提高。

　　搞好社会保险机构年度财务决算工作，对于总结财务活动中的经验教训，提高管理水平，有效地发挥社会保险作用，实现社会保险目标以及考核各级社会保险机构工作完成情况和贯彻执行国家有关方针、政策等都有重要意义。

　　为确保及时、顺利地完成社会保险财务决算工作，在编制财务决算时应做到以下两点。

一是加强组织领导工作。财务决算是一项综合性工作，涉及社会保险机构各个方面、各个部门。各级社会保险机构应高度重视，应由一位领导专门负责，财务科长（处长）具体组织，以加强社会保险财务决算的领导组织工作；财务部门要认真依照会计法和会计制度的有关规定，认真做好决策报表的编制工作；各业务部门要积极配合，提供有关数字和资料。另外，上级社会保险机构要及时作出有关决算的指示和要求，给予决算工作必要的指导。

二是认真组织资金、财产物资和账务的核实与清理。在进行社会保险财务决算之前，首先必须对全部的财产和账户进行核实和调整，做到账账相符、账实相符，这是因为对会计核算资料这一最基础、最直接的原始信息的核实和清理，是保证财务决算工作质量的前提。只有依据核算无误的会计资料编制社会保险财务决算报表，才能全面、真实、准确地反映资金运动情况和财务成果。

社会保险财务决算的程序基本上分为两个阶段，一是准备工作阶段；二是编制决算报表阶段。准备工作阶段需要做清理资金、盘点财产实物、核对账务、核定收支和编制季度决算报表等工作。

上述准备工作完成以后，就可以根据上级社会保险机构发布的关于年终财务决算的通知，编制年终财务决算，包括"资金活动决算表""社会保险基金收支决算表"等会计报表。

10.3　社会保险基金管理

10.3.1　社会保险基金管理是实施社会保险制度的核心

1. 社会保险基金管理是社会保险制度顺利运行的前提条件

社会保险基金是社会保险制度得以建立并正常运行的前提条件。社会保险事业的发展规律表明，只有社会保险基金具有自我发展、自我积累和自我增值的能力，社会保险制度才能在源源不断的基金保证下得以正常运行。社会保险基金管理在社会保险制度中的重要作用主要体现在以下几点。

1）社会保险基金管理是保证社会保险制度顺利实施的基础

社会保险制度的实施依赖于社会保险基金的合理运行。社会保险基金运行要经过筹资、运营等若干环节。这几个环节相互关联，相互制约，任何一个环节出了问题都会影响到基金的顺利流动。通过实施基金管理，对基金的需要量进行科学预测和全面规划，合理分配资金，规范基金运行程序，就可以确保基金的顺利运行，及时为劳动者提供保障和服务。

2）社会保险基金管理是维护劳动者权益的必要手段

社会保险基金是为保障劳动者遇到劳动风险时基本生活需要而积累的一项专用基金。为保障劳动者的权益，社会保险基金只能用于社会保险项目的支出而不能挪作他用。然而，由于社会保险基金的所有权与管理权存在一定程度的分离，社会保险基金在运行中可能会被挪用、侵蚀。事实上，多年来，贪污、挪用社会保险基金的案件时有发生，已严重影响到社会保险制度的实施。另据1998年11期《中国社会保险》披露的26起社会保险人员违法违纪案件资料分析中就已经看出，贪污、挪用社会保险基金已成为国家公务员腐败的一种新形式。这26起案件涉及四川、江苏等13个省（区、市），共涉及社会保险工作人员40人，其中大部分是领导干部。有关专家分析表明，26起案件的作案方法多样，主要归纳为6类：利用职权，挪用基金，收受贿赂；利用职务之便，侵吞公款；采取收入不记账的方法贪污；采取截留、扣发养老金或多拨养老金及吃回扣等手段进行贪污；调换国库券，或以国库券、银行存单作抵押进行贪污；挪用公款造成损失。这些案件的发生说明我国社会保险基金管理方面还存在着漏洞，需要加强管理制度的建设。实施社会保险基金管理，就是要健全各种社会保险基金管理法规，建立科学的社会保险基金财务、会计、审计等制度，完善监督机制，从而在制度和机制上保证社会保险基金的安全，保护劳动者的权益。

　　3）社会保险基金管理是提高社会保险基金自我发展能力的重要手段

　　社会保险基金在本质上是对劳动者的一种负债。要使社会保险基金在将来能保障劳动者的基本生活需要，就必须使基金具有保值增值能力，在动态的经济环境中，只有实施有效的投资管理，确保社会保险基金运营获得较高收益，使投资收益不低于通货膨胀率，才能不断提高社会保险基金自我发展能力，为社会保险制度提供源源不断的资金保障。

　　2. 日益增大的社会保险基金规模要求加强社会保险基金管理

　　现收现付财务模式下，社会保险基金运行追求的是短期平衡，结余资金规模不大，基金管理相对比较简单。而在基金财务模式下，社会保险基金规模较大，基金运行不但要保障当期劳动者的基本生活需要，而且要使基金在动态的经济环境中保值增值，实现基金运行的中、长期平衡，确保社会保险制度的顺利进行。我国社会保险制度改革的内容之一就是由现收现付的养老保险财务模式向部分积累模式过渡。随着社会保险范围的扩大和水平的提高，我国社会保险基金规模越来越大。近年来，随着我国社会保障基本面的不断扩围，以及标准的不断上调，我国社会保险基金的规模在不断增加。数据显示，截至2013年底，社会保险基金的累计结余达到了4.3万亿元，其中城镇职工和城乡居民养老保险的基金是达到3万亿元。社保基金在保障居民"有尊严"养老中发挥了重要的作用。①如何管理好规模日益增大的社会保险基金，并使其在动态的经济中保值增值是当前急需解决的难题。

　　3. 日益严峻的社会保险形势要求加强社会保险基金管理

　　我国的社会保险制度改革是在经济体制转轨时期开始的。一方面，原有的现收现付的"企业保险"模式没有为现已退休职工积累足够的资金；另一方面，我国的经济基础比较薄弱，国家财政能力有限，企业和个人的经济承受能力也不高，不可能在短期内积聚足够的资金。而急剧上升的老年人口和社会保险费用支出，以及基金管理不规范，效率低下又造成基金流失严重，使我国社会保险基金面临着严峻的挑战。以养老保险基金为例，我国60岁以上的老人已经超过2亿人，随着老年人口数量及其物质、精神需求不断增长，我国养老资源严重不足的短板日渐突出。实现有限社保基金的保值增值迫在眉睫。

　　为了提高社保基金的收益率，我国先后采取了一系列政策措施，包括对基本养老保险基金、基本医疗保险基金在银行活期存款给予优惠利率，允许商业银行法人为基本养老保

---

① 庞东梅. 社保基金成立以来收益稳定：养老钱仍需尽快"赚"回来. 金融时报，2014-07-26.

险个人账户做实试点地区省一级社会保险经办机构办理协议存款业务，同意9个省份委托社保基金理事会投资运营做实个人账户中央财政补助资金等。

同时，我国已成为老年型国家，在今后的30年到40年内，我国60岁以上的老年人口将迅速从1.8亿增加到3亿多，人口老龄化的速度将不断加快。相应的，社会保险基金支出增速将加快，社会保险基金财务稳定将是社会保险制度的核心问题。[①]在这种情况下，更要加强基金管理，要对社会保险基金的管理体制、运行机制及基金资产负债实施全面规划和系统管理，确保社会保险基金的财务稳定，满足社会保险需求。

10.3.2 我国社会保险基金管理现状及存在的问题

新中国成立后，我国社会保险基金（当时称为劳动保险基金）是由全国总工会负责管理，劳动部门负责监督检查。到1969年，由于取消了保险基金的社会统筹，实施"企业保险"，保险基金就由企业自己管理。80年代后，由于进行了社会保险制度改革，逐步实行社会保险的社会化，社会保险基金规模越来越大。有关部门为加强社会保险基金管理制定了一系列的规章制度，社会保险基金管理机构也在实践中创造了许多好的管理方法，这些都为保证社会保险基金的顺利运行，加强社会保险基金管理奠定了良好的基础。目前，我国社会保险基金管理的现状及存在的问题主要表现在以下方面。

1. 社会保险基金管理法制建设方面

社会保险是国家强制实施的一种社会经济制度，其建立的基础和依据就是社会保险法律法规，没有健全的立法，社会保险制度就难以建立并实施有效的管理。我国进行社会保险制度改革以来，颁布实施了一系列的法律规章制度，初步建立了社会保险的法律体系，为社会保险制度的建立和完善提供了必要的依据和规范。但从总体上看，我国的社会保险法律体系很不健全，存在的主要问题有三个。

1）社会保险法规权威性差

从已颁布社会保险法规看，绝大多数都是"暂行办法""通知"等行政性法规。行政性法规在法律体系中属于最低层次的法律，在严格意义上甚至不能称之为法律。因此，其权威性较差，这与社会保险的强制性形成强烈的反差。

2）缺乏专门的社会保险法律

一个国家或领域的法律体系一般由宪法、法律（专门法律）和行政性法规三个部分组成。我国1982年颁布的《中华人民共和国宪法》中对社会保险的基本原则作了规定，但作为一个国家的根本大法，不可能对社会保险的具体内容做出详细的规定。而目前已有的社会保险法律又都是行政性法规，这样，社会保险法律体系在宪法和行政性法规之间缺少一个中间层次，形成"断层"。

由于缺乏专门的社会保险法，各种行政法规就没有统一的依据，导致立法之间的冲突、矛盾和重叠，或导致立法空白，不利于立法的实施和适用。

3）缺乏专门的社会保险基金管理法律

目前，有关社会保险基金管理的规定都是分散在若干个"决定""办法"中，尚未有一

---

① 朱子荣. 我国社会保险存在的主要问题及改革取向. 现代财经，1998（3）.

个专门的社会保险基金管理法律。对社会保险基金管理缺乏统一、系统的认识和规定，这样就不利于社会保险基金的管理。

2．社会保险基金管理体制方面

我国的社会保险制度改革是按照中央制定基本政策，各地和有关行业根据自己的实际情况制定具体办法试行，待到条件成熟时再进行统一的思路进行的。这样虽然考虑了各地的利益，有利于社会保险制度改革的实施，但是由于缺乏总体规划和统一部署，也造成了一些矛盾。其中社会保险管理体制的不统一与分工不清就是最主要的矛盾之一。现行社会保险管理体制的弊端主要表现在两方面。

1）该统的没有统起来

社会保险制度改革之初，考虑到各方面的利益，我国社会保险管理机构是按保险项目和保险对象划分设置的。以养老社会保险为例，城镇全民所有制企业职工、集体所有制企业职工、机关事业单位职工和农村养老社会保险分别由劳动部、人民保险公司、人事部和民政部管理，另外，煤炭、交通等11个行业的养老社会保险由行业自行实施管理。这种按部门分管的体制，割裂了同一地域、同一保险项目的社会性和统一性的关系。分部门、分险种，单项筹资和管理，增大了保险费率，分散了资金，降低了资金效益，使社会保险成本上升，增加了国家和企业的负担。

2）该分的没有分开

现行的社会保险基金管理机构集宏观政策制定、监督与微观经办、操作于一身，缺乏有效的职能分工与监督制约机制，造成政企不分、行政管理与业务管理不分、基金运行与监督不分的混乱局面。社会保险基金管理主体不清、职责权限不明确，既不利于社会保险基金的运行与管理，更谈不上有效的监督与调节。

3．社会保险基金管理制度方面

近几年，为加强社会保险基金管理，财政部等有关部门陆续发布了一些社会保险基金管理方面的制度，如《企业职工失业保险基金财务制度》《企业职工养老保险基金财务制度》《职工医疗保险基金财务制度》《社会保险会计制度》《职工医疗保险基金会计核算办法》《企业职工养老保险基金会计核算办法》等。这些制度的实施，极大地促进了社会保险基金管理的规范化、科学化。然而，由于我国的社会保险制度正处在改革阶段，在社会保险基金管理上尚无成熟的经验。已发布的这些管理制度也有一些不完善之处，主要表现在四个方面。

1）缺乏统一性

现有基金管理制度大多是针对每个基金分别制定的，而且是由不同的部门制定的，这样就容易造成基金管理制度上的不统一，现有的财务制度规定医疗保险基金纳入预算管理，其他基金如养老保险基金等则按预算外资金管理。

2）缺乏社会保险基金保值增值的有效渠道

我国现行制度规定，社会保险基金结余除留足两个月的支付费用外，大部分用于购买国家发行的特种定向债券及其他国家债券，不得在境内外进行其他形式的直接或间接投资。这种单一的投资增值渠道，缺乏保险基金有效投资的基本条件，不利于社会保险基金的管理与有效增值。

3）缺乏社会保险基金监督的有效方式

现有制度中对社会保险基金运营监督的规定过于笼统，对社会保险基金的监督机构的设置、监督手段等具体问题没有详细的规定。由于缺乏有效的监督，挤占挪用社会保险基金的现象时常发生。

4）缺乏社会保险基金运营绩效评价制度

社会保险经办机构是受托运营管理基金的机构，其受托责任完成的好坏事关社会保险制度的顺利进行。要提高管理机构的积极性，就要建立科学的绩效评价制度。

社会保险基金管理是一项系统工程，涉及法律、经济、人口结构等众多因素。提高社会保险基金管理水平，必须从多方面入手。笔者认为，实施有效的基金管理，至少应做到以下几点。

（1）建立健全社会保险法律体系。

（2）理顺社会保险基金管理体制。

（3）建立科学的社会保险基金管理制度。

10.3.3　完善和提升我国社保基金管理的措施

实践证明，社会保险立法的滞后已经严重制约了我国社会保险制度改革过程。建立健全社会保险法律已是当务之急。笔者认为，我国社会保险法律体系的建立应立足于本国实际情况，循序渐进，逐步完善社会保险法律体系。社会保险法律体系应有三个层次组成，即社会保险基本法、社会保险单行法规和社会保险规章或地方法规。对于如何设置社会保险基本合理的法律结构，笔者认为，虽然目前我国社会保险基金规模还不算很大，管理还比较简单，基金的投资运营渠道单一，但鉴于社会保险基金管理的重要性以及社会保险的发展趋势，应在社会保险基本法的基础上制定统一的社会保险基金管理条例，以规范社会保险基金的管理行为，提高社会保险的运行效率。

1. 社会保险基本法

社会保险基本法在社会保险法律体系中具有最高的法律效力，处于核心和基础地位。它是制定社会保险单行法、配套法的根据。从法律体系上说，社会保险法属于经济法律体系中一个独立的法律部门。但我国至今尚未制定一部社会保险基本法对社会保险做出全面规定。因此，当务之急是尽快由全国人大制定一部完整的《社会保险法》。《社会保险法》的制定应当以《中华人民共和国宪法》和《中华人民共和国劳动法》为基础，体现这两个法律中规定的劳动者的合法权益，使劳动者的权利和义务具体化，同时还要结合我国社会保险立法工作几十年的经验教训，对社会保险法的目的、依据，社会保险的适用范围、基本原则，社会保险项目、待遇，社会保险基金的筹集、管理和使用，社会保险管理机构、法律责任等内容作出概括性的规定。《社会保险法》将用以统帅各种单行社会保险法规、条例、实施细则，是制定社会保险单行法、配套法的立法依据。在制定《社会保险法》的过程中既要体现社会保险的基本规律，在总结各地改革经验的基础上，确定全国大体统一的社会保险基本方法、给付条件和基本标准，为在大范围内分散风险，为劳动者在不同所有制之间的流动创造条件；又要充分考虑我国社会经济发展不平衡的特点，统一标准的确定应有一定的弹性，为各地区根据实际实施社会保险计划留有余地。另外，还要考虑我国的经济发展水平和社会承受能力，以保证劳动者的基本生活需要为标准。基本社会保险是国家法定的强制性保险，各类用人单位都必须依法参加，履行缴费义务。劳动者在享受社会保险待遇之前，也应该先行履行缴费的义务，提高其自我保障的意识。因此，还要体现劳动者权利与义务相对应的原则。

社会保险基金管理是社会保险法中不可缺少的内容，但由于社会保险法是社会保险的基础性法律，具有综合性和全面性的特点，因此，在社会保险法中只能对社会保险基金管理的基本问题进行规范。笔者认为，社会保险法关于社会保险基金管理应包括以下内容。

（1）社会保险基金管理的组织机构。

（2）社会保险基金管理机构的性质、各自的权利和义务。

（3）社会保险基金管理的原则。

（4）社会保险基金管理的法律责任。

（5）社会保险基金管理的监督。

2. 社会保险单行法规

社会保险单行法是仅次于社会保险基本法，处于第二层次的法律、法规，主要是对各项社会保险的基本内容作出专门规定，是社会保险基本法的进一步具体化。根据社会保险的项目，社会保险单行法应包括《养老保险条例》《失业保险条例》《医疗保险条例》《工伤保险条例》《生育保险条例》。这些条例是由国务院制定发布的，是一种社会保险行政性法规。各项条例应就每个社会保险项目的适用对象，基金来源，缴费基础、比例作出具体的规定。还应制定颁布《社会保险基金管理条例》。《社会保险基金管理条例》应在社会保险法的基础上对社会保险基金的筹集渠道、方式，社会保险基金的管理方法，管理主体，监督，投资渠道、比例，社会保险基金风险管理，社会保险基金资产负债管理等问题作出具体的规定。

3. 社会保险规章或地方法规

社会保险规章或地方法规处于社会保险法律体系的第三层次，是依据社会保险基本法和单行法规制定的部颁规章或地方政府制定发布的法规。社会保险基金的运营是一项复杂的系统工程，其运行涉及众多的部门，有关部门应制定相关的规章或制度，规范社会保险基金的运营。例如，财政部应制定社会保险基金财务、会计、审计等方面的规章或制度，统计局应制定社会保险统计方面的规章或制度。另外，为确保社会保险制度的顺利实施，各地方还应根据实际情况，制定颁布地方的社会保险法规。

10.3.4　理顺社会保险基金管理体制

1. 世界社会保险基金管理体制状况与比较

每个建立社会保险制度的国家都有自己的基金管理体制，由于世界各国的社会制度和历史传统不同，社会保险管理体制也呈现出多种形式。各国社会保险基金管理体制表现出以下特点。

1）社会保险行政管理部门相对集中

从世界各国社会保险管理体制状况看，社会保险的行政管理部门趋于统一。大多数实行社会保险的国家都设有一个主管社会保险或社会保障的部门，综合管理社会保险工作，如英国的社会保障部，法国的社会事务和就业部，加拿大的卫生和福利部，巴西的社会保险和援助部，日本的厚生省等。

但就具体部门来看，则多种多样。统计资料显示，社会保险行政管理部门既有独立的劳动部门、社会保障部门、社会事务部门，也有劳动与社会保障部、劳动与社会事务部等双重职能部门甚至还有劳动、社会保障、社会事务三重职能部门。其中以劳动部门作为社会保险职能部门或作为职能部门之一参与行政管理的情况最多，在实行养老社会保险的133个国家中以劳动部门作为职能部门或职能部门之一的有73例，占55%；在工伤、失业保险项目中分别占61%、67%。另外，也有许多国家成立了独立的社会保障或社会保险部门，所占比例分别是36%、32%、33%。[①]劳动部门参与的比例之所以如此高是由于社会保险的对象就是劳动者，而劳动部门的业务涉及劳动者的就业、培训、劳动安全、劳动保护等。而是否设立独立的社会保险或社会保障部门一般则与社会保险发展程度有关，当社会保险的发展产生了一些超出劳动者的福利，往往难以再在劳动部门的框架下继续有效管理，从而需要设立独立的社会保险或社会保障部门。像美国、英国等社会保障水平较高的国家都设立了独立的社会保障部或社会保障署，而像比利时、南非、乌克兰等社会保障水平不太高的国家都是劳动部门和社会保障部门同时并立。

2）社会保险各项目的经办机构相对分散

从社会保险的经办情况看，主要有集中经办、分散经办和集散相结合三种形式。

（1）集中经办。养老、失业、医疗等社会保险项目全部统一在一个管理体系里，由一个部门统一管理和运营所有的社会保险项目。如新加坡的中央公积金制度，其显著特点是高度集中管理，基金运营成本低，基金项目之间可以相互融通使用，有利于提高基金的运营效率。当然，对于人口众多，情况复杂的国家若采用这种形式则可能造成组织上的困难。

（2）分散经办。不同的社会保险项目由不同的政府主管部门管理，各自建立一套保险执行机构、资金运营机构及监督机构，各保险之间相互独立，资金不能相互融通使用。这种管理形式考虑了每个项目的特点，有利于保险项目的组织实施，但也存在着机构庞大，管理成本高的问题。这种形式的典型例子是德国。德国的社会保险管理机构的设置，实行以行业组织管理与地区管理相结合，按项目分别设立经办机构，养老、医疗、工伤等保险机构作为独立的机构实行自治管理。

（3）集散相结合。根据各项社会保险管理要求上的差异，把共性较强的那部分项目集中起来统一经办，而把特殊性较突出的若干项目单列，由相关部门进行管理。这种形式既适应了社会保险规模化、一体化的发展要求，又可保证保险项目的特殊性要求，有利于提高管理效率。当然，这种形式要使各项目结合得合理。

以上资料显示，上述三种形式中实行集中经办的国家和地区最少。世界上包含养老、医疗、工伤和失业四个社会保险项目的国家和地区中只有3例实行集中经办，仅占6%，它们都是人口少于100万的国家和地区。实行三个项目集中经办的也只有12例，占23%。而世界上建有2项、3项和4项社会保险项目的国家和地区中实行分散经办的分别有19例、6例和

---

① 杨健敏.社会保障体制比较研究.中国社会保险，1998（6）.

4例，分别占4%和26%。世界上建有4项社会保险项目的国家和地区中有45%和30%的国家和地区采取2项和3项集中经办的管理体制，以同一机构经办两或三项。

表10-1列示了各国社会保险项目具体经办机构的类型。

表10-1　各国社会保险各项目的经办机构分类

组织类型	老年	医疗	工伤	失业	合计	比例
政府部门	41	18	39	17	115	24.8
基金组织	50	26	37	11	124	26.8
事业性机构	49	42	47	29	167	36.1
其他	17	6	31	3	57	12.3
合计	157	92	154	60	463	100

从表10-1中可以看出，社会保险的经办机构主要有政府部门、基金组织和事业性管理机构三种类型。其中，由政府部门经办的占24.8%，由基金组织经办的占26.8%，由事业性管理机构经办的占36.1%。这三种类型的机构在性质上都是非营利性的，尽管许多国家的社会保险经办机构采用了公司的名称，但实质上并不是企业。如智利成立了20多个私营的养老金管理公司，公司之间存在竞争，基金可以通过市场运营增值，其运作机制类似企业，但组织目标不同于企业。虽然其在性质上相同，但是机构类型不同也使其管理方式存在着差异。由政府经办社会保险项目，把社会保险资金作为国家财政资金的一部分，因此，在管理上一般将社会保险纳入国家预算实行预算管理。基金组织是一种民间自治管理机构，独立于政府。它以基金为纽带，把受保人联结成为基金组织的成员，实施自我管理、自我服务。为体现受保人对管理机构的权利，许多国家的基金管理组织的最高权力机构都是由受保人、政府和雇主三方代表组成的理事会，也有的加上工会代表组成四方理事会。其管理的特点是自治管理，与国家财政分离，追求社会保险基金的自我平衡、自我增值。不过，在基金组织财务难以平衡时，政府往往要出面进行干预。事业性管理机构在国外也称为非营利组织，它独立于政府，不是政府机构，但可能与政府有很密切的联系。政府与事业性机构的关系主要有四个类型：一是政府控制的事业机构，组织和财务都由政府负责；二是政府主导的事业机构，其领导由政府控制，但经费自己解决；三是政府参与的事业机构，领导层由政府及受保人、企业、工会等各方面的成员组成；四是政府引导的事业机构，其组织和经费完全独立，政府只做政策上的引导。一般来说，事业性的经办机构其自主性要低于基金组织。

3）注重社会保险监督机构的设置

没有监督的权利最容易产生腐败。在各国的社会保险管理体系中，都有专门的监督和调控机构，实行监督机构和管理经营机构相分离、相制衡的原则，以保证社会保险制度公正而规范地服务于广大国民。如英国在社会保障部中设有一个具有较大独立性的机构，这个机构负责对社会保障部的工作领域进行独立地监督。它包括：独立仲裁庭、中央裁判庭、社会基金独立审查署和养老金申诉调查办公室。智利在劳工与社会保险部下设保险基金管理局。其主要职能是监督保险公司的一切经营活动，包括保险公司的注册、审查收缴和支付受保者的保险金、保险基金的投资和投资有价证券的构成等。此外，政府还专门成立了一个风险分级委员会，专门评定保险公司的信用等级，凡保险公司的保险基金投资均须经过风险分级委员会的批准才能投放。

世界各国社会保险监督机构的设置一般包括三个层次：一是法律监督。法律监督是最具强制性、公正性的一种监督方式。西方国家都比较重视发挥法律监督在社会保险活动中的作用。在法律机构设立专门的社会保障（险）部门，负责实施社会保险立法，受理有关的社会保险纠纷。如德国建有专门的社会保障法院，负责实施社会保障立法，企业以及社会保障经办机构之间的纠纷，可以诉诸法律程序解决。二是行政监督。在社会保险行政管理机构内设有专门的机构监督经办机构落实社会保险政策、基金运行的合法性、合理性等。另外，财政、审计等部门也要从专业角度对社会保险实施监督，将社会保险基金运行状况列入监督审计的内容。三是民间组织监督。由受保人、企业、工会等组成的专门机构实施对社会保险的监督。

近年来，许多国家由于社会保险基金收支出现危机而兴起的社会保险制度改革主要是围绕社会保险财务机制和管理体制两方面内容进行的。在管理体制上主要是划清了政府行政性管理与基金运营管理的界限，突破了保险基金长期以来的行政性管理，走向了市场化的运营管理，同时加强了行政监督和社会监督的职能。

2. 理顺我国社会保险基金管理体制的核心问题

解决好管理体制的统与分，我国社会保险管理体制虽然涉及方方面面，但其核心在于解决好管理体制统与分的关系。我国社会保险基金管理体制应该既统一又要分权分工，即在统一的前提下分权分工。

1）统一与分权分工

（1）统一。所谓统一是指社会保险制度的政策、标准要统一。这就要求有一个统一的社会保险管理机构来规划、制定和管理社会保险事务，只有这样才能够统一政策、统一标准，便于协调，减少摩擦，提高社会保险基金的运营效率。

（2）分权分工。实践证明，一个好的管理体制必须要有适当的分工分权，这样既能发挥分工协作的优势，提高基金管理效率，又能建立有效的制约机制，防止腐败的产生。所谓分权是指在社会保险管理体制内要适当地分离社会保险管理权利。权力制衡原理告诉我们，一个利益共同体内的各个部分从来都不可能进行真正有效的相互监督。一旦道德自律失效，侵蚀社会保险基金等腐败现象也就随之出现。因此，在设置社会保险管理体制时应适当分离社会保险管理权利。一般认为，社会保险管理权力结构存在行政、经办和监督的三权划分。与权力结构相对应，社会保险管理体系也要分为行政管理、业务经办和监督管理三个层次。按照权力制衡原理，这三个层次的组织应是相互独立的。所谓分工是指为提高社会保险基金的管理效率，按照分工协作的原理设置社会保险管理体系。分工的标准可以按保险项目的不同分为养老、医疗、失业、工伤和生育保险基金管理；也可以按社会保险基金管理功能将其分为基金预算、收缴、支付、服务、运营管理；还可以按管理业务的性质分为服务事务管理和基金业务管理。

2）建立我国统分结合、高效的社会保险管理体制

根据统分结合的原则，我国的社会保险管理体制应由如下三个层次构成。

（1）建立统一的社会保险行政管理机构。

行政管理主要是管政策、管制度、管标准、管监督。为确保社会保险政策、标准的统一，这一层次的管理应由政府设立统一的行政管理部门。其主要职能是拟订法规、制定政策、调查研究、检查监督。我国在社会保险管理体制改革方面已迈出了关键的一步，在1998年3月召开的第9届全国人民代表大会第1次会议上宣布成立了劳动和社会保障部，建立了统一的社会保障行政机构。现由劳动部管理的城镇职工社会保险、人事部管理的机关事业单位社会保险、民政部管理的农村社会保险、各行业部门统筹的社会保险，以及卫生部门管理的医疗保险，统一由劳动和社会保障部管理。从而使社会保险政出多门、管理分散等诸多问题有望得到解决。成立劳动与社会保障部的目的是统一全国的劳动和社会保障政策，综合管理协调社会保障事务。笔者认为，我国的社会保障管理体制从当前的分散走向最终统一要有一个过程。由于社会保障中的社会救济、社会优抚等项目是由国家财政出资，在资金的筹集与使用上与社会保险有本质区别，并且这些项目一直是由民政部管理的，因此，在当前的形势下还不急于将其并入劳动与社会保障部管理。劳动与社会保障部应集中力量统一规划、管理社会保险事务。与劳动与社会保障部相对应各省（直辖市）、市和地区应建立劳动与社会保障厅、劳动与社会保障局和劳动与社会保障处来贯彻执行国家的社会保险政策，制定本地区的社会保险战略，监督社会保险基金的运营。与此同时，各企事业行政单位也应根据自身情况，设置专门机构或指定专人负责社会保险事务，依法交纳社会保险费，及时提供有关信息，做好本单位的社会保险管理工作。

（2）建立独立的具有法人资格、分工合理的社会保险经办机构。

社会保险的政策要由具体的组织机构来执行实施。在我国，这个组织就是社会保险经办机构，其主要职责是执行社会保险政策，依据法律法规收支、管理和运营社会保险基金，并为劳动者提供社会化管理服务工作。我国各地在社会保险制度改革中都成立了相应的社会保险经办机构，但很不规范。仅经办机构的名称就有社会保险公司、社会保险事业管理中心、社会保险管理局、社会保险基金中心等，五花八门，若再加上各个项目的经办机构就更让人眼花缭乱。经办机构的隶属关系也不一样，有些省市如上海、天津等其经办机构是独立于政府部门的，但大多数省市的经办机构是分属于劳动、卫生、人事、财政等部门。而且，绝大多数经办机构与行政管理机构是同一个机构，政企不分，致使社会保险经办机构职责不明，管理混乱。笔者认为，社会保险经办机构的合理规划与科学设置是我国社会保险管理体制改革的关键。如果说，社会保险行政管理的设置强调的是一个"统"字的话，那么经办机构的设置则要强调一个"分"字，即社会保险经办机构与行政管理相分离，经办机构要按项目、管理功能进行适当分工。对此，笔者有如下几点设想。

第一，考虑不同保险项目的特点，设置多个经办机构经办不同的社会保险项目。我国社会保险管理体制的弊端之一是多头管理，政策标准不统一，因此统一社会保险行政管理机构是非常必要的。但对于具体经办机构来说，由一个经办机构来操作管理所有的保险项目是不现实的。特别是像我们这样一个人口众多，地区差异较大，各个社会保险项目发展又不平衡的国家，设想由一个经办机构经营管理所有项目更是不符合实际的。目前，我国社会保险项目开展得比较少主要是社会养老保险覆盖面小，统筹层次低，基金规模还不很大，这个问题似乎还不是很突出。但随着我国社会保险事业的发展，各个保险项目的建立完善，基金规模的扩大，这个问题必将显现出来。与其等到问题出现再进行改革，倒不如在机构设置时就做好规划。根据各个保险项目的特点，参考其他国家社会保险管理体制的经验，结合我国的实际情况，笔者认为，可以将养老和工伤社会保险合在一起由一个机构经办，医疗和生育社会保险项目合在一起由一个机构经办，失业保险由一个机构经办。

第二，社会保险经办机构应按管理内容功能做适当的分工。社会保险事业的具体实施是一项复杂的系统工程，既涉及对保险收益人的资格审查、信息收集整理、提供社会服务又涉及社会保险基金的筹集、运营、支付和管理等一系列的工作。这些工作都由一个机构来操作，很难有效地完成。根据分工协作的原则，在设置社会保险经办机构时，应按管理活动的内容及功能做适当的分工。在这方面国外有比较好的经验，如法国在设置社会保险经办机构方面就按管理功能做了适当的分工，其基金管理体系由三部分组成：一是社会保险组织总局（ACOSS）及其下属分布各地的分摊金收费处，负责医疗、养老各类保险基金的预算平衡和收缴工作；二是按险种或项目设置的支付管理机构，如医疗保险基金会，养老保险基金会和家庭补贴基金会实行专业化管理；三是国家账户管理院（CDC），是负责社会保险基金的核算、监督的金融机构，既对保险基金的收支管理行使金融监督职能，又行使金融机构职能。它自身是个金库，筹集资金机构（ACOSS）所收到的保险费，资金都以CDC账号存入各专业银行，各基金会发生支付困难，CDC可向资金市场融资贷给各基金会。再如，美国将社会保险事务管理与基金管理进行了分离，其社会保险管理体制主要由三部分组成，即社会保障署、社会保险信托基金委员会和国家税务总局。社会保险事务如收益人的资格审查、信息收集、保险费用的支付等由社会保障署管理，国家税务总局根据社会保障署提供的信息负责社会保险基金的收缴，社会保险基金结余由财政部管理，社会福利部长、劳动部长与两位非政府人士在财政部长总管下形成五人信托基金委员会，由它决定社会保险盈余的投资管理。从世界各国的情况看，无论是集中管理还是分散管理，社会保险基金的收缴与支付及运营是分离的。我国社会保险经办机构基本上没有按照专业化分工的原则设置，结果是各级经办机构养老、医疗、工伤、基金收缴一大摊，不仅造成专门业务的分割和人力的分散，也造成适用规范不统一的问题。笔者认为，参照国外的经验，在按保险项目适当分离的基础上，可以设置一个专门的机构统一收缴所有项目的基金，然后再将收缴的基金分配给各个机构。对于是否将社会保险事务管理与基金管理分离则应根据实际情况而定。目前，我国社会保险基金规模尚不大，基金投资运营的范围很窄，基金投资资本市场的条件尚不成熟，在这种情况下，社会保险事务管理与基金管理可以合而为一，由一个机构统一管理。但将来随着基金规模的扩大及我国资本市场的成熟，社会保险基金必将进入资本市场，并成为资本市场的主力。到那时，对结余的社会保险基金就要委托专门的投资机构进行经营。

第三，社会保险经办机构的性质。社会保险事业的非营利性决定了社会保险经办机构是非营利性组织。从世界范围看，尽管社会保险经办机构的组织形式多种多样，甚至有些是私营公司，但在本质上都是非营利的。应该说明的是，这种非营利性是针对经办机构本身而言的，即其从事社会保险活动不是为自身谋取利益。但社会保险基金的运营必须是营利的，以确保社会保险基金的保值增值并将增值用于社会保险事业。

第四，社会保险经办机构的机构组织形式。正如前述，从组织形式看，世界各国社会保险经办机构呈现出多样性，有基金会、事业性组织及私营公司等组织形式。目前，我国大部分的社会保险经办机构是自收自支的事业单位。其领导由上级主管部门任命，办公经费从社会保险基金中提取。社会保险经办机构选择何种组织形式是我国社会保险管理体制改革过程的一个课题。一般来说，基金会的自主权比较大，运营机制灵活；私营公司的特点是引入竞争机制，有利于提高基金的运营效率；而事业性单位的自主权较少，受政府控制，与政府联系密切。从长远发展看，我国的社会保险经办机构应采用基金会的组织形式，但当前只能以事业性单位的形式出现。

第五，社会保险经办机构的名称。笔者认为，我国社会保险经办机构统一称为"社会保险事业管理中心"为好，因为社会保险经办机构是非营利性组织，若冠以"公司"的名称容易引起误解。各地可根据社会保险项目的统筹程度设立经办机构，已实现省级统筹的应设立省级社会保险事业管理中心，并在所属地市设立分支机构。目前，尚处于地市统筹的项目应在地市设立社会保险事业管理中心。经办机构与国家、社会组织和社会成员之间，实际上是一种委托和受托的关系。作为受托者，社会保险经办机构管理社会成员、社会组织缴纳的社会保险费和国家财政拨款以及各种捐赠款物，其目标就是保证社会保险基金的正常收支，并保证基金的保值增值，以维护委托人的合法权益，实现社会保险目标。

（3）设置独立的社会保险监督机构。

社会保险基金是广大投保人的"养命钱"，其安全运行事关社会的稳定大局。因此，必须加强对社会保险基金运营的监督管理。社会保险监督应该是全方位的监督，既要监督社会保险政策的执行情况，又要监督社会保险基金的运营。笔者认为，鉴于社会保险基金的重要性，在强化各职能部门（如财政、金融、审计）专业监督的基础上，还应设置一个独立机构实施对社会保险基金运营的监督。这个监督机构不同于政府部门的行政监督，它主要是代表投保人的利益，对社会保险经办机构实行民主监督。

10.3.5　建立科学的社会保险基金管理制度

社会保险基金管理制度是指为实现社会保险目标，确保社会保险基金安全有效地运行，围绕着社会保险基金运行的各个环节所制定实施的规章、规则等的总称。它主要包括四个方面的内容，即财务制度、会计制度、审计制度和绩效评价制度。下面重点介绍财务制度和审计制度。

1. 财务制度

社会保险基金财务制度是根据国家有关的法律法规，对社会保险基金的预算、筹资、支付、运营等财务活动作出的规定。制定社会保险基金财务制度就是要规范社会保险基金财务活动，确保社会保险基金的安全与完整，保持稳定的基金财务，提高基金运行效益。

由于各项社会保险基金的财务模式、运行方式及管理要求不尽相同，所以要针对保险基金分别制定财务制度。受篇幅所限，我们只能对一些共性的问题进行探讨。

1）基金预算

基金预算是社会保险经办机构根据国家的方针政策编制的经法定程序审批的一定时期

（通常是一年）内，社会保险基金财务收支计划。

编制基金预算，实施预算控制是社会保险基金管理的重要内容。通过编制基金预算可以反映一定时期各项社会保险基金计划的规模，是社会保险基金财务活动的基础，也是规划资金运营，合理有效地使用社会保险基金的基础。基金预算是保证基金安全，控制基金收支和考核基金运营业绩的依据。我国现有的财务制度中对基金预算作出了具体规定，规范了基金预算的编制内容及审批程序。笔者认为，在此基础上还应强调以下几点。

（1）基金预算的法律性。

预算是人们组织财务活动，实施经营管理的工具。为有计划地安排生产经营和财务活动，任何组织都要编制预算。与企业预算相比，社会保险基金预算具有法律性。首先，社会保险基金预算的编制要严格依据国家法律法规规定的内容、范围和标准进行；其次，社会保险基金预算要按法定程序上报审批，经过审查批准后才生效。

（2）基金预算的精确性。

社会保险基金预算是组织基金财务活动，考核基金运营业绩的依据，因此，要求基金预算精确、合理。在国外，都有专门的精算机构，由职业精算师负责社会保险基金的精算。我国也应该大力培养保险精算人才，提高我国社会保险基金运营的科学性。

（3）基金预算的控制力度。

社会保险基金预算不是一般的资金收支计划，一经批准它就成为反映社会保险经办机构受托责任的法律文件，社会保险经办机构必须严格按预算组织基金收支活动。

2）基金筹集

（1）基金筹集的原则有依法筹集和强制筹集两种。

① 依法筹集。社会保险基金的筹集必须以国家法律法规为依据，任何单位和个人都无权自行筹集社会保险基金。

② 强制筹集。社会保险的强制性决定了社会保险基金必须强制筹集，符合条件的单位和个人必须无条件地交纳社会保险费。

（2）基金筹集的范围。

目前，我国社会保险主要是在城镇的国有企业范围内开展的，随着改革力度的加强，基金筹集的范围将逐步扩大。

（3）基金筹集的基础、标准。

社会保险费一般以职工的工资总额为基础，不同的基金采用不同的比例。根据国务院1997年第26号文《国务院关于建立统一的企业职工基本养老保险制度的决定》规定，我国企业职工养老保险费由企业和职工个人共同缴纳，企业缴纳的比例一般不得超过企业工资总额的20%（包括划入个人账户的部分），具体比例由省、自治区、直辖市人民政府确定。个人缴纳的比例，1997年不得低于个人缴费工资的4%，1998年起每两年提高1个百分点，最终达到本人缴费工资的8%。养老保险个人账户按缴费工资的11%建立，个人缴费全部记入个人账户，其余部分从企业缴费中划入。

（4）基金筹集的方式。

世界各国筹集社会保险基金的方式有两种，一是通过征收社会保障（险）税，以税的形式筹集；二是通过征收社会保险费，以费的形式征收。

以税的方式筹集社会保险基金的国家大都开征了社会保障税（social security tax）或薪给税（payroll tax），由税务部门征收后交给财政部门或专门的管理机构使用。这种方式的优点在于：①强制力度大。②确保基金来源稳定。③支分离，有利于基金的安全。

但这种方式也有其不足的方面：①税与社会保险基金的性质不相吻合。税收是国家为了实现其职能，凭借国家政治权力，按照法律规定，强制地、无偿地取得收入的一种形式，以税收形式形成的财产属于国家所有。社会保险基金是属于所有被保险者（劳动者）的共有财产，其筹集与使用强调的是权利与义务相对应。而以税收形式筹集的社会保险基金无疑属于国家财产，改变了社会保险基金的属性，交纳与受益间体现不出直接的关系，资金运行也与市场规范不相吻合。②通过税收提供社会保险基金，行政的介入、干预甚至控制就会经常化，使基金运行受到政治、人为的干扰。③在基金的来源上，与政府的其他政策在财政上容易产生摩擦、冲突。

以费的形式筹集社会保险基金一般是以征收各种社会保险费的方式筹集社会保险基金。其优点是：①体现社会保险基金的性质；②交费与受益间的关系明确，便于劳动者接受；③社会保险基金的运营方式灵活。

与税收形式相比，这种方式的主要缺点在于：①强制力度不够；②不容易保证基金来源的稳定。

目前，我国采用的是以征收社会保险费的方式筹集社会保险基金，但是，由于近期社会保险费的收缴率呈下降趋势，许多学者提出开征社会保险税，以税的形式筹集社会保险基金。于是，出现了是以税还是费来征集社会保险基金的争论。笔者认为，我国的国情与国外不一样，目前不宜采用税收形式筹集社会保险基金。根据国际货币基金组织的不完全统计，世界上开征社会保障税或薪给税的国家已有80多个。在许多经济发达国家，社会保障税甚至已成为第一号税种。但我国的社会保险不宜过早盲目仿效西方国家的做法。因为，西方国家社会保险体系由三部分构成：第一层是由国家实施的保障项目，保障公民的基本生活；第二层是企业补充保险，这部分保险正在成为社会保险的主要形式，以养老保险为例，在美国、加拿大等国由企业补充养老保险提供的养老金替代率已达40%以上；第三层是个人储蓄保险。其中第一层由国家举办的保险项目是覆盖全民的，而且这些项目的享受标准和待遇水平是全国统一，并与享受者的工资高低和纳税多少无关。这些项目的资金主要通过税收解决。而我国的社会保险还处于初级阶段，社会保险以国家举办为主且社会化程度还很低。在这种情况下，最迫切的任务是提高保险的社会化程度，先实行一定范围内的统筹，使各项社会保险基金的筹集都有一个明确的保险费率作为数量依据，以利于社会保险科学管理制度的健全和企业经济核算的开展，而不是急于借助税收筹资方式一下子在全国范围内把这些项目统统由国家包下来。因为国家税收的目的是为了实施政府职能而筹集资金，如果社会保险基金以税收的形式筹集，那就意味着以国家财政来支持社会保险。既然国家以社会保险税取得了财政收入，劳动者的一切保险待遇就要由国家财政来承担和安排。这在实际上是走那种国家包揽一切、一切依靠国家的老路。而且，这种局面容易造成职工和政府之间因待遇增减或高低而产生矛盾和摩擦，影响社会安定。现阶段，我国应采取由社会保险机构分别按各个社会保险项目确立保险费率，分别筹集的方式，这与我国当前社会保险工作专业化管理水平与社会化程度相适应，但要逐步向分类征收转化。

（5）基金筹集单位。

在建立了专门的基金征收机构后，应由基金征收机构负责所有基金的征集工作，目前，可由基金经办机构负责或委托税务机构征收。

3）基金投资

（1）基金投资的必要性。

社会保险基金投资是指将社会保险基金暂时闲置的部分直接或间接投入经济活动或金融活动，以期为基金带来收益，保证基金保值增值的过程。社会保险基金投资的必要性主要表现在以下几点。

① 社会保险基金运行的目的。社会保险基金是为满足社会保险的需要而专门筹集的资金，其运行的直接目的就是满足劳动者的需要，追求自我平衡。这就要求社会保险基金具有自我保值增值的能力。实践证明，资金只有在投资过程中才能增值。诺贝尔基金会几十年的变化就是一个很好的例子。瑞典著名的诺贝尔基金会，在20世纪头五十年里，执行保守的投资政策，结果连存量保值都没有做到，扣除涨价因素，基金实际上减少了。

1953年基金会获得了较大的自主经营权，改而实行积极的投资政策，从此，基金越盘越活，越滚越大。到70年代，基金至少增值4成。1993年基金总值已达20亿瑞典克朗，较5年前又翻了一番。在此基础上，一年一度的诺贝尔奖奖额才得以不断提高。

② 社会保险基金的财务模式。在现收现付的财务模式下，社会保险基金当期的收入全部或大部分用于当期的支出，一般没有或有很少的剩余资金，社会保险基金保值增值的压力不大，对资金投资也就没有很大的要求。但是在基金制下，社会保险基金要根据当期的支出和积累的需要，按事先确定的标准和比例，将社会保险资金提取出来，并以基金方式储存起来，以备实际需要时支付。这样，在平时就有大量的暂时闲置资金，要使这些资金满足将来的需要，就必须通过投资使资金运动起来。

③ 物价上涨。各国经济发展的实际已经证明，物价水平在一国经济发展过程中，经常会发生波动，而且常常表现出上升的趋势。物价上涨可能造成基金的贬值，使数年或几十年积累起来的保险基金在使用时已远远不能达到预期的保障目的。要避免物价上涨的影响，就要进行社会保险基金的投资。

④ 平均寿命的延长和生活水平的提高。据统计，1950—1975年间，发达国家人口平均寿命由65岁提高到72岁，发展中国家人口平均寿命由42岁提高到55岁。1990年我国人口平均寿命已达男68岁，女71岁，接近发达国家的水平。[①]平均寿命的延长使得劳动者被赡养的时间增大了，从而增加了社会保险支出的需要。随着社会经济的发展，社会成员的平均生活水平也在不断提高，这就使得社会保险的支付仅仅维持劳动者的生活水平是不够的，而且还要在维持的基础上不断满足这种增长的需要。

（2）基金投资的特点。

社会保险基金投资虽然与一般投资行为的目的一样，也是为了获得投资收益，实现资金的保值增值，但社会保险的特殊性决定了它的投资行为与一般的投资行为相比具有自己

---

① 摘自《中国统计年鉴：1994》。

的特点。

① 投资的限制较多。一般投资在遵循国家有关投资政策的前提下，为了实现投资收益的最大化，对于投资方向、模式、结构、区域、数额等可以自由选择和决定。但社会保险基金由于其运行对社会经济影响很大，为了确保基金的安全，国家往往对于基金投资的方向、规模等问题作出限制性的规定。

② 社会保险基金投资收益免征所得税。这一特点是由社会保险基金的性质决定的。社会保险基金投资的目的是为了获得投资收益，但它的收益与一般投资收益的用途不同。社会保险基金投资收益不直接用于分配，而是再转并到基金中去，以增强基金实力，也减轻国家在社会保险方面的费用负担。因此，允许社会保险基金投资的国家，都规定对其投资收益不征所得税。

（3）基金投资的原则。

社会保险基金投资应遵循以下原则。

① 安全原则。社会保险基金投资的安全原则是指保证投资资金及时、足额地收回，并取得预期的投资收益。对社会保险基金来说，安全往往是第一位的。

② 收益原则。社会保险基金投资的收益原则是指在符合安全原则的前提下，投资能取得适当的收益。应该说，这是社会保险基金投资的直接目的。投资只有满足这一原则要求，才能保值增值。

③ 流动性原则。社会保险基金投资的流动性原则是指投资资产在不发生价值损失的条件下可以随时变现，以满足随时可能支付社会保险待遇的需要。

（4）基金投资的方向。

我国从进行社会保险制度改革以来，制定了一系列的规章制度规范社会保险基金的运营，其主要内容有。

① 社会保险基金要存入在银行开设的专门账户里。

② 社会保险经办机构依法收支、管理和运营社会保险基金，并负有社会保险基金保值增值的责任。

③ 社会保险基金的投资渠道有两项：存入银行，按同期城乡居民储蓄存款利息计息；两个月周转金外的基金，主要用于购买国家债券。基金投资收益全部并入基金并免征税费。

④ 社会保险基金专款专用，任何组织和个人不得擅自动用或挪用。

从以上内容可以看出，目前，我国社会保险基金投资方向主要是银行和国家债券。将社会保险基金投资于银行存款和国家债券，表面上具有较好的安全性和流动性，但投资收益较低，而且这种单一的投向，本身也具有相当的风险性。因为投资的安全性有赖于投资的分散化，多样化的投资组合将风险分散，也是保护基金安全的手段之一。从国外社会保险基金管理状况看，尽管各国对社会保险基金投资都有严格的规定，但社会保险基金投资的渠道还是比较多的。根据国际劳工组织提供的资料看，允许社会保险基金投资的国家，基金的投资比例一般是：公司股票60%，公司债券17%，政府债券6%，短期贷款3%，抵押贷款11%，房地产3%。随着我国社会保险基金统筹层次的提高，规模的扩大，投资环境的改善，社会保险基金进入资本市场是必然的趋势。所以，应逐步适当放宽对社会保险基金投资的限制，允许其参与证券市场、基金市场、借贷市场和房地产市场的投资。

（5）基金投资的规则。

严格的投资规则是实现社会保险基金投资目标的重要保证。社会保险基金投资规则应包括以下内容。

① 明确投资主体。社会保险基金的投资必须有一个投资主体。目前，世界上各国社会保险基金的投资主体主要采用两种形式。一种形式是投资管理委员会式。这种形式主要是由一些发达国家运用，原因在于这些国家的社会保险基金的投资业务比较简单，社会保险基金主要用于购买债券和由政府担保的公共工程债券。如美国，其社会保险基金的投资由财政部长、社会保险署署长、劳工部长等五人组成的信托基金委员会管理。另一种形式是建立专门的社会保险基金投资的金融机构。这适用于那些社会保险基金投资业务比较复杂的国家。这些国家一般金融市场没有发达国家发达，通货膨胀率高，社会保险基金需要通过多种渠道保值增值。我国目前尚未成立专门的社会保险基金投资机构，社会保险基金投资活动由社会保险经办机构负责。

② 明确投资机构权利范围和法律责任。社会保险基金投资机构应具有一定的自主性和独立性，具有管理、使用基金资产的权利，同时应对基金的保值增值负责。许多国家都对社会保险基金投资收益作出规定，如智利的法律规定基金管理公司必须保证其计划参与者的最低投资收益率。投资公司可在两个标准中取其一：或者是不得低于所有基金管理公司平均回报率的50%，或者是比所有基金管理公司平均收益率低两个百分点。当基金管理公司不能保证这个最低投资收益率时，它必须由公司投资准备金来补充，如果投资准备金的动用仍达不到最低投资收益率，基金管理公司就会破产。

③ 建立社会保险基金准备金。社会保险基金在支付了当期的社会保险费之后，要有一定比例的净积累作为社会保险基金的准备金，以存款的形式放在银行，只是在某一时期投资回报率过低而不足以支付该期的预期社会保险水平时，再以这笔备用金弥补二者之间的缺口。

2. 审计制度

社会保险基金审计是指审计机构的人员依法对社会保险经办机构管理的社会保险基金财务收支的真实性、合法性和效益性进行的独立监督活动。建立社会保险基金审计制度就是对社会保险基金审计的内容、方式等作出规定，以规范社会保险基金审计活动。

1）建立社会保险基金绩效评价制度的必要性。

社会保险基金绩效评价是通过设置和计算反映社会保险基金管理业绩和效益的指标体系，来全面分析和评价社会保险经办机构的工作业绩，以提高社会保险基金管理水平的活动。建立社会保险基金绩效评价制度是社会保险基金管理的重要环节，通过绩效评价可以进一步了解社会保险制度的实施情况，分析社会保险基金运营过程中存在的问题，为制定社会保险政策提供必要的信息。通过绩效评价可以了解社会保险经办机构的工作状况，激励社会保险经办机构努力工作，不断提高管理水平，绩效评价是考核社会保险经办机构的重要依据，是规范社会保险基金管理的基础。

2）社会保险基金管理绩效的表现

（1）社会保险政策执行情况。

社会保险制度是由国家制定的一种经济制度，作为社会保险经办机构，其主要职责之一就是依法贯彻执行社会保险制度。因此，社会保险基金管理绩效的表现形式之一就是社会保险政策的执行情况。

（2）社会保险基金的运营状况。

社会保险基金是社会保险的物质基础，社会保险基金运营是社会保险经办机构的重要任务。因此，社会保险基金管理的绩效也就反映在社会保险基金的运营状况上。

（3）社会保险基金运营的社会效益。

社会保险基金运营的最终目的是满足劳动者的生活需要，维护社会稳定。因此，社会保险基金运用能否满足劳动者的基本生活需求，满足的程度如何也是社会保险基金管理绩效表现形式之一。

3）社会保险基金绩效评价指标体系设计

按照社会保险基金绩效的三种表现形式，反映社会保险基金绩效的评价指标体系也应从这三个方面考虑。

（1）反映社会保险计划完成情况的指标。

① 基金收缴率=（基金实际收入数/基金计划收入数）×100%

该指标反映基金收入完成情况。

② 基金支付率=（基金实际支付数/基金计划支付数）×100%

该指标反映基金支付完成情况。

③ 基金收益率=（基金投资实际收益率/基金投资计划收益率）×100%

该指标反映基金投资计划完成情况。

（2）反映社会保险基金运营状况的指标。

① 基金积累率=［（基金实际收入数–基金实际支付数）/基金实际收入数］×100%

该指标反映当年基金积累的程度。基金积累率并非越高越好，过高必然会提高基金缴费率，增加社会负担，而过低也会造成基金的入不敷出。比例合适的基金积累率应是既能满足基金支付的需要，又使得社会能负担得起，这要根据各国的实际情况而定。

② 基金支付能力=（期末基金结余/预计下一年度支付额）×100%

该指标反映参加社会保险人员生活保障能力。

③ 基金增值率=（本期基金增值额/期初基金结余）×100%

其中：本期基金增值额=本期基金银行存款利息收入+债券利息收入+股息+其他投资利润–商品物价指数×期初基金结余。

该指标反映基金的增值幅度。

（3）反映社会保险基金社会效益的指标。

① 社会保险基金生活保障系数=（享受社会保险待遇人员的领取社会保险费用/社会人均生活费用）×100%

该指标反映社会保险满足人们生活需要的程度。

② 社会保险基金运营效益率=（期末社会保险基金结余/同期社会保险经办机构管理费用）×100%

该指标反映社会保险基金运营的成本效益情况。

10.4　社会保险统计管理

社会保险统计是一项以养老保险、医疗保险、失业保险、工伤保险和生育保险运行过程中的数据表现为对象，运用科学的方法，从数量上揭示社会保险活动过程中内在规律性的一项工作。它通过对社会保险体系各个方面的数量表现进行搜集、处理、显示、分析、推断和解释，反映社会保险活动的现象并揭示出社会保险运行过程中的本质规律。

10.4.1　社会保险统计的概念与特点

1. 社会保险统计的概念

社会保险统计是一项以养老保险、医疗保险、失业保险、工伤保险和生育保险运行过程中的数据表现为对象，运用科学的方法，从数量上揭示社会保险活动过程中内在规律性的一项工作。它通过对社会保险体系各个方面的数量表现进行搜集、处理、显示、分析、推断和解释，反映社会保险活动的现象并揭示出社会保险运行过程中的本质规律。

2. 社会保险统计的特点

社会保险统计的特点，主要体现在以下几个方面。

（1）数量性。社会保险统计反映的是各种社会保险现象的数量方面，它通过对各种社会保险现象数量的搜集、整理和分析来认识社会保险各方面的问题，因此，社会保险统计就是从数量方面来总结、反映社会保险运行的客观过程。

（2）总体性。社会保险统计的目的，不仅仅是反映个别的社会保险现象或社会保险现象的个别数量表现，而且要通过数据来描述和揭示由大量单个现象所构成的总体的数量规律性。例如，要分析某地区离退休职工的收入水平，由于每个离退休职工的收入水平有差异，若用某离休或退休职工的收入水平来衡量该地区的离退休职工的收入水平显然是不科学的，只有通过对该地区所有离退休职工收入水平的分布状态进行描述，以及计算得出其平均水平才能得到规律性的结论。再如，人口死亡率、工资替代率、疾病发生率等，无一不以大量单个现象所构成的总体来进行反映。因此，社会保险统计虽然以大量单个的社会保险现象的数据表现为基础，且规律性结论均建立在对大量个别现象的观察、记录和分析之上，但从其内在要求与目的出发，却是对各种社会保险现象的总体所进行的定量认识。

（3）具体性。社会保险统计不是空洞的理论，也不是抽象的数量关系（抽象的数量关系属于数学）而是采用具体的方法对具体的时间、具体的地点、具体的社会保险活动进行记录、总结。如到2001年底，我国离退休人员3 346万人，比上年增加5.55%，其中企业离退休人员3 162万人；全国有10 630万职工和3 346万离退休人员参加了基本养老保险社会统筹等，即是社会保险统计的具体性的表现。

（4）工具性。社会保险统计不是为数字而数字。因为统计数字不是目的，它为反映社会保险运行状态及规律服务，并为管理与决策提供依据。因此，社会保险统计对社会保险工作而言，是一种必要的且非常重要的工具，这种工具既服务于社会保险管理，又服从于社会保险管理。例如，借助于社会保险统计可以揭示出一定时期、一定范围内的人口平均寿命及死亡率的状况，但它不去研究人口寿命延长或缩短、死亡率或高或低的原因，因为后者属于人口学研究的内容。由此可见，社会保险统计具有明显的工具性特征。

10.4.2　社会保险统计管理

1. 社会保险统计组织管理

统计工作的质量好坏，不仅关系到其记述与反映社会保险情况的真实程度，而且直接影响着对社会保险的判断与决策。因为只有在充分有效、客观真实的数据资料基础之上，才可能得出准确的判断，作出正确的决策；否则，统计工作的失误完全可能带来判断的失准与决策的失误。因此，重视对社会保险统计的管理非常有必要。

（1）社会保险统计管理体制。社会保险统计管理既是政府统计工作管理的内容之一，更是社会保险行政及业务管理体制的有机组成部分，它服从于社会保险行政与业务管理体制。在我国，计划经济时代的社会保险被分割成国家机关事业单位与城镇职工两大块，社会保险统计依照不同的项目也被分别纳入人事统计、劳动统计及卫生统计（如公费医疗）范围；改革开放以后，社会保险被劳动部、人事部、卫生部分割管理的局面不仅未能改变，民政部亦开展了农村社会保险试点。而铁道部、中国人民银行等11个行业则被允许实行行业社会保险统筹，这种"多头管理"的局面也给社会保险统计管理造成了混乱。

直到1998年中央政府机构改革，新成立的劳动和社会保障部成了全国社会保险工作的主管部门，社会保险统计管理体制才随之逐渐走向统一化。

目前，社会保险统计工作在组织管理上实行双重管理体制。即在中央层级，全国的社会保险统计直接在劳动和社会保障部的领导下进行，并接受国家统计局的指导，有关全国性的社会保险统计规章制度及全国性的社会保险统计调查一般在劳动和社会保障部、国家统计局的共同领导下进行；在地方，社会保险统计在业务上受劳动和社会保障部门的直接管理，同时接受所在地区政府统计部门及上级社会保险管理机构的指导和监督。

（2）社会保险统计人员。要开展社会保险统计工作，必须配备专门的统计工作人员。对统计人员的管理构成了社会保险统计管理的重要内容。

根据《中华人民共和国统计法》等法规，社会保险统计工作人员也是整个统计工作队伍的一个组成部分，他们应当具备专业的统计知识，并对社会保险各项业务有全面的了解，市级社会保险部门及以上的统计人员还应当具备相应的学习。同时，统计工作作为一项专业工作，亦有着自己的专业任职资格系列，包括统计员、助理统计师、统计师、高级统计师等，符合条件的社会保险统计人员可以申请评定上述相应的专业技术职称。

统计人员的职责，是依照《中华人民共和国统计法》与社会保险统计法规制度，具体组织开展本部门的社会保险统计工作的，其中中央一级的社会保险统计人员与地方各级的社会保险统计人员的工作职责略有区别。如果统计人员在工作中出现虚报、瞒报或伪造、篡改统计资料，拒绝或者屡次迟报统计资料等违法违规现象，还必须接受行政处分，甚至可由司法机关追究刑事责任。

对社会保险统计人员的管理，即是基于上述内容的管理。首先是保证专业人员的配备并开展相关培训工作；其次是组织并管理专业技术职务的评定与聘任；最后是督促统计人员严格依法履行自己的职责。

2. 社会保险统计信息管理

随着我国社会保险事业的迅速发展，社会保险统计业务量急剧增加，社会保险统计运行过程中所涉及的信息量越来越大。加上政治、法律、经济、文化等诸多因素的影响，社会保险统计系统已经是一项复杂、繁重的社会工程，它对有关数据的收集、存储、处理以及信息的需求检索在量和质的方面提出了更高的要求。因此，为了适应社会保险事业发展的需要，提高社会保险管理效率，建立信息管理系统，以便将整个社会保险运行过程中所涉及的各种信息乃至以往的历史信息进行科学、快速的统计数据加工处理很有必要。构建社会保险信息管理系统的目的，是努力实现统计信息系统标准统一化、全国上下系统化、信息共享与交换快速化。

（1）业务信息管理。业务信息管理是指对社会保险及其各个具体的社会保险项目的统计信息实现与计算机相适应的管理科学化。如前所述，社会保险统计信息系统涉及的数据数量大、周期长。它不仅包括本部门内所产生的各保险项目的业务统计信息，而且包括与社会保险系统相关联的外部数据信息；它不仅包括当前业务统计数据信息，而且包括各期历史数据信息。例如，我国对养老保险、医疗保险实行社会统筹与个人账户相结合，这意味着每个参保的劳动者都有一个独立的账户，仅个人账户就数以亿计。再如养老保险属于积累型保险，从劳动者参加工作开始缴费计起，直到退休时缴费结束，但随之而来的是领取养老金，直到受保者死亡，在有遗属保险的国家甚至在受保者本人死亡后，国家还在承担着支付其遗属的补贴，可见，社会保险统计信息的周期特别长。不仅如此，社会保险统计信息还纷繁复杂，存储数据库的形式也不尽相同。因此，要想这些数据有效地为社会保险事业服务，就必须对其进行科学的管理。

社会保险业务统计信息管理，包括业务统计流程管理与业务统计信息的安全管理。业务统计流程具体包括原始数据的采集或初期数据的采集与整理审核、汇总及数据库的建立等。进行统计业务流程管理，首先必须从长远的业务发展和全国性的大局出发，建立起系统化、规范化、多功能化的统计数据处理的软硬技术设备；其次是统计系统管理人员必须了解业务统计的流程与结构，熟悉业务统计文件的使用及对统计流程运行状态的监控与日常维护工作。进行业务统计信息的安全管理，主要是保证统计数据资料在较长时期内能经受各种不可预见的数据毁坏事故，如计算机设备故障、病毒感染、人为破坏（如篡改统计数据）、自然灾害（如雷击、火灾、洪水、地震等）的破坏等；同时保证数据传输能满足不同条件下的安全性与保密性要求，并保证在某些极端情况下有较好的临时性替代方法。

（2）网络交叉利用管理。社会保险统计工作涉及面很广，不仅要处理自身生成的大批量信息，而且要进行大量的系统内部与外部的信息交换。目前社会保险机构大多建立了局域网，统计系统主机可以通过同步数据通信协议与远程网络中的各服务器作数据传递，而远程网络中的各工作站可利用本地资源对各社会保险统计业务数据进行处理，其数据由服务器通过通信线路发送到主机系统进行数据存储或进行批量处理。因此，在统计业务管理方面，社会保险统计内部必须实行多机联网全局管理方式。

与此同时，随着统计手段不断步入现代化，社会保险统计信息系统必然要与其相关联的部门管理信息进行信息交换。如与财政管理部门交换社会保险基金的存入和支出统计信息，与银行交换社会保险托收与拨付业务的统计信息，与税务部门交换各项社会保险费的征缴情况，与医院交换医疗保险费的结算情况，与政府统计部门或其他相关部门进行自身的数据指标传递和从对方获得诸如国民生产总值、人口、工资、物价等社会经济数据指标，等等。可见，对社会保险统计信息进行交叉利用管理是全国联网统计信息传递管理的大势所趋。

（3）信息管理流程。社会保险统计信息管理流程，直接依托于社会保险统计业务工作流程，信息管理系统只是将原来的统计工作变得更有效率。社会保险统计信息管理流程图如图10-1所示。

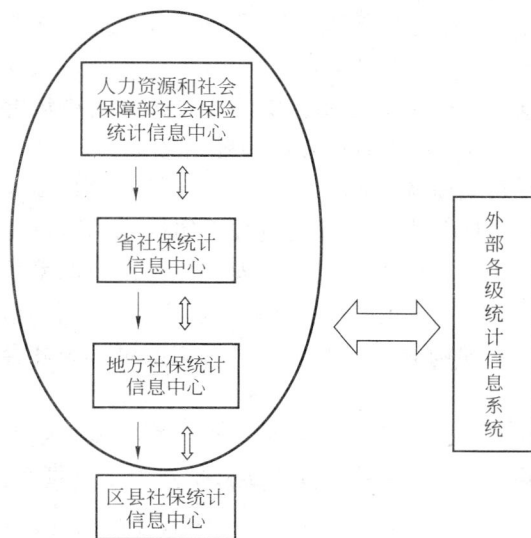

图10-1　社会保险统计信息管理流程图

注：图中，实线箭头表示社会保险统计信息管理是从上而下实施，下级服从于上级的管理；双箭头则是表示网络统计信息交叉利用。

（4）统计信息的发布。社会保险被称为社会安全网，其目的既是为了解除劳动者的后顾之忧，也是为了维护社会稳定。社会保险基金主要来源于企业与劳动者个人，又通过各种社会保险项目发放给受保者。因此，社会保险虽然由政府充当着最后责任主体，却又有别于政府的一般行政事务，从而属于特定的社会公共领域。社会保险的这种特性，决定了社会保险统计信息具有公共性，即人们对社会保险情况有了解权与知情权。为此，定期或不定期地通过多种渠道向社会发布有关社会保险方面的统计信息，为社会利用统计资源提供方便，亦构成了社会保险统计信息管理的重要内容。

根据我国统计信息发布情况的有关规则及现状，社会保险统计信息的发布主要有如下渠道。

① 新闻发布会。即召开专门的新闻发布会，通过公众传媒向社会公开发布有关社会保险方面的信息，以便让各界尤其是广大劳动者等了解相关情况。社会保险新闻发布会，由各级社会保险主管部门组织召开。其中全国的社会保险新闻发布会由国家社会保险主管部门组织召开，地方的社会保险新闻发布会由地方各级社会保险主管部门组织召开。

② 统计公报。统计公报是社会保险统计信息年度报告的最重要的形式，它通常由国家

社会保险主管部门与国家统计部门联合公布，在有关全国性报刊公开发表，提供的是有关社会保险方面的宏观信息。

③ 统计年鉴。它一般由国家一级社会保险主管部门组织编写，公开出版。其特点是情况介绍全面，信息量大，人们能够了解到社会保险方面的详细情况。

④ 查询系统。社会保险部门还可以设置专门的信息查询系统，为需要了解社会保险信息的有关人士或有关方面提供方便。信息查询系统是一种常备的信息发布形式，它要求社会保险部门及时更新信息，并按照社会保险项目等进行分类。

⑤ 随着因特网的发展，通过社会保险网站发布信息也是一个日益重要的渠道，人们可以通过网络随时了解自己想要了解的社会信息。

此外，社会保险信息还可以采取专题提供的方式，如对决策部门提供可作为决策依据的专题信息，对某些有需要者还可以有偿提供专题信息等。

上述社会保险信息发布渠道各有其特点，如统计年鉴信息量大而全面，但因出版周期较长而显得时效性较差；统计公报的时效性较强，但提供的信息却往往过于宏观；新闻发布会因会议时间所限，亦往往只能提供某一方面的情况；查询系统虽然方便，却又很难查找到全面的资料信息；因特网速度快，但首先得以具备上网条件或能够上网为前提。可见，上述渠道需要相互配合，共同构成社会保险信息发布系统，为社会公众及需要者提供全方位的信息服务。

当然，哪些信息能够发布，哪些信息何时发布，哪些信息由谁来发布，均需要严格按照有关法规制度的规定执行，以确保社会保险统计信息安全、真实、准确等为前提。

复习思考题

1. 社会保险财务管理原则有哪些？
2. 何谓社会保险预决算管理？
3. 为什么说"社会保险基金管理"是实施社会保险制度的核心？
4. 如何建立科学的社会保险基金管理制度？
5. 社会保险统计有哪些特点？如何理解社会保险统计的数量性特征？